深化する歴史学

史資料からよみとく新たな歴史像

歴史科学協議会 編

大月書店

まえがき

歴史学は日々深化しています。「少し前に通説とされていた歴史像が今では通用しなくなっている」、「かつてはあまり評価されていなかった人物が、今では高く評価されるようになった」――このような話は、歴史に関心をもつ人であれば、誰もが聞いたことがあるのではないでしょうか。本書は、歴史研究が深化していくなかでみえてきた新しい知見を、史資料を使ってわかりやすく解説することを目的としています。

〝史資料〟という表現については、あまり耳慣れないという読者がいるかもしれません。この言葉には、〝史料〟だけでなく、〝資料〟にも注目するという企画者の意図が込められています。

〝史料〟とは、広義の意味では、歴史を叙述する際の材料となるもの全般を指しますが、狭義の意味ではそのなかでも特に文字の史料＝文献史料のことを指します。文献史料と一口にいっても行政文書や帳簿類、手紙、日記、回想録などさまざまな種類がありますが、いずれにしても人の書いた文章です。これらをもとに歴史をひもといていくのが、歴史学のもっともポピュラーな研究手法といえます。

一方の〝資料〟は、歴史に限らず広く学術研究の基礎となる材料全般のことを指すのが普通ですが、歴史研究の世界では、しばしば文献史料以外のモノ資料、たとえば絵画や写真などの図像資料や、土器や土偶、建造物など〝物体〟としての資料のことを指します。こうしたモノ資料を駆使して歴史を研究するのは主として考古学なのですが、近年では歴史学でもモノ資料を扱うことが少なくありません。

歴史研究者が、史資料に根拠をもたない歴史像を学問的成果として提示することは、基本的にはありません。

歴史研究にとって史資料は何よりも重要であり、こだわるべき対象なのであって、いかなる史資料を、いかにしてよみといていくかは、研究成果としての歴史像に如実に反映しています。

本書では、そうした史資料について、以下の三つの角度からアプローチしたいと思います。

第一に、新しく発見された史資料に着目します。テレビや新聞などでは、しばしば新史料の発見がニュースとして報道されていますが、日々の研究のなかでは、ニュースにならないような〝地味〟な史料が発見されることもよくあります。新たに発見された史資料が、従来の歴史像をどのように更新しているのか、紹介したいと思います。

第二に、近年重要視されるようになってきた史資料に光をあてます。浄瑠璃作品やマニュアル、あるいは〝素人〟の描いた記憶画など、従来必ずしも注目されてこなかった史資料を使うことで、どのような歴史像を描き出すことができるでしょうか。歴史学の深化の多様なあり方を提示したいと思います。

第三に、著名な史資料についての新たな解釈を紹介します。学問的な議論の深まりによって史料の解釈が変わっていくことは、めずらしいことではありません。自由闊達《かったつ》な討議や多様な角度からの史資料へのアプローチが、歴史学の深化を促していることを示したいと思います。

史資料は、扱う側の意識とその環境とによって性格を変えます。長い歴史のなかで人類の価値観が大きく変わってきたように、二〇二〇年代という現在を生きる私たち自身もまた、変化のさなかにあります。性の多様性への認識や、パンデミックの体験など、現在のさまざまな事象に陰に陽に影響を受けながら、史資料のよみときは進められています。その意味で、本書におさめられた論考が示すのは、今の時代だからこそ示すことができる新しい歴史像ということになるでしょう。

以上のようなコンセプトのもと、本書では主として日本をフィールドに、時代ごとに五つの章に分けて解説を加えていきます。

まず第1章では、原始・古代の歴史について、七つの論考を配置しました。土器や埴輪、塼《せん》などの遺物から当時の社会や文化の状況をよみとくとともに、『日本書紀《にほんしょき》』や『紫式部日記《むらさきしきぶにっき》』、『小右記《しょうゆうき》』、『明月記』など、比較的よく知られた史料について、新たな角度から光をあてます。藤原道長の和歌や皇位継承、疫病の捉え方など、考古学・歴史学の深化の様相を浮き彫りにしていきます。

第2章では、八本の論稿から中世の新たな歴史像にせまります。各種の古文書や肖像画、「家印署判《いえじるししょはん》」などの史資料に注目しながら、荘園制研究や幕府研究などの展開を跡づけていきます。同性愛の歴史的な位置づけや、酒屋・土倉、惣国一揆についての新たな知見、フィールドワークの有効性など多様な視点を提示しています。

第3章では、近世史に関わる九本の論稿を置きました。「禁中並公家中諸法度《きんちゅうならびくげちゅうしょはっと》」や「異国船打払令《いこくせんうちはらいれい》」、宗門《しゅうもん》改帳《あらためちょう》など、よく知られた史料の新たなよみとき方を示すとともに、地誌や浄瑠璃、回想録、改心起請文など、多彩な史料の読解を通して、地域や民衆、ジェンダーの歴史、あるいは琉球史やアイヌ史へのアプローチの方法について、掘り下げて検討していきます。

第4章は、近代史に関わる八本の論考からなっています。書簡や新聞、日誌など近代史の基礎的な史料はもちろん、イギリス外務省文書、政治家の私文書のなかの「書類」、家事マニュアルなど、史資料の多様な広がりを見通しています。「桂新党」や婦人参政権運動、帝国日本の満洲経験など、重要な論点について考える新たな視座を提示します。

第5章は、戦時期から戦後にかけての現代史に関わる七本の論考を配置しました。紙芝居や「現代絵農書」、合唱団関係の史料、さらに口述資料・証言など、現代史ならではの史資料が取り上げられます。満蒙開拓団に対する中国側のまなざしや、沖縄の「チャイナ部隊」、占領改革や高度成長の特質などについて、多角的な研究の広がりを示しています。

以上の五つの章に加え、昨今の日本の史資料をめぐるさまざまなトピックについての七つのコラムを収めました。近年のＩＴ技術の発展を受けて、歴史研究をめぐる環境も大きく変貌を遂げつつあります。ＡＩを使用したくずし字の読解、インターネット上での共同の史料翻刻作業、デジタルアーカイブの発展、ネットオークションを通じた古文書の売買など、新しい歴史研究のあり方についてあらためて考えるコラムを置きました。また、戦国合戦図屏風の読み方の新たな展開や、歴史史料としての公文書、各地で広がる史料ネット活動についても、それぞれコラムを用意しています。史資料をめぐる現状と課題について、思いをめぐらせていただければ幸いです。

本書で示すような新しい歴史像は、歴史研究者だけでなく、広く一般社会に向けて開いていくべきものです。近年は、歴史教育の分野でも「探究」の要素が重要視されてきています。本書をきっかけとして、史資料から歴史をよみとくことの楽しさや奥深さが、より多くの方々に伝わることを願っています。

二〇二四年一月

『深化する歴史学』編集委員を代表して

一般財団法人　歴史科学協議会　前事務局長　佐々木　啓

凡　例

一、主題となる史料は本文巻頭に示し、遺物等のモノ資料については適宜配置した。
一、掲出史料は、必要に応じて句読点やルビを付した。
一、漢文史料については、原則読み下しとした。
一、その他の和文史料についても、読みやすさに配慮し、適宜字句や表現を改めた。
一、近代・現代の外国語史料は、日本語に翻訳した。
一、引用史料中の〔　〕は執筆者による注記である。

目次

まえがき……3
凡例……7

第1章　古代

❶ 縄文・弥生時代の農耕を土器から探る　寺前直人……14
❷ 古墳時代の女性被葬者と女性埴輪　日高 慎……20
❸ 遺物が物語る古代の文化交流　稲田奈津子……26
❹ 「万世一系」の天皇観と宇佐八幡神託事件　伊集院葉子……32
❺ 『紫式部日記』からみた「国風文化」という「文化」　皆川雅樹……38
❻ 「望月の歌」再解釈による藤原道長像の変化　高松百香……44
❼ 疫病は常に〈外〉からやって来る――差別・疎外の歴史実践　北條勝貴……50
コラム1 AIによるくずし字OCRソフト「miwo」と歴史学　後藤 真……56

第2章　中世

❶ 「悪左府」藤原頼長の性と政治・学問　樋口健太郎……60
❷ 民衆の視点で捉える荘園制研究の現在　朝比奈新……66

3 本拠景観から捉える中世武士の地域支配 田中大喜……72
4 「騎馬武者像」の破格――君臣肖像画の時代 黒田 智……80
5 幕府論の新展開――武家政権はいつ〈正当性〉を獲得したか 東島 誠……86
6 酒屋や土倉が税を払わない理由 酒匂由紀子……92
7 家印署判からみる中世地下の世界 大河内勇介……98
8 生き続ける惣国一揆のかたち――一揆解体後の史料をよむ 長谷川裕子……104
コラム2 戦国合戦図屏風をどう「よむ」か 堀 新……110
コラム3 資料の公開とDBの構築 井上 聡……112

第3章 近世

1 地誌にみる近世地域社会形成期の村落開発 鈴木直樹……116
2 「禁中並公家中諸法度」第一条にみる近世朝廷の特質 村 和明……122
3 辞令書にみる近世琉球の支配構造 矢野美沙子……128
4 浄瑠璃に映し出された江戸時代のジェンダー規範と理想 中臺希実……134
5 宗門改帳からみる宗名論争 芹口真結子……140
6 明治の回想録にみる村の〝一揆経験〟 林 進一郎……146
7 「異国船打払令」と「薪水給与令」からみる藩・地域社会の海防 清水詩織……152

❽ 松浦武四郎『近世蝦夷人物誌』と歴史資料　檜皮瑞樹……158
❾ 起請文からよみとく配流キリシタンの改心　大橋幸泰……164
コラム4 「みんなで翻刻」――デジタル時代の資料研究　添田 仁……170
コラム5 ネットオークションと古文書　小野塚航一……172

第4章　近代

❶ 開港場・外国人居留地の歴史をひもとく史料――日本のなかの国際社会と感染症　市川智生……176
❷ 明治期政治家私文書のなかの「書類」　池田さなえ……182
❸ 地域に残された歴史資料と評伝から近代日本をみる　三村昌司……188
❹ 新聞史料からみる民衆運動　藤田貴士……194
❺ 桂新党をどう捉えるか――書簡史料のよみ方　千葉 功……200
❻ 史料としてのマニュアル　藤原辰史……206
❼ 女性公民権の訃報を知らせる――史料から考える「女性の参政権」　井上直子……212
❽ 帝国日本の肥やしと餌――農林省技手の日誌をひもとく　板垣貴志……218
コラム6 歴史資料としての公文書　瀬畑 源……224

第5章　現代

❶ 中国側は満蒙開拓団をどうみたか　細谷 亨……228
❷ 韓国軍へ継承された日本植民地下の軍事経験と口述資料　飯倉江里衣……234
❸ 裁判史料から捉える敗戦直後の民衆運動　佐々木 啓……240
❹ 労働省婦人少年局作成の紙芝居——モノ資料からみる占領とジェンダー　長志珠絵……246
❺ 複数の史料からみえてきた「チャイナ部隊」　上地聡子……252
❻ 「現代絵農書」から農村の歴史をよみとく　清水ゆかり……258
❼ 合唱からよみとく戦後日本　河西秀哉……264
コラム7 史料ネット活動の広がりと深まり　高山慶子……270
あとがき……272

第1章

古代

1 縄文・弥生時代の農耕を土器から探る

寺前直人

各地の博物館に展示されている華麗な土器や精緻《せいち》な土偶《どぐう》たちは、多くの人びとの目を引き、岡本太郎をはじめとする芸術家の心をも奪ってきた。しかし、縄《じょう》文《もん》・弥生《やよい》時代の農耕のことを知りたい考古学者の関心は、今ありふれた土器の小片に向かっている。それは図1にあげた土器の表面にみられる小さな凹《へこ》みだ。教科書などでは縄文時代のマメの栽培が紹介されていたり、弥生時代開始期にコメなどの穀物が日本列島に伝わったとあるが、この時代に文献はない。三世紀の中国で編纂《へんさん》された『三国志』には稲を植えるという倭人《わじん》

出所：山内清男「石器時代にも稲あり」

図1　桝形囲貝塚（宮城県）出土土器底辺の籾圧痕石膏レプリカ

の習俗が記されているが、これが日本列島の農作物に関する最古の文字記録であり、それ以前の手がかりは当時の人びとが地中に遺した痕跡に限られる。確実な証拠としては、農作物そのものや水田や畠の跡が発掘でみつかればよい。しかし、実は小さな土器片にも重要なヒントが隠されている。考古学者は一〇〇年以上前から土器表面の痕跡《こんせき》を通じて、農耕の問題を追究し続けてきた。

一〇〇年前の考古学者の追究

二〇世紀初頭において八木《やぎ》奘三郎《そうざぶろう》や中山平次郎といった考古学者は、弥生式土器とともに焼米（炭化米）が出土することを指摘していた。特に中山は、福岡県八女《やめ》郡長峯《ながみね》村（現在の八女市）に所在する岩崎遺跡の竪《たて》穴《あな》から大量の炭化米をみつけたのち、九州帝国大学農学部の加藤茂苞《しげもと》に鑑定を依頼し、その特徴を論じた。さらに研究は進む。縄文土器の編年や分類を確立したことで著名な山内清男《やまのうちすがお》は、宮城県多賀城《たがじょう》村（現在の多賀城市）の桝形囲貝塚《ますがたかこいかいづか》で出土した土器底面にみられる小さな凹部に注目した。山内や長谷部言人《はせべことんど》は、四つの凹みを稲の圧痕《あっこん》だと考え、図1のように石膏で凹凸をかたどりしたうえで、東京帝国大学農学部の草野俊介らに鑑定を依頼し、その確証を得た。

このように二〇世紀初頭の考古学者たちは、植物学者などの手助けを得て、弥生土器が使われていた時期に米づくりが実施されていたことを明らかにしていった。考古学はその初期から文理融合の歴史学だったのである。その追究は、一九三〇年代における奈良県唐《から》古《こ》遺跡での木製農具の検出や、敗戦直後における静岡県登呂《とろ》遺跡での水田の発見につながっていく。

縄文農耕の追究と課題

研究者たちの関心は、縄文土器が使われていた時期に農耕があったか否かという点にもあった。すでに明治時代には、打製石斧《だせいせきふ》を農具だとする意見があり、敗戦後には長野県の八ヶ岳西南麓の縄文時代中期における集落の多さは、焼畑農耕を営んでいたからだとする説も提示される。さらに縄文時代後晩期に東日本と違って西日本で遺跡の減少がみられないのは、大陸からアワやキビなどの雑穀が伝わっていたからだという意見も提案された。ただし、これらの縄文農耕論は、遺跡出土の栽培植物の種実という決定的な証拠に欠けている点に批判が寄せられ、議論は下火となっていった。

しかしながら、一九七〇年代以降の各地における大規模開発にともなう組織的な発掘調査の進展は、遺跡調査に植物や古環境の専門家の参加を促し、栽培植物の痕跡が発掘現場で探求されることになった。具体的には遺跡の土壌を水洗し、ふるいにかけることによって、縄文時代の栽培植物の種実が相次いで「発見」されていった。さらに微細な世界の追究も始まる。それは土中に含まれる花粉やプラント・オパールの追究である。プラント・オパールとは、植物の細胞組織にみられる非結晶質含水珪酸《けいさん》のことであり、特にイネ科などに多いことが知られている。植物珪酸体が腐敗せず残存し、土壌中に残ったものをプラント・オパールと呼ぶ。その形状が植物ごとに異なることから種を特定することができる。大きさは五〇分の一ミリメートル程度ときわめて微少なので、その観察は顕微鏡下になる。種実や花粉、そしてプラント・オパールの分析によって、一時期はイネ、ヒエ、アワの栽培が縄文時代中期にさかのぼること、特にプラント・オパール分析によって、縄文時代前期に稲作があったという主張もなされた。このように二〇世紀末には縄文時代にコメを含む穀物などの栽培植物が存在することが、概説書などでは説かれるようになる。

しかし、一九九〇年代後半にゲーム・チェンジャーが登場する。それは、より少量の試料で年代測定が可能な加速器質量分析法（ＡＭＳ法）による放射性炭素年代測定法の導入である。放射性炭素年代測定法自体は一九五〇年代以降、日本の考古資料を対象に実施されていたが、この段階の放射能分析（Radiometric法）では、木材や炭化物なら一〇グラム、骨や堆積物では一〇〇グラム程度の試料が必要だった。しかし、ＡＭＳ法では〇・五～〇・〇二グラムの試料ですむ。新しい方法では従来の一〇〇〇分の一の試料で測定ができるようになり、これまで不可能だった遺跡出土の微細な種実自体の年代測定が可能となったのである。そして、縄文時代前期末の住居床面からみつかったソバや、縄文時代後期の泥炭層から出たオオムギを測定したところ、数百年前の穀物であることが判明していった。このように再検討が進んだ結果、縄文時代晩期後半の移行期を除くと、縄文時代の穀物の存在は疑問視されていく。ミミズやアリなどの昆虫や小動物による攪乱《かくらん》や地下水位の上下、地震あるいは干ばつなどのひび割れによって、微細な種実などは上から下へと落ちこんでしまうのである。したがって、種実よりもはるかに小さい花粉やプラント・オパールにも同様の現象があったと考えられる。遺跡からみつかった植物種実などの時期を確実に決定づけるためには、炭素年代法による時期の決定が不可欠であり、花粉やプラント・オパールの有無のみでは栽培植物の初現を決定づけることはできないという意見が、現在は主流を占めつつある。

土器圧痕のさらなる追究

このような状況のなかで、より手頃で確実な分析方法として、二一世紀に入り急速に研究が進んだのが土器に残る種実圧痕を分析する手法である。レプリカ法とも呼ばれ、歯科医院などで歯形の型取りに使われる軟らかい樹脂、シリコンが使われることが多い。土器表面の種実痕とみられる凹みに樹脂を流し込んで、精密なレプリカを製作する。それを走査型電子顕微鏡（SEM）等で細部の特徴を観察し、種実の種類を特定するのである（図2）。使用する素材や機材こそ最新のものであるが、その原理は二〇世紀初頭の山内らが取り組んだ石膏を用いた方法とまったく同じである。表面の凹みは粘土が生乾きの段階にしか付かないので、そのタイミングは土器が焼かれる直前となる。したがって、花粉やプラント・オパールのように後世のものが混入する危惧はない。

この分析法も日々進化している。近年ではシリコンを使わず、3D画像を撮影することも実施されている。また、みえない種実の追究も可能になっている。軟X線機器を用いて、表面からはまったくみえない圧痕をみつけ、それらをマイクロフォーカシングのX線CTスキャナーを使って3D化するのである。この方法によって、これまで外来種であると考えられてきたクロゴキブリが、縄文時代には生息していたことが明らかになるなどの驚くべき成果があがりつつある。さらに土器内部に残る種実起源の炭化物の放射性炭素同位体を測定することによって、その年代を明らかにすることにも成功している。悉皆《しっかい》的な圧痕調査も進んでおり、縄文時代から弥生時代の移行期における日本列島内の穀物栽培の拡散状況が、関連諸科学との協働のもとで解明されつつある。

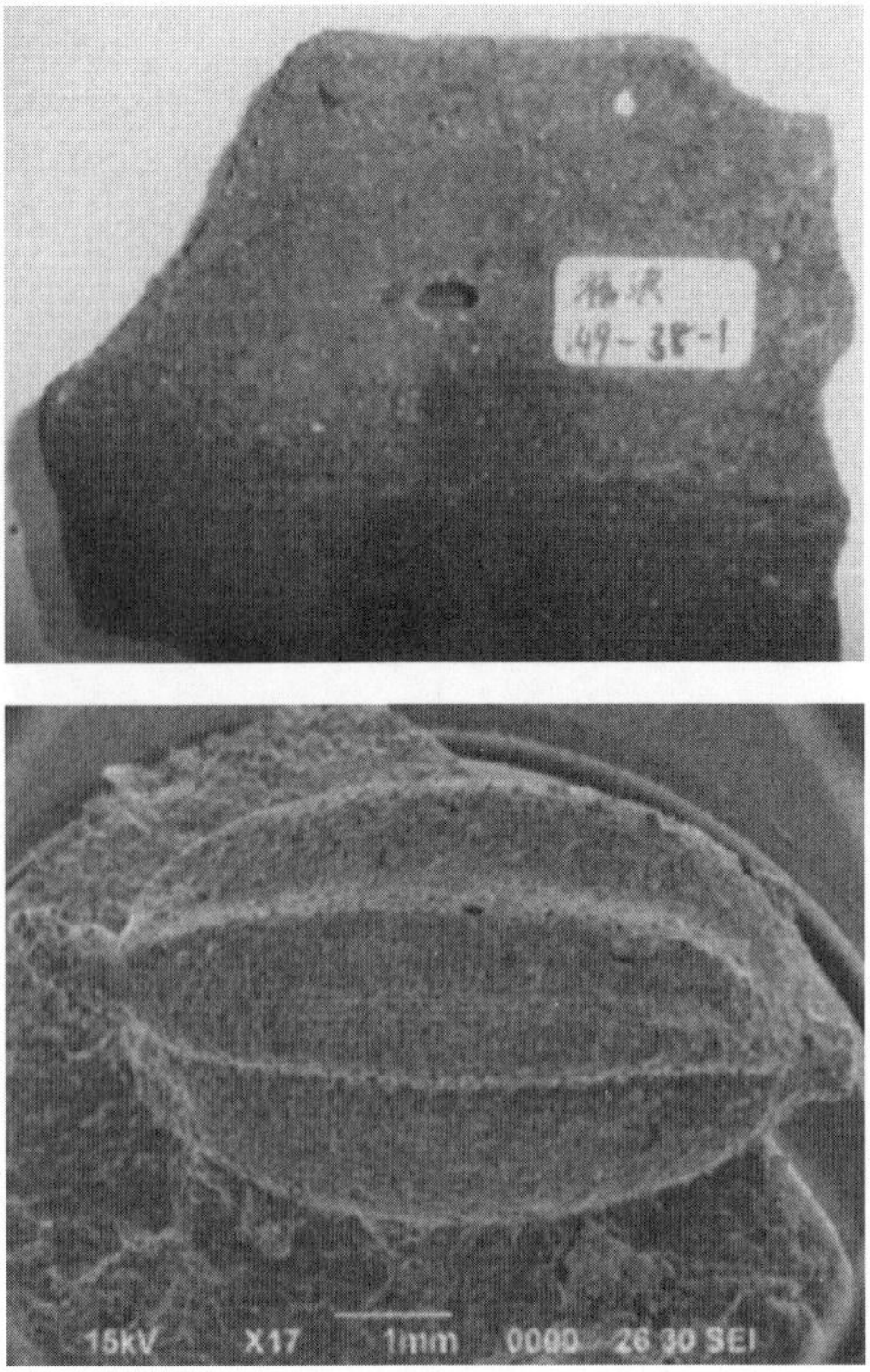

出所：設楽博己編『農耕文化複合形成の考古学（上）』

図2　上：福沢遺跡（長野県）出土土器、下：籾圧痕レプリカSEM写真

これからの分析

これまで紹介してきた最新の研究やその方法は、新しい機材を用いた科学的な資料分析にみえるかもしれない。ただし、その前提となるのは膨大な土器片のなかから、わずかな凹みをもつ土器片を探しだす地道な基礎作業である。冷暖房設備もない収蔵施設内で何百箱という遺物コンテナを上げ下げし、収められている数万の土器片からわずかな凹みをみつけなければならない。このような資料との対話を通して、考古学者による農耕開始の実態の追究は続く。

【主要参考文献】

- 小畑弘己『縄文時代の植物利用と家屋害虫――圧痕法のイノベーション―』（吉川弘文館、二〇一九年）
- 中山平次郎「土器の有無未詳なる石器時代遺蹟（下）」（『考古学雑誌』一〇巻一一号、一九二〇年）
- 中山平次郎「焼米を出せる竪穴址」『考古学雑誌』（一四巻一号、一九二三年）
- 設楽博己編『農耕文化複合形成の考古学（上）――農耕のはじまり』（雄山閣、二〇一九年）
- 設楽博己編『東日本穀物栽培開始期の諸問題』（雄山閣、二〇二三年）
- 八木奘三郎『日本考古学　増訂四版』（嵩山房、一九〇二年）
- 山内清男「石器時代にも稲あり」（『人類学雑誌』四〇巻五号、一九二五年）

★資料へのアクセス

種実圧痕を有する土器は、各地にある都道府県立や市町村立の埋蔵文化財センターなどで展示されている。古い稲籾の圧痕土器（板屋Ⅲ遺跡）が展示されている博物館としては、島根県立古代出雲歴史博物館があげられる。

2 古墳時代の女性被葬者と女性埴輪

日高 慎

多彩な人物埴輪《はにわ》群像が出土した
栃木県下野《しもつけ》市甲塚《かぶとづか》古墳

甲塚古墳は直径八〇メートルの基壇《きだん》の上に主軸長四七メートルの前方後円形の墳丘《ふんきゅう》が乗るという特異な古墳である。埋葬主体の横穴式石室に向かって左側のテラス上で、円筒埴輪・各種土器類とともに人物埴輪と馬形埴輪が一列に並べられていた。石室から最も遠いところから馬と馬曳《うまひ》きが四体、その右に女性埴輪が九体、さらに右に男性埴輪が七体である。そのなかの

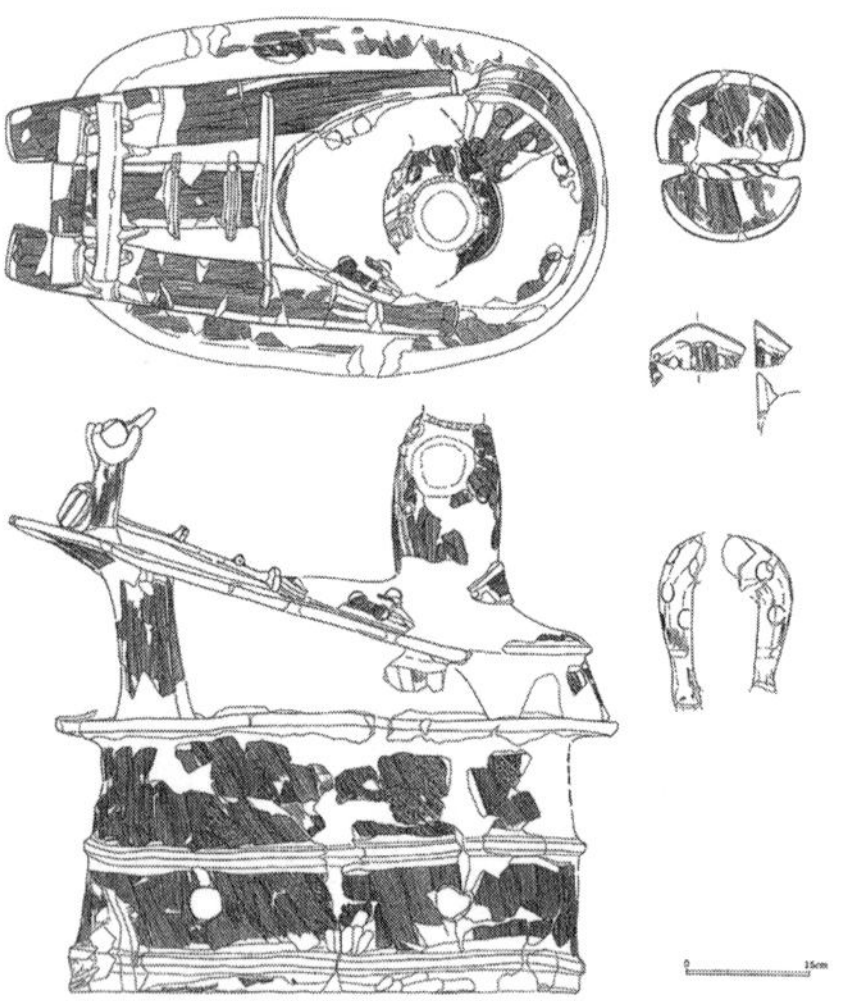

図1 甲塚古墳の女性機織形埴輪

人物埴輪6とされた女性埴輪が最も大きくつくられていることから中心人物（被葬者）であると考えている。また、その右には女性機織形埴輪《はたおりがたはにわ》が二体並んでおり、布生産が非常に重要であったことを示している。女性用と思われる横坐《よこずわ》り馬形埴輪が一番豪華な馬具をつけていることも、この古墳の被葬者が女性であることを補強する。

首長墓《しゅちょうぼ》と人物埴輪

私は、古墳時代前期から終末期まで、それぞれの時代で首長と呼ぶことのできる人びとのなかに、少なくない数の女性がいたのではないかと考えている。大王墓のような巨大古墳から数メートルの小円墳まで、さまざまな階層の人が葬《ほうむ》られたのが古墳である。一方、墳丘をもたない土坑墓《どこうぼ》といった一般の人びとが葬られた墓も確認される。古墳とはいかなる階層の人びとの墓だったのか明確な答えはないものの、墳丘長三〇メートル以上の古墳については首長墓として認識できるだろう。

小規模な古墳から巨大古墳にいたるまで、古墳には埴輪が並べられた。特に六世紀以降になると、関東地域では墳丘規模が数メートルの古墳でも数多くの埴輪があり、人物埴輪を中心とした形象埴輪群像が並べられた。人物埴輪群像がどのような場面を表現しているのかは、諸説紛々としていてなお定見はないが、私などは埴輪群像が被葬者の生前の活動と密接に関わっていて、男性被葬者・女性被葬者を問わずその造形が存在していると考えている。人物埴輪群像のなかに被葬者は表現されないと考える研究者も多いが、そうだとすると埴輪群像の個別的特徴を説明しづらい。栃木県下野市甲塚古墳の機織形埴輪などは、被葬者の生前活動と密接に関わる要素だからこそ、あえて造形されたのではなかろうか。

埴輪群像のなかの女性像

清家章は、古墳の副葬品で鏃《やじり》・甲冑《かっちゅう》などは男性に限られ、刀剣とわずかな槍は女性にも一定程度副葬されるが男性優位であり、装飾品の鍬形《くわがた》石は男性に限られ、車輪石や石釧《いしくしろ》は男女ともに副葬されるが、腕に置く副葬品配置は女性であることが多いと述べた。また、古墳時代中期以降には、大型前方後円墳の主要埋葬施設から女性人骨がみられなくなることを、女性首長が減少した結果として理解し、後期には女性首長が姿を消して家長も男性が多くなるとした。

古墳に並べられた人物埴輪群像には、首長層と目される人物、階層的に下位に位置づけられる人物がある。多くの場合、首長層と目される人物埴輪は男性であり、女性は捧げものをしたり、両手を上げたり、両手を前で合わせたりする姿として表

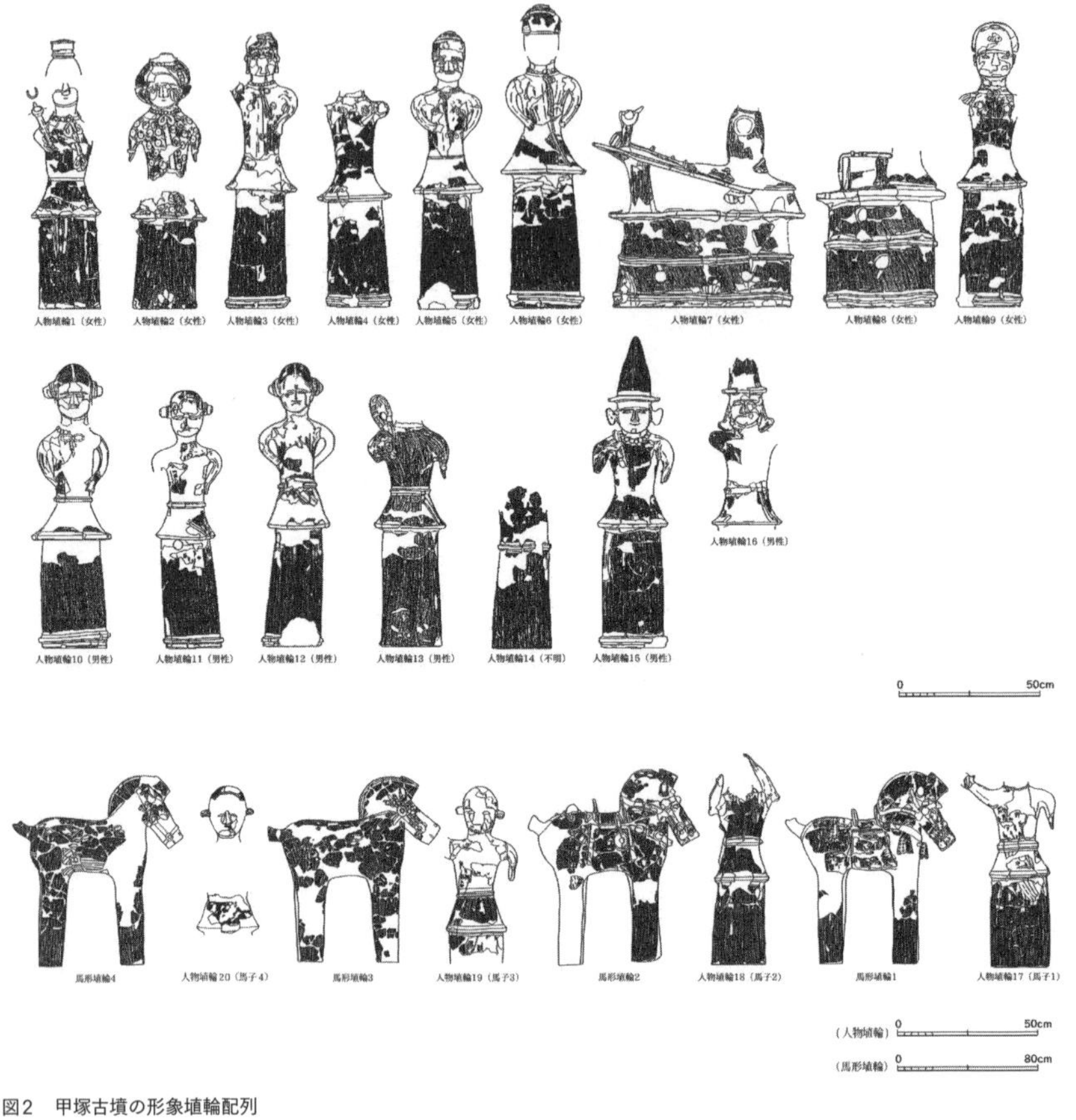

図2　甲塚古墳の形象埴輪配列

現される。一方で、前述の甲塚古墳においては（図2）、私は鉢巻をした最も背の高い女性の人物埴輪6が被葬者であると考えている。馬形埴輪で最も豪華な馬具を装着しているのが横坐り馬で女性用と考えられることも、甲塚古墳の被葬者が女性であると想定することを後押しする。甲塚古墳は直径八〇メートルの基壇の上に主軸長四七メートルの前方後円形の墳丘が乗るという特異な形状をもつ六世紀末頃の首長墓であり、清家が女性首長は姿を消すと述べた古墳時代後期の事例ということになる。ただし、私が女性被葬者像として理解した人物埴輪6を、光本順は異性装的身体表現であると考えている。

古墳時代後期の女性首長墓

古墳時代後期に築かれた首長墓（前方後円墳）の被葬者で、性別が判明している事例は案外少なく、たとえば群馬県高崎市綿貫観音山《わたぬきかんのんやま》古墳や同観音塚《かんのんづか》古墳、千葉県木更津《きさらづ》市金鈴塚《きんれいづか》古墳、同市川市法皇塚《ほうおうづか》古墳などの豊富な副葬品をもつ場合も、人骨の残りが悪く性別不明である。一方で、男性の副葬品と目される鏃や甲冑が副葬されている古墳は枚挙にいとまがない。群集墳などの中小古墳でも、鉄鏃《てつぞく》が出土する事例は多い。それでは、これらのすべてを男性の墓と考えてよいのだろうか。

群馬県大泉町古海《こかい》地内《ちない》10番古墳は六世紀前半に築造された墳丘長三〇～四〇メートルの帆立貝形古墳であり、最初の埋葬の第三主体部の被葬者が成人女性であると考えられている（図3）。勾革《まがりかわ》に金銅製飾金具を装着した大刀《たち》、鉄鏃をもち、大刀の鞘尻《さやじり》付近で玉類が出土しており、被葬者の頭部付近で竪櫛《たてぐし》が三つ、頭蓋骨の下から刀子《とうす》が出土している。鉄鏃は出土しているが、被葬者は女性である。古海地内10番古墳は中規模の首長墓といえ、古墳時代後期でも女性首長がいるということになろう。

もちろん、甲冑を副葬する場合には男性が埋葬されている可能性が高いと思われる。上述の綿貫観音山古墳をはじめとする首長墓の被葬者は、男性である可能性は高いだろう。ただ人骨の分析から性別が判明している例は案外少ないのである。甲冑を副葬していない首長墓の被葬者性別は、男女どちらでもありうる。甲

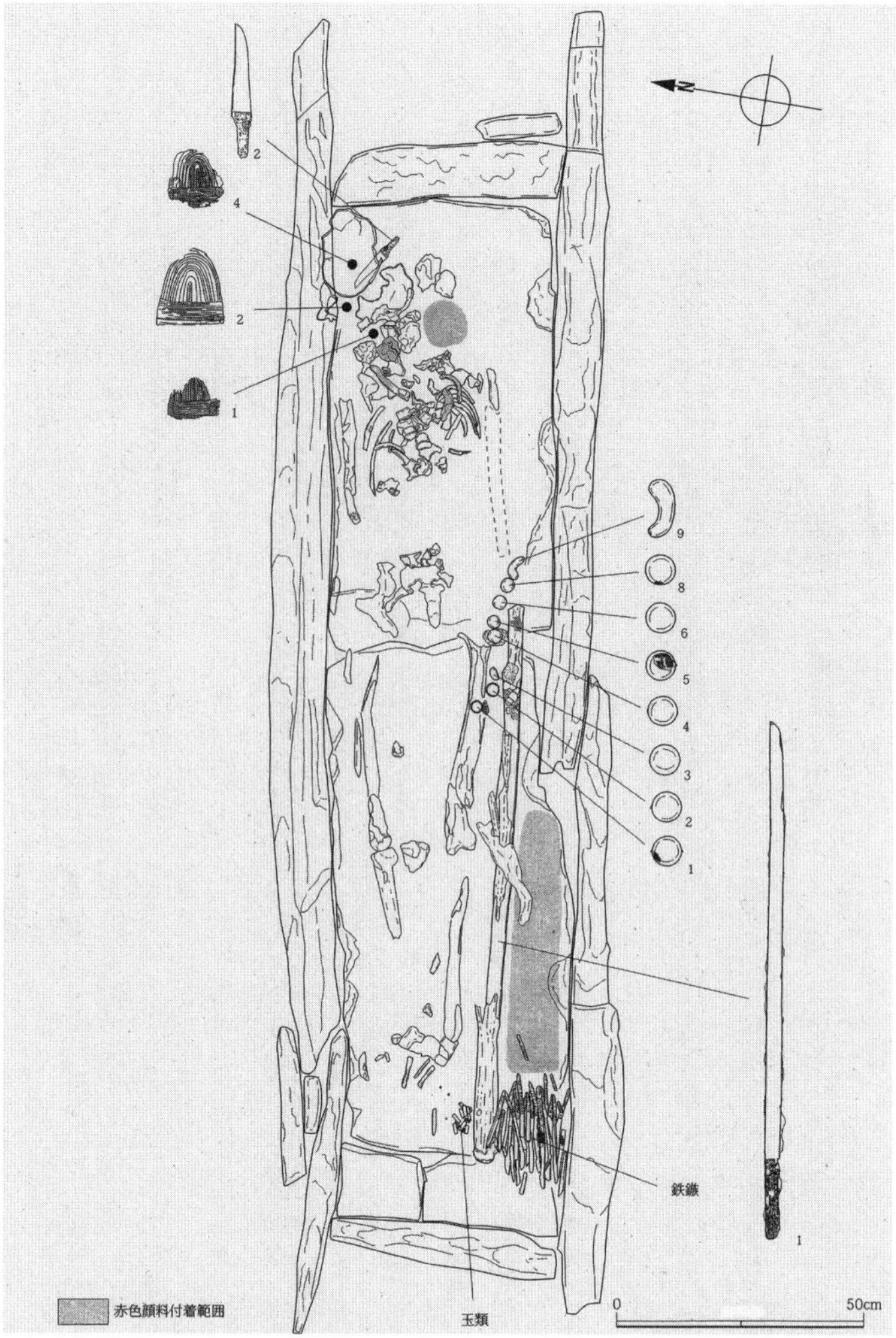

図3　古海地内10番古墳第3主体部の人骨と副葬品配置

冑が出土していない後期の前方後円墳を例示すると、埼玉県川越市牛塚古墳、茨城県かすみがうら市風返《かざかえし》稲荷山《いなりやま》古墳などがあり、盗掘されているが栃木県下野《しもつけ》市甲塚古墳、同下石橋愛宕塚《あたごづか》古墳なども甲冑はなさそうである。千葉県横芝光町殿塚古墳、同姫塚古墳、山武《さんむ》市大堤《おおつつみ》権現塚《ごんげんづか》古墳、群馬県藤岡市白石《しろいし》二子山《ふたごやま》古墳なども当初からなかった可能性がある。これらの古墳の被葬者がすべて女性であるとはいわないが、その可能性を排除すべきとも思われない。

横穴墓《よこあなぼ》では人骨の残りが非常によいことから、足立

佳代によれば男女が追葬された事例とともに女性の単独埋葬例が確認される。首長墓とはいえないかもしれないが、土坑墓などよりも階層的に上位に位置づけられる横穴墓への埋葬の契機になった人物が女性であるということになる。七世紀後半以降の例となるようなので、この時期には古墳そのものが築造されなくなっていることからすれば、女性被葬者が家長である可能性も大いにありうる。

人物埴輪群像のなかに被葬者が表現されていたならば、中心人物（被葬者）は男性であることが多いものの、甲塚古墳のように女性が中心人物として認識できる場合もある。古墳時代後期には、男性首長が優位になっていたことは間違いないと思われるが、女性首長の存在も無視できないと考えている。今後は人骨が残存している古墳の事例と、副葬品の様相との相関を丹念にみていく必要があろう。

【主要参考文献】

- 足立佳代「東国の横穴墓における女性の埋葬について」（『大学院年報』三二号、立正大学大学院文学研究科、二〇一五年）
- 大泉町教育委員会『古海地内10番古墳』（二〇一二年）
- 清家章『古墳時代の埋葬原理と親族構造』（大阪大学出版会、二〇一〇年）
- 清家章『卑弥呼と女性首長　新装版』（吉川弘文館、二〇二〇年）
- 日高慎「王権継承の場所を考古学から考える」（『史境』七九・八〇合併号、歴史人類学会、二〇二〇年）
- 日高慎「古墳時代の首長と女性人物埴輪」（総合女性史研究会編『ジェンダー分析で学ぶ女性史入門』岩波書店、二〇二一年）
- 日高慎「埴輪群像のなかに被葬者はいないのか」（『埴輪研究会誌』二六号、二〇二二年）
- 光本順「弥生・古墳時代の身体表現と異性装」（『日本考古学協会二〇一九年度岡山大会　研究発表資料集』日本考古学協会、二〇一九年）

★資料へのアクセス

甲塚古墳の形象埴輪群は、下記資料館の重要文化財エリアで展示公開されている。資料館は下野国分寺跡・下野国分尼寺跡に近接しており、史跡公園として建物配置などを整備した様子が見学できる。甲塚古墳も下野国分寺跡の西に位置しているので、見学することもできる。広大な史跡公園に資料館が併設されているので、ゆっくりと見学してほしい。

栃木県下野市国分寺九九三　しもつけ風土記の丘資料館

3 遺物が物語る古代の文化交流

稲田奈津子

掘り出された文字資料

備中《びっちゅう》国下道《しもつみち》郡八田郷《やたごう》の戸主である矢田部石安《やたべのいわやす》の、戸口《ここう》である白髪部毗登富比売《しらかべのひとひとみひめ》の墓地。天平宝字《てんぴょうほうじ》七年癸卯《きぼう》〔七六三〕一〇月一六日に、八田郷長《ごうちょう》である矢田部益足《ますたり》が土地を買った券文である。

江戸時代末期、現在の岡山県倉敷市真備町《まびちょう》尾崎にある民家の敷地内の土中から、古代の遺物が発見された。発見されたのは二枚の直方体の塼《せん》（レンガ、粘土を

図　矢田部益足買地券　提供：倉敷考古館

焼き固めたもの）で、ともにほぼ同内容の文章が刻まれていた。それが冒頭に示した図1となる。奈良時代の年号をもつこの遺物の正体は何なのであろうか。

銘文の内容は、天平宝字七年一〇月一六日に、（矢田部石安が戸主を務める戸の構成員である）白髪部毗登富比売の墓地として、八田郷長の矢田部益足が土地を買った、その券文である、ということになる。つまり、亡くなった富比売という女性のために益足が墓地を購入したことを証明する、土地売買契約書なのである。購入者の名前をとって、この遺物を「矢田部益足買地《ばいち》券《けん》」と名づけることにしよう。

富比売と石安・益足との関係は未詳だが、前近代には婚姻後も女性の氏姓は変わらないので、富比売は石安の母や妻であった可能性が高い。また購入者である益足も、石安と同じ矢田部氏なので、富比売は益足とも親戚関係にあったと想定することができる。

ニセモノ疑惑への挑戦

倉敷考古館では一九五〇年の開館時から、所蔵者の寄託を受けてこの買地券を展示しているが、国内には類例のない記載内容であることから偽作説も根強かった。同館の間壁忠彦・葭子両氏が粘り強く研究を続け、一九七九年になって福岡県太宰府《だざいふ》市の宮ノ本遺跡において初めて類例が出土したことも後押しとなり、奈良時代の遺物として間違いないとの研究成果が一九八〇年に公表された。

宮ノ本遺跡で発見されたのは、鉛製の短冊形の薄い板に墨で文字が記されたもので、「好雄《よしお》」（氏姓不明）が父母のために墓地を購入した事実とともに、購入代金や子孫の繁栄を願う文言などが記録されており、おおよそ奈良時代から平安初期（八世紀中頃〜九世紀）のものと推測されている。このように、やはり墓地の購入を証明する古代遺物が発見されたことで、矢田部益足買地券もようやくニセモノ疑惑から解放されることになったのである。

買地券の本場、中国

墓地の売買契約書である「買地券」は、日本では矢田部益足買地券と宮ノ本遺跡出土買地券の二例しか発見されていないが、実は中国では墓葬遺構などから多くの買地券が発見されている。古いものでは後漢時代（一世紀）の事例があり、二一世紀の現代にも買地券を墓穴に埋納する風習が残る地域が存在するという。

中国の豊富な事例をみていくと、墓地の売買契約書という内容では一致するものの、大きく二つの種類が混在していることに気がつく。それは墓地を誰から購入したかという点で、現実世界の人物から購入しているものと、架空の神々から購入しているものとが存在するのである。架空の神々とは、多くは道教などの土着信仰のなかから生まれた神々で、土地を支配する彼ら神々から正当に購入したと主張することで、死者の安らかな眠りを妨げることのないよう祈るのである。あくまで架空の売買契約なので、神々に支払ったとする金額も「九万九千九百九十九文」などと莫大で呪術的な数字が並ぶ。中国ではこうした架空の売買契約を記した買地券が主流となっており、日本の二例についてもあるいは神々との架空の売買契約を記したものであったのかもしれない。

東アジアに広がる買地券文化

中国では時代や地域を超えて広範に伝播した買地券文化であるが、中国国外における発見例は限定的で、先述の日本の二点のほかには、朝鮮半島の四点が知られるのみである。朝鮮の四点は、一つは百済《くだら》の武寧《ぶねい》王陵から発見されたもの（五二五年作成）、残りの三点は高麗《こうらい》時代（一二世紀中頃〜一三世紀初頭）のもので、いずれも記載内容は中国の買地券とそっくりで、中国との密接な外交・文化交流を背景に作成されたものとみられる。

日本の二例についても、やはりその背後に中国との関係が考えられる。宮ノ本遺跡出土買地券は大宰府《だざいふ》政庁の周辺丘陵上で発見されたが、大宰府は中国大陸や朝鮮半島との外交窓口となる官庁であり、平安時代以降も新羅や唐との交易を管理していた。「好雄」は大宰府の上級官人とも、都からきた中央官人ともいわれているが、いずれにせよ外交の最前線に身を置き、外国文化に触れることのできる環境にあったことは間違いない。そうしたなかで買地券を作成する文化を学び、実践したものと推測される。

矢田部益足買地券の文化的背景

一方の矢田部益足買地券はどうだろうか。吉備《きび》地方は古くからの先進地域とはいえ、都からも大宰府からも遠く離れた場所にあり、どのようにして外国由来の買地券文化を受容できたのか。実はそのヒントとなる遺物がみつかっている。江戸時代初期、買地券出土地から直線距離で四キロほどの場所で、火葬骨を納めた銅製の蔵骨器《ぞうこつき》が発見された。蔵骨器の蓋には次のような文字が刻まれていた。

(ここに刻んで)記しておく。(これは)下道圀勝《しもつみちのくにかつ》と弟圀依《くにより》の朝臣《あそん》、この二人の母である、夫人の骨を納めた器である。そこで、このことを良く理解して、後世の人は決して(この器を)他所に移したり、壊してはいけない。和銅《わどう》元年戊申《ぼしん》(七〇八)一一月二七日乙《いつ》酉《ゆう》に(この器を)完成させた。

埋葬されたのは下道圀勝・圀依兄弟の母にあたる女性(名は不詳)であること、和銅元年一一月二七日に蔵骨器が完成(して遺骨を埋納)したこと、将来にわたって墓を保全すべきことが記されている。こうした内容から、本資料は一般的に「墓誌《ぼし》」と理解されている。

墓誌もやはり中国を起源とする墓葬文化の一つで、日本古代の事例としては一六点が確認されているが、その多くが畿内《きない》に集中しており、地方からの出土は本資料を含めた二点にすぎない。この事実からも本資料の重要性・特異性がうかがわれるのであるが、注目すべきは、『続日本紀《しょくにほんぎ》』が吉備真備《きびのまきび》(六九五~七七五年)の父を「下道朝臣国勝」と記録していることから、遺骨の主が真備の祖母であることが判明する点である。真備といえば、唐《とう》での一七年におよぶ留学を経て帰国し、孝謙《こうけん》天皇の皇太子時代の教師を務め、最終的には右大臣にまで昇りつめた人物である。祖母の埋葬時、真備はまだ留学前の少年であったが、真備のような優れた人材を輩出できるような氏族であるからこそ、地方にありながら外国文化をいち早く摂取し、当時まだめずらしい墓誌を作成することができたと考えられる。

矢田部益足買地券は、下道氏とは別の氏族により作成されたもので、被葬者も富比売という庶民階級の女性である。とはいえ益足が購入した墓地に富比売が埋葬された天平宝字七年には、真備は有力官僚として地元と朝廷との橋渡し役を担っていたと考えられ、そうした背景のもとにこの地で買地券が作成されたと想定することができよう。間壁葭子は想像の翼を広げ、富比売は益足の父の推挙《すいきょ》を受けて都で真備の子弟の乳母を務め、真備との間に子もなしたが真備に先立ち歿した。そこで真備の願いを受けて益足が地元に墓を用意し、彼女を埋葬した、とのストーリーを描く。そこまでの想定を裏づける史料はないが、真備の存在が中国由来の買地券文化の当地への移入に影響した可能性は高いだろう。

定着しなかった買地券文化

前述のように、中国では長期にわたり広範に盛行した買地券文化であるが、朝鮮や日本での出土数は限定的で、伝播はしたものの定着しなかった様子がうかがえる。朝鮮や日本に根づかなかった理由として、中国の土着信仰にもとづく文化であって、別の思想背景をもつ地域では受容しがたかったことが考えられる。先進国である中国への憧れや対抗意識から、中国文化を積極的に受容した周辺諸国ではあるが、買地券は中国でも支配層というよりは民衆を中心に展開した文化であったため、それを積極的に受容しようという動機が生まれなかったことも理由であろう。

このほかに、買地券の役割を代替するものが、すでに古代日本に存在していた事実を指摘しておきたい。

前掲の下道圀勝圀依母夫人墓誌には「後世の人は決して（この器を）他所に移したり、壊してはいけない」との一文があった。ほかにも船王後《ふねのおうご》墓誌（七世紀末頃の作成か）の文末には、「万代の永きにわたって霊のやどる基を安らかに保ち、未来永劫にわたって大切な土地をしっかりと確保するのである」とあり、伊福吉部徳足《いおきべのとこたり》比売《ひめ》墓誌（七一〇年作成）にも「後世の人びとは決して（この墓を）崩したり壊したりしてはいけない」と記されている。これらはいずれも将来にわたって墓を侵犯することを禁じ、死者の安らかな眠りを祈る内容であって、買地券の作成目的と重なる部分がある。墓誌以外でも、采女氏塋域碑《うねめしえいいきひ》（六八九年作成）には、采女竹《ちく》良《ら》の墓域を示したうえで「他人はその地に上がり込んで木を伐《き》ったり、周辺の地を犯したり穢《けが》してはならない」との警告文を記す。

矢田部益足買地券の作成に先んじて、すでに七世紀末頃からこのような金石文《きんせきぶん》が存在していることから、作成目的が重複する買地券を新たに導入する必要性はあまり感じられなかったことであろう。買地券の存在は、中国文化の影響を強く受けた古代日本の姿を示すと同時に、その文化が定着するか否かには一定の取捨選択がはたらいていたことも教えてくれる。

【主要参考文献】

●稲田奈津子・王海燕・榊佳子編著『黄泉の国との契約書——東アジアの買地券』（勉誠出版、二〇二三年）
●岸俊男「「矢田部益足買地券」考釈」（同『遺跡・遺物と古代史学』吉川弘文館、一九八〇年）
●奈良国立文化財研究所飛鳥資料館編『日本古代の墓誌』（同朋社、一九七九年）
●間壁忠彦・間壁葭子「天平宝字七年矢田部益足之買地券文（白髪部毗登富比売墓地塼券）の検討」（『倉敷考古館研究集報』一五号、一九八〇年）
●間壁忠彦・間壁葭子『奈良時代・吉備中之圀の母夫人と富ひめ』（吉備人出版、二〇一九年）

★史料へのアクセス

矢田部益足買地券は倉敷考古館（岡山県）で常設展示されており、参考文献にあげた『黄泉の国との契約書』には精細な写真と解説が掲載される。墓誌や石碑などを含む古代の金石文は、東京国立博物館や奈良国立博物館などで実物展示されることも多く、国立歴史民俗博物館には精巧な複製品が多く所蔵されている。

4

「万世一系」の天皇観と宇佐八幡神託事件

伊集院葉子

「天《あめ》の日嗣《ひつぎ》は皇緒《こうしょ》を立てよ」
――『続日本紀《しょくにほんぎ》』に残る言葉

わが国家開《ひら》けてより以来、君臣定まりぬ。臣を以て君とすることは、未《いま》だ有らず。天の日嗣は必ず皇緒を立てよ。（『続日本紀』神護景雲《じんごけいうん》三年九月己丑《きちゅう》条より。以下の史料の日付も『続日本紀』による）

「日本は、国家が始まって以来、君主（天皇）と臣下の区別は決まっているのだ。臣下を天皇としたことは、一度もない。天皇の後継は、必ず皇族を立てよ」。右の文章は、七六九年（神護景雲三）に下された宇佐八幡神の神託（神の意思）として伝えられている。天皇の後継者（天の日嗣）には皇族（皇緒）を立てよとは、現在の私たちからみると当たり前のように聞こえる。なのに、なぜ、この神託が歴史書に記録されたのだろうか。

「道鏡を天皇位に」という衝撃

時の天皇は、称徳女帝《しょうとく》（在位七六四〜七〇年）。奈良・東大寺の大仏（盧舎那如来《るしゃなにょらい》）造立で有名な聖武天皇の娘である。二度即位した。はじめは孝謙天皇《こうけん》（在位七四九〜七五八年）となり、いったん位を譲った淳仁天皇《じゅんにん》を廃し、天皇位に返り咲いて称徳天皇となった。

八世紀を通じて、都では政変が相次ぎ、称徳天皇の晩年には有力な王族の多くが誅殺されていた。疑心にかられた女帝は皇太子を定めない。父親の路線を継承して仏教に活路を見出し、僧侶である道鏡を法王の地位につけ、天皇並みの待遇を与えてともに統治していた。

そのさなかの七六九年、九州から、道鏡を天皇に、という宇佐八幡の神託が下ったという報がもたらされた。世襲で継承されてきた天皇位を、王族ではない僧侶に与えよというのである。女帝は、和気清麻呂《わけのきよまろ》を宇佐に派遣し、神託の真偽を確かめさせた。清麻呂は、道鏡を天皇に、という託宣は偽物であり、「日嗣は皇緒を立てよ」ということが神意だと報告した。これが冒頭の神託である。この結果、道鏡即位は阻止され、清麻呂は流罪になった。

これまでの解釈と女帝の愛欲物語

神託事件は、道鏡を寵愛《ちょうあい》した女帝の愚として解釈されてきた。

平安初期成立の仏教説話集『日本霊異記』では、二人は夫婦の関係にあったと書かれ、鎌倉初期の説話集『古事談』では、女帝の淫乱ぶりがみてきたように描写された。いうまでもないが、両方ともフィクションである。事件の経緯が道鏡との愛欲の物語に書き換えられ流布されたことと、戦前の教育で和気清麻呂が忠臣として喧伝されたことと相まって、神託事件は古代の政治史のなかでは著名な事件の一つとなっている。しかし、逆に、それゆえに事件の本質に目が向けられなかった点は否定できない。

事件の本質

古代女帝論研究の義江明子は、八世紀の皇位継承をめぐるせめぎあいのなかにこの事件を位置づけている。義江は、七六四年（天平宝字八）の恵美押勝《えみのおしかつ》の乱で、押勝が、塩焼王《しおやきおう》という王族を「今帝」に擁立し、自身の息子たちに親王の位である三品《さんぼん》を授けたことから、押勝の真意は不明としながらも皇統の簒奪を計画していた可能性を指摘する。この事件は、皇統の確立すら、自明ではなかったことを示唆するのである。

　皇位継承は、五、六世紀以来の長期にわたって、群臣が次の王を選ぶ群臣推戴《ぐんしんすいたい》が行われてきた。この意識は奈良時代にも失われていなかった。一方で称徳が追求したのは、現帝意思による後継者決定であり王権の自律性の実現だった。そこに、仏教による統治が加わったとき、道鏡擁立をめぐる神託事件が起きたのである。

仏教重視政策の行き着く先

聖武～称徳天皇時代の『続日本紀』をよむと、神託事件は、起こるべくして起こったという側面がみえてくる。孝謙・称徳天皇の評伝を執筆した勝浦令子は、聖武と孝謙・称徳の統治の特徴を「仏先神後」と形容した。仏教優先・神祇《じんぎ》はそのあと、ということである。

　この指向は、称徳女帝時代にいっそう強まった。勝浦は、天皇を護り助ける神の位置づけの変化に着目する。孝謙時代の治世終盤の七五七年、橘《たちばなの》奈良麻呂《ならまろ》や黄文王《きぶみおう》らが謀叛《むほん》を企図したが、計画は事前に漏れ関係者は厳罰に処された。孝謙は、陰謀を露見させた力として、①天地の神、②開闢《かいびゃく》以来の天皇霊、③盧舎那如来、④観世音菩薩、⑤梵王《ぼんおう》・帝釈《たいしゃく》・四大天王――を順に掲げた（天平宝字元年七月戊午《ぼご》条）。

　ところが、再即位のときの七六五年の大嘗祭《だいじょうさい》にあたっては、まず三宝（仏・法・僧）に仕え、次に天社・国社の神々を敬うと宣言した（天平神護元年一一月庚辰《こうしん》条)。この間の七六二年に称徳は出家している。さらに、七六九年、神託事件の直前に不破内親王の巫蠱《ふこ》(まじないで呪いをかけること)事件を告げる者があり、事件の処罰後、称徳は、自身を護る力の順番を、①盧舎那如来、②最勝王経、③観世音菩薩、④梵王・帝釈・四大天王、⑤開闢以来の天皇霊、⑥天地の神――へと入れ替えた(神護景雲三年五月丙申《へいしん》条)。これらは、男女の王族・百官男女・百姓たちに向かって発せられた宣命の一節である。

反逆事件が繰り返されるたびに、称徳は仏教への傾斜を強めていった。こうして、神祇と皇統(開闢以来の天皇霊)の上に、仏教が置かれていったのである。それは、朝廷に仕える貴族たちにとって、自身の立場を揺るがせかねない言葉だった。

天皇と氏族と『日本書紀』

『日本書紀』(七二〇年成立)には、天皇の統治を正統化する神話と伝承、列島各地を統合していく過程が描かれ、奈良時代初めの有力貴族・豪族の祖先伝承が織り込まれていた。

たとえば、大伴氏は、天孫降臨神話で皇孫の先駆けをした天押日命《あめのおしひのみこと》を遠祖と伝えられた(神代紀)。藤原氏は、乙巳《いっし》の変(六四五年)での中臣鎌足《なかとみのかまたり》の活躍と藤原賜姓《しせい》などが書き込まれた。このように、貴族・豪族の先祖が歴代天皇と結びついた由来や功績などが記載され、それがひるがえって後裔《こうえい》の諸氏が朝廷で地位を占める正当性を保証するものになっていたのである。

万世一系像を貴族のなかに定着させたものとして『日本書紀』の役割に注目する長谷部将司は、八世紀から『続日本紀』成立後の九世紀初頭にかけて、「『書紀』は一面で氏姓の基本台帳的な役割を果たした」という。

皇統と貴族・豪族たちとは、『日本書紀』で描かれたようなつながりによって結びついていた。しかし、皇統以外の人物が天皇となれば、現在の皇統につながる諸氏の由来も功績も意味がなくなってしまう。神託事件が、時の朝廷を震撼《しんかん》させたのは、このような事情があったためである。世襲王権の終焉の可能性を目の当たりにした貴族の側からの反撃によって道鏡擁立は挫折し、皇統の維持があらためて確認されたのである。

先の長谷部は、平安以後、『日本書紀』の講書（書籍の内容を講義すること）が宮廷の公的行事として繰り返されたことを重視する。これによって、宮廷人の記憶の共有が進められ、「万世一系」観がかたちづくられていったからである。以後、絶大な権力を掌握する貴族が登場しても、皇統にとってかわる事態は生まれなかったのである。

忠臣像の形成と明治の女帝論

事件の翌年、称徳天皇は、皇嗣《こうし》を定めないまま死去した。諸臣の謀議により、称徳の異母姉・井上内親王（聖武皇女）の夫で、王族中の長老だった白壁王が皇太子に立てられ即位した。光仁天皇である。

こののち、和気清麻呂は、道鏡の天皇即位を阻んだ忠臣として評価されていく。

明治維新後、大日本帝国憲法第一条で「大日本帝国は、万世一系の天皇之を統治す」と明記され、皇位継承規定などを定めた「皇室典範」第一条で「大日本国皇位は祖宗の皇統にして男系の男子之を継承す」とされた。帝国憲法制定の中心を担った伊藤博文は、「皇位の継承は祖宗以来既に明訓あり。和気清麻呂還奏の言に曰く」として、清麻呂が持ち帰ったという「わが国家開闢けてより以来……天の日嗣は必ず皇緒を立てよ」という言葉を引き、皇位継承規定の根拠を説明した。

歴史書をどうよむのか

わが国で仏教の興隆をはかった推古天皇は、仏法を外側から保護する君主として振る舞った。天武・持統期には天皇の神格化が進められた。天皇たちの統治の正統性は神話が源とされ、彼ら彼女ら歴代天皇は仏教を重んじたものの、その前に額《ぬか》ずくことはなかったのである。

ところが聖武天皇は、譲位後、天皇として初の出家者となり「三宝の奴」と自称した。娘の称徳天皇は、尼となったのちに再即位した。皇統の正統性を保証する神祇の上に仏教を置くにいたり、道鏡擁立事件は起きたのである。

古代政治史の関根淳は、政治学の分析を参考にしながら、政変を、結果によって、個人の権力獲得にとどまるものと、国家や王権など全体的構造の改変をともなうものに分けた。関根は、神託事件という政変によって、皇族以外は皇位を継承できないという原則が確認されたとし、逆にいえば、この事件がなければ、皇族による皇位継承という天皇制の論理が支配者層によって実体験されることはなかったのだと指摘する。

「万世一系」という考えは、古くから確定し、それにもとづく天皇位継承が決まっていたのだと考えられがちである。しかし、政変という激動を経て形成された認識であることは明らかである。これまで、女帝の愛欲の愚として処理され、草壁皇子直系継承の行き詰まりの結果の事件とみなされてきた神託事件は、わが国の君主制の歴史のターニングポイントとして検討され直さなければならないだろう。

【主要参考文献】

- 伊藤博文著・宮沢俊義校注『憲法義解』(岩波文庫、一九四〇年)
- 勝浦令子『孝謙・称徳天皇――出家しても政を行ふに豈障らず』(ミネルヴァ書房、二〇一四年)
- 佐伯有清『新撰姓氏録の研究』本文篇・研究篇・考證篇一～六(吉川弘文館、一九六二～八三年)
- 関根淳「古代の天皇制と政変・国家」(『歴史学研究』八四六号、二〇〇八年)
- 長谷部将司『日本古代の記憶と典籍』(八木書店、二〇二〇年)
- 義江明子「古代女帝論の過去と現在」(『日本古代女帝論』塙書房、二〇一七年)。初出二〇〇二年

★史料へのアクセス

岩波書店の新日本古典文学大系シリーズに『続日本紀』全五巻が収められている(一九八九～九八年刊)。『続日本紀』は、『日本書紀』に続く二番目の歴史書であり、文武天皇の即位(六九七年)から桓武天皇の治世一一年目(七九一年)まで、一〇〇年弱を記述している。八世紀の日本の政治・社会・外交・文化などを学ぶうえでの基本的な史料である。このため、大学図書館はもちろん、公共図書館の多くでも所蔵されており、手に取りやすい。

5

『紫式部日記』からみた「国風文化」という「文化」

皆川雅樹

紫式部《むらさきしきぶ》のあだ名

左衛門《さいもん》の内侍《ないし》といふ人はべり。あやしうすずろによからず思ひけるも、え知りはべらぬ、心憂きしりうごとの、おほう聞えはべりし。内裏《うち》のうへの、源《げん》氏《じ》の物語《ものがたり》人に読ませたまひつつ聞こしめしけるに、「この人は日本紀《にほんぎ》をこそ読みたるべけれ。まことに才《ざえ》あるべし」と、のたまはせけるを、ふと推しはかりに、「いみじうなむ才がある」と、殿上人《てんじょうびと》などに言ひ散らして、日本紀の御局《みつぼね》とぞつけたりける、いとをかしくぞはべる。このふる里の女の前にてだに、つつみはべるものを、さるところにて才さかし出ではべらむよ。

（『紫式部日記』）

「国風文化」を代表するかな文字の文学作品として『源氏物語』がまずあげられる。作者の紫式部は、上記の『紫式部日記』のなかで、紫式部が才識をひけらかしているという内侍の誤解による殿上人などへのいいふらしによって「日本紀の御局」（『日本書紀《にほんしょき》』などの六国史を読める才女）とあだ名がついていることが書かれている。彼女のように当該期の女性は、漢文や漢詩などの漢文学的な教養の習得を前提として、かな文学をつくりあげており、漢文学の「国風《こくふう》化」という状況が「国風文化」の特色を物語っているといえる。

教科書のなかの「国風文化」

「国風文化」について、高等学校の日本史探究の教科書（ここでは、山川出版社『詳説日本史』二〇二二年文部科学省検定済を使用）では、九世紀後半以前に受け入れられた大陸文化をふまえて、日本人の人情・嗜好《しこう》や日本の風土に合う優雅で洗練された「国風化」という特色がある一〇～一一世紀の文化とする。そして、「文化の国風化」を象徴するものとしてかな文字の発達をあげるとともに、美術工芸面における「国風化」の傾向の著しさを記している。

なお、日本史探究は、二〇二三年度より高等学校で新たに始まった新科目（旧課程では日本史B）であるため、教科書の記述内容も近年の歴史学などの研究成果を反映しているところが多くみられる。「国風文化」の記述では、かな物語の説明が注目できる。かな物語の大作として紫式部『源氏物語』と清少納言《せいしょうなごん》『枕草《まくらのそう》子《し》』をあげることは、従来の教科書でもみられたが、次のような説明が新たに加えられている。

国文学の最高の傑作とされているが、（紫式部・清少納言）両者とも『白氏文集《はくしもんじゅう》』などの中国文学への深い理解を背景にもっている。こうしたかな文学の隆盛は、貴族たちが天皇の後宮《こうきゅう》に入れた娘たちにつきそわせた、すぐれた才能をもつ女性たちに負うところが大きい。

紫式部は藤原道長《ふじわらのみちなが》の娘である中宮彰子《しょうし》、清少納言は藤原道隆《みちたか》の娘である皇后定子《ていし》にそれぞれ仕えた。彰子も定子も一条《いちじょう》天皇の後宮におり、『源氏物語』『枕草子』はその一条天皇の時代に生み出された。そして、両作品とも、中国唐代の白居易《はっきょい》の詩文集である『白氏文集』（八四五年成立）が多くの箇所で引用されている。

また、冒頭に引用した『紫式部日記』のあとの記述のなかに、紫式部が中宮彰子に『白氏文集』「新楽府《しんがふ》」を講じたエピソードが記されている。近年、歴史学や文学の研究において、後宮やその周辺の研究が進展しているため、このような記述が加えられたのであろう。

かつては、日本の「独自性」が優先的に語られがちであった「国風文化」であるが、その内実として「中国文化」の影響に注目する研究が、高等学校の教科書にも反映されている。

見直される「国風文化」研究

近年の研究成果として、たとえば、榎本淳一は、「国風文化」にも唐などの中国文化の影響が色濃く反映されており、平安中期以降に中国文化の影響が弱まったという通説の誤りであるとし、九世紀後半以降、遣唐《けんとう》使《し》派遣がなくなり中国海商が来航していた時期における対外交易制度、中国書籍の将来や「異国」意識の成立過程などを分析する。そのなかで、外国文化が日本の社会に定着・浸透する場合、常に「国風化」が行われており、平安時代中期に限ったことではないことを指摘している。

また、西本昌弘は、九世紀から一一世紀中葉までの「唐風文化」から「国風文化」への変遷について、唐・呉越《ごえつ》・北宋《ほくそう》などとの多年にわたる交流を背景に、列島内外で長年にわたり創意工夫を重ねながら生み出された文化であったとする。中国から学んだ漆工芸や唐絵《からえ》の技法をもとに、独自の螺鈿《らでん》・蒔絵《まきえ》・やまと絵を発展させたことと同様に、唐の浄土教《じょうどきょう》の系譜を引く日本の浄土教の開花、日本と中国との地理的距離が漢字文化から相対的に独立を可能にしたことによる平仮名の成立、朝儀故実《ちょうぎこじつ》の形成なども、「中国文化」の影響によって日本の古典文化が創出されたと評価する。

さらに見直される「国風文化」研究

このような唐などの「中国文化」の影響に注目する研究が進む一方で、「国風文化」における同時代の「中国文化」を限定的に捉える研究成果として、吉川真司編『国風文化――貴族社会のなかの「唐」と「和」』（岩波書店、二〇二一年、以下『国風文化』）が注目されている。『国風文化』には、六名の論考と巻末に執筆者などによる座談会が掲載されている。冒頭の吉川真司「〈国風文化〉への招待」では、これまでの国風文化の研究史を整理する。以下、ここでは紙幅の関係上、三名の論考を紹介してみたい。

まず、佐藤全敏「国風文化の構造」では、「国風文化」は「ある種閉ざされた環境のなかで形成・維持された」という前提のもとに、八・九世紀に伝えられた古い唐風の文化を尊重・愛好することと、倭《わ》のなかの世俗文化を再発見し愛好することが並立・融合し、唐風文化を実践・演出するために必要な唐物《からもの》（消費財）と断片化した幾分かの同時代の中国文化（文物）とが加わって展開した文化とする。「国風文化」における「文化」の内実について「古い唐風文化」の影響はあるが、同時代の「中国文化」の影響は少なく、断片的な摂取にとどまることを指摘している。

次に、皿井舞「国風文化期の美術」では、一〇世紀～一一世紀半ばの「国風文化」期における仏教彫刻や絵画作品を中心に検討し、中国の民間信仰における造形や高麗《こうらい》における宋代文化の受容についても触れている。「美術史学のなかの絵画分野では、国風文化が「和」と「漢」の二つの要素をもつ」ということをふまえ、「漢」（中国的な要素）とは、かつて日本が受け入れてきた古い中国文化と同時代の中国文化の一部がモザイク状になっており、過去の古い中国の要素が多くの割合を占め、同時代の中国的要素はごくわずかにすぎないとする。

さらに、河上麻由子「唐滅亡後の東アジアの文化再編」では、日本で「国風文化」が最盛期を迎える一〇世紀後半～一一世紀半ばにおける北宋、高麗、北部ベトナム（前黎朝《ぜんれいちょう》・李朝《りちょう》期）の文化について比較検討する。高麗、北部ベトナム、日本における共通点として、「現実の中国、具体的には北宋の文化がそのまま規範視されることは少なかった」「過去の中国、具体的には唐や漢の文化が理想とされることは多かった」という二点をあげている。

以上、近年の主な研究概況を確認した（詳細な研究史については、小塩慶の論考を参照）。同時代の対外交流による「中国文化」の影響を積極的に評価するのか、あるいは「中国文化」を受容していても九世紀以前と比べて選択的になっている側面を重視するのかという点において、見解・評価が割れているわけである。「中国文化」とはいつの時期の「文化」なのか、「国風文化」とはいつからいつまでの「文化」なのかなど、「文化」の内実について今後も議論が尽きない。

「国風文化」の「内」と「外」

『国風文化』の巻末の座談会において、河上が「国風文化が「なぜ女性なのか」」というところをもっと掘り下げていきたい」と発言している。冒頭であげた史料では、紫式部は「女性なのに才識をひけらかしている」という意味合いがうかがえる。この史料の続きには、紫式部の父藤原為時《ためとき》が、息子の惟規《これのり》（紫式部の弟）に漢籍を教えていた際に、その横にいた紫式部のほうがよく理解していたことに対して、「残念なことに、この娘が男の子でなかったのは、まったく幸せがなかったのだ」と嘆いていたという。また、紫式部が漢学に詳しいことを悟られないようにしていたエピソードも書かれている。『源氏物語』『枕草子』やこれらに先行する藤原道綱の母による『蜻蛉《かげろう》日記』など、「女手《おんなで》」として漢文学の要素をかな文学のなかに「翻訳」することが、「国風文化」の特徴の一つとしてあげられる。

「文化」における「女性性」を考える場合、「サロン」の存在が注目できる。諸井彩子は、「宮中の后妃《こうひ》や斎《さい》宮《くう》・斎院《さいいん》をはじめとした社会的地位の高い貴顕《きけん》女性と、その貴顕女性に仕える女房集団を核とし、そこに後見人の支えや伺候《しこう》する男性歌人の訪れが加わった、知的で風流な文化的営みを行う社交形態」とサロンを定義している。紫式部や清少納言などの女房たちは、女性だけに限定されない場としてのサロンのなかで文学作品を生み出してきたわけである。なお、『紫式部日記』には彰子を中心としたサロン、『枕草子』には定子を中心としたサロンがそれぞれ描かれている。「国風文化」を考えるうえでは、サロンのような「内」の存在についても無視できない。

一方、紫式部は、父為時とともに越前国《えちぜんのくに》に下向した際、宋海商と実際に対面した可能性がある。父為時が越前守《えちぜんのかみ》在任中の長徳《ちょうとく》二年（九九六）もしくは三年に、宋海商と漢詩を交わした記録がある（『今鏡《いまかがみ》』巻九、『本《ほん》朝麗藻《ちょうれいそう》』巻下・贈答部、『日本紀略《にほんきりゃく》』長徳二年正月二八日条）。のちに紫式部の夫となる藤原宣孝《のぶたか》と思われる人物が、越前国にいる紫式部に「年かへりて、唐人見に行かむ（新年になったら、唐人見物かたがたおうかがいしましょう）」と手紙を送ったことが記録されている（『紫式部集』）。ちなみに、『源氏物語』桐壺《きりつぼ》巻に、光源氏が高麗人（渤《ぼっ》海《かい》人）と対面して漢詩による交流をするシーンが記されている。越前国での宋海商という「外」との接触体験や越前国（京都の「外」）での生活が、紫式部の見識に「中国文化」とともに影響したのであろう。

「文化」を考えるうえで、「内」と「外」とのつながり方やその度合いは常に問題となる。紫式部は、その狭間にいたのであった。

【主要参考文献】

●榎本淳一『唐王朝と古代日本』（吉川弘文館、二〇〇八年）
●小塩慶「「国風文化」はいかに論じられてきたか」（有富純也・佐藤雄基編『摂関・院政期研究を読みなおす』思文閣出版、二〇二三年）
●西本昌弘「「唐風文化」から「国風文化」へ」（『岩波講座日本歴史 第5巻　古代5』岩波書店、二〇一五年）
●伴瀬明美・稲田奈津子・榊佳子・保科季子編『東アジアの後宮』（勉誠出版、二〇二三年）
●丸山裕美子『清少納言と紫式部――和漢混淆の時代の宮の女房』（山川出版社、二〇一五年）
●諸井彩子『摂関期女房と文学』（青簡舎、二〇一八年）

★史料へのアクセス

『紫式部日記』の伝本は、江戸期をさかのぼるものがみつかっていない。現在、宮内庁書陵部蔵の黒川真道旧蔵本『紫日記』が最善本として底本とされる場合が多い。本文・現代語訳では、黒川本を底本とする新編日本古典文学全集『和泉式部日記　紫式部日記　更級日記　讃岐典侍日記』（小学館、一九九四年）や宮崎荘平『新版　紫式部日記　全訳注』（講談社学術文庫、二〇二三年）などが活用しやすい。

6

「望月の歌」再解釈による藤原道長像の変化

高松百香

歴史資料としての「望月の歌」

この世をば　わが世とぞ思ふ　望月の　欠けたることも　なしと思へば

（藤原《ふじわらの》実資《さねすけ》の日記『小右記《しょうゆうき》』より）

藤原道長《みちなが》によって詠まれたこの和歌は、小学六年生の社会科歴史教科書（三社）すべてに掲載されており、義務教育ということを考えると知名度一〇〇％に近く、日本で最も有名な和歌といえるだろう。

トップシェアを誇る東京書籍の教科書では、この和歌と『紫式部日記絵巻』からとった道長の顔を並べ、視覚資料として掲げている。本文では、「道長は、世の中のすべてが自分の思い通りになっているという意味の「もち月の歌」をよんだほどでした」と説明している。他の二社も、多少の違いはあるが、同様の扱いをしている。

つまり、日本ではおよそ一二歳で傲慢な権力者という道長イメージを植えつけられ、生涯においてそこから離れることは難しくなる。しかし、この和歌からもたらされる道長イメージは、はたして正しいのだろうか。

本稿ではこの和歌をメインの「歴史資料」とし、近年の研究動向から批判的に検討する。

いつ、どこで詠んだ和歌なのか

この和歌はどういう場面で詠まれたのだろうか。今の言葉でいうならば、「三女の結婚式の二次会で酔っ払った父がやらかした」というもので、むしろ平凡でほほえましくすらある。ただ、その結婚式とは「立后《りっこう》の儀」、つまり中宮《ちゅうぐう》として后の地位に立つ儀式であり、詠歌の現場は「穏座《おんのざ》」、正規の饗宴《きょうえん》後に昵懇《じっこん》の貴族たちを集めて前摂政道長邸で開催された、非公式ながらも宮廷社会の重職者が集う宴であった。

道長と正妻源倫子《りんし》には四人の娘がいるが、長女彰《しょう》子《し》は一条天皇に、次女妍子《けんし》は三条天皇に、それぞれ入《じゅ》内《だい》し、皇太后・中宮となっていた。そして、長女彰子が産んだ皇子・敦成《あつひら》親王が後一条天皇となり、叔母・甥の関係ながら三女威子《いし》がその中宮として立った（彰子は太皇太后・妍子は皇太后に繰り上がった）、その日の夜の宴会で、天皇・中宮カップルの祖父・父としての道長が詠んだのがこの和歌なのである。道長の傲慢さが強調される「望月の歌」だが、少なくとも道長が満ち足りた気持ちになるのは当然の状況だった。

日本文学からの再解釈

この世は私のものだ、といい放つ権力者の歌と教えられる望月の歌だが、近年、文学・歴史学それぞれの分野から、再解釈の動きがある。

口火をきったのは、日本文学の山本淳子である。まず、「この世」が「夜」の掛詞であることは自明だが、むしろ夜の意味のほうが強いこと、そして、この歌が寛仁二年（一〇一八）一〇月一六日、つまり「十五夜から一日経過した」月のもとで詠まれたことから、満月のごとく満ち満ちた権力をうたったものではないとした。また、月は后の隠喩《いんゆ》であることから、三后《さんこう》（太皇太后・皇太后・中宮。ただしこのとき、別に皇后娍子《せいし》がいた）がすべて自分の娘で占められたという未曽有の快挙を「欠けぬ望月」にたとえたという点、丸い月は盃《さかづき》の比喩であり、宴会の場で盃を回しあい人びとと喜びを共有する歌という点も重視した。山本の再解釈では、「望月の歌」はこのような意味になるという。

今夜のこの世を、私は心ゆくものと思うよ。目の前の月は欠けているが、私の月――后となった娘たち、そして宴席の皆と交わした盃――は欠けていないと思うと。

道長の傲慢、からはかなり離れた解釈となっている。複数の新聞にも取り上げられ、かなり注目されているようである。

歴史学からの再解釈

この歌は歴史学においても、摂関政治を象徴するものとして注目されてきた。山中裕は、「わが世＝わが生涯」と解釈し、満ち足りた生涯への満足が歌に出たと述べた。また河内祥輔は、一六日は満月の欠けはじめなので栄華のはかなさを詠んだもの、あくまで主語は「望月」であることなどを指摘した。

近年では儀礼研究の末松剛が、饗宴の場における詠歌という視点から、特にこの歌を記録した藤原実資の日記『小右記』をあらためて検討した（後述）。また『御堂関白記』の研究でおなじみの倉本一宏は、道長の人物像から、自分で和歌を記録しなかったのはたんに忘れたため、道長は欠けゆく望月など詠うような人物では決してない、と述べた。

さて、この望月の歌は、道長自身は記録せず、道長の政治や人格に対して反感をもっていた藤原実資だけが残している。実資は道長の失点は必ず記述するタイプの男だが、道長の詠歌に対しては「御歌優美也」とその場で述べ、返歌を求められたができないとかわし、その場の皆で唱和する方向に持ち込んだ。この応対についてはさまざまな議論があるが、末松による儀式・饗宴研究から、その場の上座《じょうざ》の人物の歌を皆で唱和するのは通例であり、決して実資が嫌味で行ったことではないという。『小右記』には、「誇りたる歌になむ有る」という道長の詠歌直前のセリフもきっちり収められており、自慢する歌であることは皆知っていた。ただ、実資が特に非難するほどの傲慢な和歌ではなかったことは、確かなようである。

戦前・戦後の教科書での扱い

現在は小六の歴史教科書すべてが掲載する望月の歌だが、道長の権力を説明するものとして、過去の教科書ではどのように取り上げられてきたのだろうか。

近代における小学校教科書の歴史においては、明治一九年（一八八六）の教科書検定制度以前・以後、明治三六年（一九〇三）の教科書国定制度など、いくつか画期がある。基本的にはどの時期の日本史教科書も、藤原氏の専横や奢《おご》る道長を述べてはいるが、望月の歌に関しては時期を問わず、和歌まるごと掲載・和歌の語句や内容に触れる・和歌には触れない、と多様な取り上げられ方をしていることが興味深い。一九四〇年代前半の文部省による尋常小学校国定教科書でも、和歌の内容に触れ道長の栄華と傲慢を叙述はするが、和歌そのものを掲載はしていない。

日本の敗戦後、一九四六年発行の『くにのあゆみ』では、望月の歌も内容も取り上げられず、「かうして藤原氏の勢ひは、ますます盛んになりましたが、ことに道長と、その子頼通のころが、藤原氏の一ばんはなやかな時でありました」と道長に優しい記述となっている。天皇を抑圧した傲慢な道長だったとしても、それを批判する理由がなくなったからであろう。

一九四七年の教科書検定制度以降の小学校歴史教科書には、望月の歌を掲載するものが現れるが、和歌に触れずに道長を説明するものもあり、ここでも多様性が確認できる。

むしろ、すべての歴史教科書が望月の歌を掲載している現状が異例ということになる。教科書のカラー化、ビジュアル重視傾向に合致した資料ということであろうか。

しかし、新たな解釈が示された以上、修正の必要もあろう。花婿の祖父かつ花嫁の父が浮かれて詠んだ歌が千年後にこのような取り上げられ方をして、道長は泣いているのではなかろうか。

道長の人物像の更新を

『御堂関白記』が二〇一三年にユネスコ世界記憶遺産に登録されたこともあって、ここ一〇年ほどの道長研究の進展は目を見張るものがある。『藤原道長事典』『藤原道長を創った女たち』、多くの関連する新書など、枚挙にいとまがない。

道長という人物は、基本的には温厚で部下に対しても腰が低く、女性関係は権勢の割に地味、妻が四〇歳をゆうに過ぎても子どもができ続けた、よい夫・父であったという。たしかに、そりの合わなかった三条天皇に対する圧力や、中関白家《なかかんぱくけ》の定子《ていし》に対する嫌がらせは度を越えると思われるところもあるが、それらは自身の子や孫に対する政治上の庇護《ひご》が必要という場面において発せられていることがほとんどであり、一概に道長の傲慢で片づけられるものでもない。勤務中に娘の発熱の報に接すればさっさと帰宅するほど家族を大事にする人物でもあった。

史料上また研究上明らかとなった新たな道長イメージを、ぜひ広めたいと考えている。

和歌という歴史資料

本稿では「望月の歌」の再解釈から、道長イメージの再検討の可能性が提示されていることを述べた。そもそも、和歌が歴史資料になりうるのか疑問という声もあるかもしれない。文芸作品にすぎないのではないか、と。しかし、シンプルな歴史資料的要素というところで紹介すれば、道長の最初の結婚相手が、正妻となった源倫子ではなく「次妻」源明子《めいし》であったことが、明子の母・愛宮《あいのみや》の次の歌から判明する。

年をへて　たちならしつる　葦鶴《あしたづ》の　いかなる方《かた》に
跡とどむらん
（『拾遺和歌集』）

この時代、夫の衣装の調達・管理は妻の大事な役割であった。詞書（和歌の前置き）まで含めると道長の襪《しとうず》（靴下のようなもの）をつくる「足型」が、明子のもとにあったのに倫子方に譲らされたことに対する嘆きと恨みが詠まれていることがわかる。これで、明子が先に道長と婚姻していたことが判明したのである。

公的記録からはわかりにくい年次的情報が確認できるほか、和歌には身分制社会や主従関係、時には政治が反映されることが、近年の文学・歴史学研究から明らかとなっている。「望月の歌」をきっかけに、和歌が魅力的な歴史の素材であることにも注目していただきたい。

【主要参考文献】

• 倉本一宏『藤原道長「御堂関白記」を読む』（講談社、二〇一三年＝講談社学術文庫、二〇二三年）
• 河内祥輔『古代政治史における天皇制の論理　増訂版』（吉川弘文館、二〇一四年。初出は二〇〇八年）
• 末松剛「平安時代の饗宴――「望月の歌」再考」（全国大学国語国文学会編『文学・語学』二一三号、二〇一五年）
• 山中裕『藤原道長』（吉川弘文館、二〇〇八年）
• 山本淳子「藤原道長の和歌「この世をば」新釈の試み」（『国語国文』第八七巻第八号、二〇一八年）
• 山本淳子「「この世をば」の歌の新釈と道長像」（『歴史地理教育』九二三号、二〇二一年）

★史料へのアクセス

「望月の歌」を記録する唯一の日記史料『小右記』は、記主藤原実資による原本は早々に失われ、平安・鎌倉期につくられた数種の古写本が残るのみである。閲覧には所蔵者に対する手続きが必要である。ただ、日記史料を使った研究は、活字の媒体で調べるのが基本であり、『小右記』に関しては東京大学史料編纂所編『大日本古記録　小右記』が全一一巻で完結している。また同所の古記録フルテキストデータベースで全文検索が可能、誌面まで行きつくことができる。ほかに、国際日本文化研究センターの「摂関期古記録データベース」では、本来の和風漢文を読み下した漢字仮名交じり文の検索が可能となっている。敷居の高そうな日記史料であるが、現在主なものはこのようにネット上で公開され、相当便利になっている。ぜひご活用いただきたい。

7 疫病は常に〈外〉からやって来る

差別・疎外の歴史実践

北條勝貴

感染起源の探究と政治

……仁安《にんなん》・承元《しょうげん》・建暦《けんりゃく》・承久《じょうきゅう》、軽忽《けいこつ》の乱政に依りて、非分の闕官《けっかん》を求めらる、極めて不穏の事か。近日咳病、世俗に夷病《えびすやまい》と称す、去《さん》ぬる比《ころ》夷狄《いてき》入京し、万人翫見《がんけん》すと云々。是れ又極めて不吉の徴《しるし》なり。

（『明月記』天福元［一二三三］年二月一七日条）

新型コロナウイルス感染症の起源をめぐっては、感染が最初に確認された中国・武漢（華南海鮮卸売市場）を舞台に、市場に持ち込まれたブッシュ・ミートに注目する〈自然起源説〉と、至近の武漢ウィルス研究所を疑う〈研究所流出説〉とが取り沙汰されている。後者の妥当性については、すでに二〇二一年、WHOの科学者チームによって疑問視されているが、二〇二三年二月にいたってアメリカ連邦捜査局長官が蒸し返し、中国政府も「情報操作だ」と応酬する事態になっている。真相は不明なままだが、現在の新しい冷戦構造にあって、約六九〇万の死者をもたらしたパンデミックの責任は、またとない賭け金となるのだろう。

一部で用いられる「武漢肺炎」との呼称にも、現実逃避と責任転嫁、他者に対する閉鎖性・攻撃性が見え隠れしている。冒頭に掲げた約八〇〇年前の記録は、当時都に流行した咳病を「夷病」と記すが、「夷」は中華による異民族への蔑称である。両者の間には、時を超えた奇妙な符合がうかがえよう。

〈夷病〉の出現の背景

『明月記』は、院政期～鎌倉初期の代表的歌人、藤《ふじ》原《わらの》定家《ていか》の日記である。天福元年当時、彼はすでに七三歳の老齢で、前年後堀河《ごほりかわ》天皇から命じられた『新勅撰和歌集』の撰進をひとまず終え、一二月には関白九《く》条《じょう》道家との対立から権中納言《ごんちゅうなごん》を辞任、出家への思いを募らせていた頃であった。道家らが豪奢《ごうしゃ》な生活に耽《ひた》るなか、寛喜三（一二三一）年には大飢饉が起き、京師の路上は死者であふれて伝統ある寺社も荒廃、翌貞永元年には不吉な彗星まで姿をみせていた。冒頭の記事では乱政による除目の混迷を嘆くのみだが、終末的な世相は彼の厭世観に拍車をかけていたのだろう。「夷病」流行への視線にも同じ愁色を看て取れるが、この言葉が「入京した夷狄のもたらした病」との意味なら、「夷」とは具体的に何を指すのだろうか。

この頃朝廷は、高麗《こうらい》との間に、いわゆる初発期倭寇《わこう》の問題を抱えていた。『吾妻鏡』安貞元（一二二七）年五月一四日条によると、対馬島民が全羅州城に乱入して略奪を繰り返す事態が生じ、その取締と調査を要請すべく、高麗使承存ら二〇人が、牒状《ちょうじょう》（国書）を携え大宰府へ到来したという。『対馬編年略』安貞二年条は、このとき大宰少弐《だざいしょうに》武藤資頼《むとうすけより》が、上奏を経ずに悪徒九〇人を捕らえて斬首、返牒したと記す。広橋経光『民経記』同年五月一五日条は、「伝聞するに、高麗国全羅州牒案一見するところなり、府官左右無く開封して之を見、返牒を書すと云々、尤も奇恠《きかい》の事なり」と伝えており、資頼の行為は事実らしい。彼はもと平知《たいらのとも》盛《もり》の部将であったが、のち源頼朝に帰順して累進し、大宰少弐に補任されて同職を世襲、少弐氏の祖となる。迅速な行動の背景には、北部九州を統括し交易の主導権を掌握しようとする意図が見え隠れする。近藤剛はそれに加え、長年にわたる高麗と対馬在庁官人比《ひ》留《る》間《ま》氏との進奉に幕府勢力が介入していたこと、資頼の対応には比留間氏の勢力を削ぐもくろみもあったことを指摘している。先の牒状も、幕府には正文が送られたのに対し、朝廷には案文（写し）が送られたにすぎない。『高麗史』高宗段には、「日本国、書を寄せて賊船寇辺の罪を謝し、仍《よ》りて修好互市を請ふ」「日本、賊倭を推検し之を誅す、侵掠稍《いささ》か息《や》む」などとあって、一応は事態も鎮静化したようだが、かえって京都の朝廷では混乱が生じた。『明月記』同年八月一二日条では、定家が高麗から再度牒状がもたらされたという噂を記録、『高麗史』によれば、このとき及第朴寅が、講和の使命を帯び大宰府に到着していたらしい。

近年発見された新史料「嘉禄《かろく》三年高麗国牒状写断簡及按文」は、朝廷に伝えられた前掲牒状の案文等を定家が入手、右筆にまとめさせたものと推測されている。『明月記』天福元年条の「夷狄入京」は、これまで具体的に何を指すか不明であったが、右によれば、二度にわたる高麗使の往来に関わる文言と推測できる。彼らを「夷狄」と表象していたこと、同事件の記録を周辺で整理していたことからすると、定家はかかる事態を憂慮し、一連の終末的世相と結びつけていたのだろう。流行の咳病を持ち出したのも同じ理由とみられるが、しかしその思考は必ずしも牽強付会《けんきょうふかい》とはいえず、当時は一定の歴史的必然性を有していた。

天然痘新羅起源説の強化

古代日本のエピデミックとしては、天平九（七三七）年の天然痘（疱瘡《ほうそう》）大流行がよく知られる。『続日本《しょくにほん》紀《ぎ》』同年一二月是年条は、「是年の春、疫瘡大きに発《おこ》る。初め筑紫より来りて夏を経て秋に渉る。公卿以下天下の百姓《ひゃくせい》相継ぎて没死《し》ぬること、勝《あ》げて計《かぞ》ふべからず。近き代より以来《このかた》、これ有らず」と、未曽有の大被害であったことを伝えている。福原栄太郎によれば、その惨禍は九州から東海にまでおよび、各郡の三割～半分の住民が死亡、なかには戸主レベルの壮年層も多く含まれたようで、働き手を失った家々は飢餓に陥った。中央では、権勢を握っていた藤原四子《よんし》をはじめ、八名の公卿のうち五名が落命、従五位下以上の京官の四割弱が半年で死去し、国政は大混乱となった。

その感染ルートについては、のちに『続古事談』巻五―六（一二六）が、「もがさと云病は、新羅国よりおこりたり。筑紫の人うをかひける船、はなれて彼国につきて、その人うつりやみてきたれりけるとぞ」と、両国間を往還する筑紫の鵜飼《マージナル・マン》の船に注目している。『続日本紀』同年正月辛丑《しんちゅう》条によると、このとき遣新羅使が帰国、大判官・少判官は入京を許されたが、大使阿倍継麻呂《あべのつぐまろ》はすでに途上の対馬で卒去（病死の可能性が高い）、副使大伴三中《おおとものみなか》も病を得て京外にとどめられていた。おそらくは彼らの罹患したのが天然痘で、四月には大宰府管内の庶民に多くの死者を出し、六月には平城京でも流行して百官が感染、廃朝もやむをえない事態にいたってしまった。新羅起源説には一定の事実性があるようだが、しかし現実はより複雑である。天平七、八年にも列島で天然痘の流行した痕跡があり、逆ルートも疑われるためである。

たとえば、『続日本紀』天平七年八月乙未《おつび》条では、大宰府管内の「疫気」流行に救済措置がとられており、同月丙午《へいご》条には大宰府から、「管内の諸国に疫瘡大に発り、百姓悉《ことごと》く臥《ふ》しぬ」との報告がなされている。この事象がどの程度の広がりをもったかは不明だが、同年閏一一月戊戌《ぼじゅつ》条の詔には「災変数《しばしば》見《あらわ》れ、疫癘《えきれい》已《や》まぬを以て、天下に大赦せむ」と、「天下」を同じ俎《まないた》の上に載せるほど大規模化するにいたる。同時期に平城京で死去した著名人には、新羅尼理願《りがん》、新田部《にいたべ》親王《しんのう》、賀茂比売、舎人親王《とねりしんのう》、高田王らがおり、天然痘が死因かどうかは確認できないが、理願については『万葉集』巻三―四六〇・四六一題詞に、「ここに天平七年乙亥《いつがい》を以て、忽《たちまち》に運病に沈みて、既に泉界に趣く」とみえる。「運病」は聞き慣れない言葉だが、岩波日本古典文学大系の語注は、「天運で免れぬ病、天命のつきるべき病、流行病、運命を決する病などと解されている」とする。中国の医書にみえる「天行病」が想起されるが、同義ならば流行病であり、天然痘の可能性もあろう（「新羅尼」である点も注意を引く）。

しかしやはり、九州から西日本、東海へとおよんだ天平九年の大流行が、列島社会の集合意識に深く刻まれたことは否定できない。福原栄太郎が、正税帳等の記載から壮年層の罹患・病死を確認し、長年大流行の生じていなかったことを示す、と推測していることも重要である。前掲『続古事談』は新羅起源説のあとに「天平九年官符」を引用するが、これは同説話の原型である源俊房『水左記』承保四（一〇七七）年八月九日条が、目前の流行に際して「天平九年六月諸国に下されし官符」を参照していることにもとづく。同官符は『類聚符宣抄《るいじゅうふせんしょう》』巻三のほか、丹波康頼《たんばのやすより》撰『医心方《いしんぽう》』巻一四、洞院公賢《どういんきんかた》補訂『拾芥抄《しゅうがいしょう》』巻下などにも採録されており、天然痘の処方として長く参照されたことが知られる。具体的には、下痢の予防・抑止に関する生活指導がほとんどで、高価な薬物を用いず、患者の体調回復を第一義に作成されたものと考えられる。当時の処方としては、ほかに典薬寮が五位以上の官人向けに策定した「天平九年六月日典薬寮勘申《てんやくりょうかんじん》」（三善為康撰『朝野群載』巻二一）が残っており、治療の種別に関する階層的相違を看て取れる。同時代の唐の水準にも劣らない後者は、しかし以降ほとんど言及されなくなるが、前者はその実用性からか、後世にも流行のたびに、貴族層においても参照されてゆく。このことが、天平九年エピデミックの集合的記憶を強化し、新羅起源説をも固定化させていった主な要因ではなかろうか。

世界史にみる〈夷病〉

ところで、疫病を外部からの将来物とする思考様式は、何も列島社会に限らない。古代日本でも参照された唐・王燾《おうとう》撰の医書『外台秘要方《げだいひようほう》』巻三　天行二一門／天行発斑《はっぱん》方三首は、東晋・葛洪《かっこう》撰／蕭斉《しょうせい》・陶弘景《とうこうけい》補訂『肘後備急方《ちゅうごびきゅうほう》』から、次の一文を引いている。

> 世人云はく、「建武中を以て、南陽に虜を撃ちて得るところなり。仍りて呼びて虜瘡と為す」といふ。諸医参詳して療を作る、之を用ゐるに効方有り。

建武は、同文が葛洪原撰分ならば東晋元帝期、陶弘景補訂分ならば蕭斉・明帝期の元号となるが、いずれも王朝が南北に両立・抗争した混乱期にあたる。「虜」については、石原明が「捕虜の間から流行した」と推測しているが、胡族王朝の王を「虜王」と呼ぶのと同じく、漢族王朝の視点にもとづく「夷狄から得た病」の意であろう。「瘡」は天然痘か麻疹か諸説があるが(「虜疱」とする刊本も)、やはり悪性の感染症を指すものと思われる。まさに、列島古代の「夷病」の原型といえよう。西迫大祐は、梅毒や天然痘、ハンセン病、HIVなどが常に外部から将来、〈よそ者〉と結びつけられて排他的に語られてきたことを指摘する。私たちが、今後も続出するであろう未知の感染症と共生せざるをえないなら、COVID—19においても繰り返されているかかる〈負の歴史実践〉こそ、早急に克服すべき相手なのではなかろうか。

【主要参考文献】

- 石原明『漢方——中国医学の精華』(中公新書、一九六三年)
- 近藤剛『日本高麗関係史』(八木書店、二〇一九年)
- 中丸貴史「病の起源とその願望——遣新羅使・和泉式部・藤原師通を語るテクスト生成」(『物語研究』二一号、二〇二一年)
- 西迫大祐『感染症と法の社会史——病がつくる社会』(新曜社、二〇一八年)
- 福原栄太郎「天平九年の疫病流行とその政治的影響——古代環境と政治的影響についての予備的考察」(『神戸山手大学環境文化研究所紀要』四号、二〇〇〇年)
- 福原栄太郎「再び天平九年の疫病流行とその影響について」(橋本政良編『環境歴史学の視座』岩田書院、二〇〇二年)
- 藤本孝一『国宝『明月記』と藤原定家の世界』(臨川書店、二〇一六年)
- 本庄総子『疫病の古代史——天災、人災、そして』(吉川弘文館、二〇二三年)
- 丸山裕美子『日本古代の医療制度』(名著刊行会、一九九八年)

★史料へのアクセス

『明月記』自筆本は、国宝指定の冷泉時雨亭文庫蔵五八巻一幅(朝日新聞社から影印本全五冊が刊行)のほか、いくつかの断簡が遺されている。藤本孝一によれば、「自筆本」は晩年の定家の監督下に日記原本から書写された、部類記へ編修・清書される前の中書の段階の写本という。自筆本に近い徳大寺家本(ゆまに書房から翻刻本が刊行)でも、その全貌が確認できる。

コラム1

AIによるくずし字OCRソフト「miwo」と歴史学

後藤 真

　コンピュータが、くずし字をよむようになる。そのような議論が起こりはじめたのは二〇一〇年代の後半であった。二〇二三年現在、精度九九%ともいわれる研究も生まれている。歴史学へのコンピュータ利用の研究史を振り返ると、くずし字ＯＣＲは初期から設定されていた課題であった。二〇〇〇年代の前半にも研究は進められていたが、当時はくずし字を現在の文字に変換する実装までにいたることはなかった。しかし、当時の研究の蓄積が、現在の成果につながった側面がある。二〇一〇年代後半に、古典籍を元としたくずし字学習データが出揃い、第三次ＡＩブームの影響もあり、ＡＩによるくずし字ＯＣＲ研究が一挙に進んだ。

　このようなくずし字ＯＣＲの技術を用いたアプリケーションの一つとして完成したものがｍｉｗｏ（みを）である。ｍｉｗｏは、情報システム研究機構に当時所属していたカラーヌワット・タリン（現在Google）がつくった、スマートフォン対応アプリケーションである。なお、現在、同様のくずし字をよむアプリとしては、凸版《とっぱん》印刷が進める古文書ＯＣＲサービス「ふみのは」の一環としてつくられている「古文書カメラ」がある（試験運用版を提供。なお、ｍｉｗｏは撮影された資料データを解析以外には使用しないと「プライバシーポリシー」にあるが、「古文書カメラ」は、資料画像データを収集・保持・利用すると規約に書いてあるため、それらの規約をふまえた利用が必要）。

　ｍｉｗｏは、既存の資料写真画像か、あるいはその場で撮影した資料についてＷｅｂを経由してＯＣＲ解析にかけることにより、対応する文字の候補を出すという機能をもっている。元となる学習データの多くが古典籍であるため、古文書や帳簿類に比べて古典籍の認識精度が一般的にはより高い（とりわけ仮名に強い）傾向にある。とはいえ、くずし字をコンピュータがよむという試みは、一定程度成功しつつあるといえる。

　では、今後、人間はくずし字をよむ必要はなくなるのであろうか。そのようなことはもちろんありえない。歴史学関係者が、このくずし字ＯＣＲの状況に対してどのような対応をすべきかの私見を述べる。まず、現段階において、特に高精度な結果は古典籍類である。ただ、これはたんに学習データが足りないからであり、「日本史学の資料をコンピュータはよめない」という一般的な状況につながるわけではない。今後データの増大と技術進展によって、九九・九九％といった精度を示すことは間違いない。しかし、もう一つ異なる視点で指摘しておくべきは、理論上現在のＡＩは一〇〇％ということがありえないという点である。そのため、常にコンピュータの出した結果が正解かどうか判断することが求められ、そのためには、人間の側がくずし字をよめる必要があるのである。

　このようなＡＩと人間との関係はくずし字だけではなく、多くの場面で生じうる。特に二〇二三年に話題となった生成ＡＩにおいても、高精度な結果を出してくるようになっても、それを正解とみなすかどうかは、人間による判断が必要であり、そのための思考や訓練は常に求められている。ただ、人間も当然常に一〇〇％の正解を出し続けられてきたわけではない。そのため、人間よりコンピュータのほうが正確という社会的な合意がなされる状況では、人間がそれらの思考を鍛えるための訓練を行う機会が失われてしまう。歴史学関係者が行うべきことは、くずし字のみならず多様な解析結果に対してコンピュータが出す結果と常に向き合い、人の思考のもとでコンピュータを使いこなすような学問のあり方を求めることではなかろうか。私たちに求められているのは、ＡＩに対抗することではなく、それをどのように使いこなすかである。

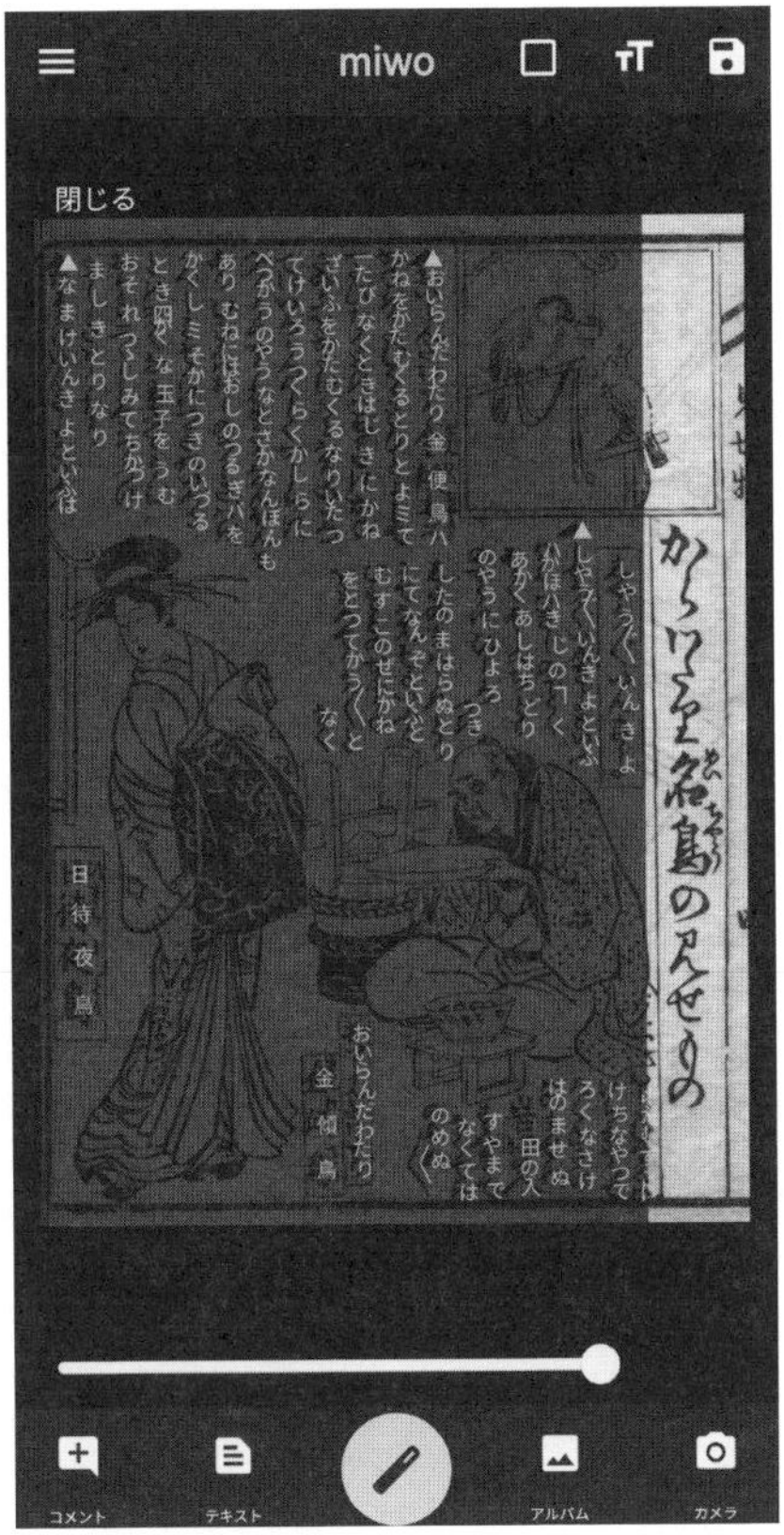

出所：http://codh.rois.ac.jp/miwo/

第2章

中世

1

「悪左府」藤原頼長の性と政治・学問

樋口健太郎

日記に記された同性愛

子刻《ねのこく》、或る人讃《さん》と会合す〈華山《かざん》に於いて此の事有り〉。本意を遂げ了《おわ》んぬ。泰親《やすちか》の符術《ふじゅつ》に依るなり〈彼《か》の人年来固辞。而《しか》るに三月、泰親符を進《まい》らす。其の後未だ言《げん》を通《つう》ぜず。今月一日、彼の人逢ふべきの由を送り示す〉。之《これ》に因《よ》り宝剣一腰、泰親に賜《たま》ふ。泰親を褒《ほう》美《び》するの書を加ふ。

（藤原頼長《ふじわらのよりなが》の日記『台記《たいき》』より）

「悪左府《あくさふ》」の異名で知られ、保元《ほうげん》の乱で敗死した藤原頼長は『台記』という日記を残している。この『台記』には、頼長と同性の貴族たちとの性行為の様子が赤裸々に記されていることが知られ、右に掲げたのも、その一つである。頼長は二三歳だった康治元年（一一四二）頃から、三位《さんみ》中将藤原（花山院《かざんいん》）忠雅《ただまさ》と性的関係をもつようになり、さらに忠雅を仲立ちとして「讃」と知り合った。しかし、当初、「讃」は頼長と性的関係をもつことは拒んでいた。ところが、この日（久安二年［一一四六］五月三日）、忠雅の花山院第《てい》にて、頼長は初めて彼との関係をもち、本意を遂げた。頼長は陰陽師《おんみょうじ》安倍泰親の符術の効き目があったとして、泰親に宝剣と褒美の書を授けたのである。

右の記事一つだけをとっても、公卿《くぎょう》の間で同性同士での恋の駆け引きがあったことや、頼長が真剣に男性との恋に悩み、陰陽師にまじないまで行わせていたこともわかる。さながら平安時代版「BL（ボーイズラブ）」の世界で、この史料は当時の貴族社会の実態を考えるうえで、非常に興味深いものといってよいだろう。したがって、これらの事実はただ歴史学のみならず、民俗学や国文学などの分野からも注目されてきた。だが、近年では、LGBTQなど、社会的に多様な性のあり方が受け入れられており、『台記』にみえる同性愛についても、こうした観点からの見直しが進んでいる。本稿では、そうした研究動向を紹介するとともに、若干の私見を付け加えることにしたい。

政治としての同性愛

頼長の同性愛については、性的な問題であるということもあって、長らくまともには取り上げられなかった。こうしたなか、一九七九年になって、本格的に検討を加えたのが、東野治之の研究であった。東野は、同性愛に関する『台記』の記事を時系列にして考察するとともに、『台記』のなかでは略称で記載されていた相手も特定したのである。

そして、一九八〇年代、東野の研究を政治史へと発展させたのが、五味文彦である。東野が、頼長の相手となった貴族として、藤原忠雅・藤原（徳大寺《とくだいじ》）公能《きんよし》・源成雅《みなもとのなりまさ》・「宗明朝臣《むねあきあそん》」「受領《ずりょう》讃」の五人をあげていたのに対し、五味はこれに藤原為通《ためみち》を追加した。そして、東野が不明としていた「讃」が藤原隆季《たかすえ》、「宗明朝臣」としていた人物が藤原家明《いえあき》であったこと、また東野が「讃」と同じとしていた「贄丸」と記される人物について、実は別人で、隆季の弟である成親《なりちか》であることを指摘した。

そのうえで、隆季と家明・成親が藤原家成《いえなり》を父とする兄弟、忠雅が家成の娘婿であったことに注目し、頼長の同性愛とは、藤原家成の一門と結びつくための政治的手段であったと論じた。家成は鳥羽《とば》院《いん》第一の側近として大きな勢力を誇っていた人物だが、もともとは諸大夫《しょだいぶ》と呼ばれる下層身分の出身で、頼長は彼らの躍進について、旧来の家格秩序を破壊するものとして不満をもっていた。五味は、頼長の家成一門に対する「憎しみや嫌悪の感情が逆に男色行動に駆り立てた」としたのである。

こうした東野・五味の基礎研究をふまえ、一九九〇年代になると、棚橋光男や神田龍身による新たな議論も登場した。棚橋は、同性愛自体はこの当時、常識的な風俗であったが、それを子孫がよむことを前提とした日記のなかに書き残したことに、頼長の異常性を見出し、精神の高貴さと破壊的人格をあわせもつ頼長のあり方から、内乱前夜の政治における特有の構造を論じた。

一方、神田は、五味の議論を、具体的な政治史の構造に落として詳細に論じ、頼長が家成一門と性的関係を結んだことについて、院と摂関家との対抗関係のなかで、相手を支配下に取り込むことを意味し、鳥羽院の近臣集団からの家成一門の切り崩しを意図したものであったとした。しかし、頼長は「マッチョ的体質」をもって相手を服従させてゆくはずが、実際は受け身の態位をとることもあったとし、ここに頼長の弱さと矛盾があったと論じている。神田によれば、性愛によって男たちを自分の支配下に取り込んでいったとしても、カタルシスは得られず、むしろ「社会的上下関係と、性の態位が転倒したところ」にこそ快楽が求められたというのである。

現代セクシュアリティ論からの再検討

このように、『台記』に描かれた頼長の同性愛に関する研究は、一九七九年の東野から始まり、一九八〇年代から九〇年代にかけて着実に進展した。ただ、一方で前述のように、近年ではＬＧＢＴＱなど、多様な性のあり方が受け入れられるようになり、状況が大きく変化している。同性愛についても、かつては「異常なもの」とされたが、現在では、多様な性のあり方の一つとして認知され、その権利が見直されるようになってきている。

こうしたなか、頼長の同性愛について、日本史のなかにおける性的多様性を示す事例の一つとして検討したのが、三橋順子の研究である。この論考が新しいのは、現代セクシュアリティ論の視点から、頼長の同性愛について見直している点である。

三橋は、頼長の同性愛の特徴として、①年齢階梯制をともなわず、大人同士の関係であること、②女性性が排除されていること、③同時並行的に複数の男性と関係をもつポリガミックなものであったことをあげ、「こうした形態は、日本の前近代の男色文化においては社会システムとして存在しない形態であり、きわめて特異なもの」であったことを明らかにした。そのうえで、「ポリガミーな性的関係は人間関係を複雑」にし、「どうしても感情のもつれを生じやすい」として、頼長の同性愛を政治的ネットワークの形成の手段であったとする五味・神田説に疑問を呈している。

学問と同性愛

では、頼長の同性愛とは、何を意図してなされたのだろう。三橋はこれについて、頼長が学んでいた漢籍のなかにも同性愛の話がみられることを紹介して、頼長がその影響を受けた可能性があることを主張する。だが、棚橋光男も指摘するように、同性愛はこの当時の常識的な風俗なのであり、頼長だけが特殊だったわけではあるまい。むしろ棚橋もいうように、これが書き残されたことに頼長の特異性があるのであるとすれば、まずはそのことの意図に注目する必要がある。

そうすると、三橋とは別の観点からではあるが、やはり注目されるのが、学問との関わりである。五味・神田の研究を受け、大石幹人は、頼長の同性愛の相手とその期間についてあらためて整理しているが、それによれば、貴族を相手とする同性愛は、康治元年（一一四二）に始まり、久安三年（一一四七）をピークに少なくなっていくという。久安四年以降になると、頼長の相手は貴族ではなく、手近な従者や随身《ずいしん》が中心になるのである。

一方、頼長は毎年末の日記に、その年によんだ漢籍の書目を列挙しているのであるが、それについて分析した橋本義彦によれば、頼長の勉学の頂点は康治・天養年間（一一四二〜四五年）で、それ以降は新たに学ぶ書目は少なくなり、久安六年からは書目を記すこと自体、やめてしまっているという。すでに神田は、頼長が「しばしば学問することと男色記事とを並記しているのがどうも気になる」と述べているが、あらためて同性愛に関する時期的傾向と、学問に関する時期的傾向をあわせてみると、両者は重なりあっていることが気づかれる。すなわち、同性愛が始まり、藤原忠雅・隆季らと関係をもつようになったのは、康治・天養年間で、頼長が勉学に最も励んだ時期であった。そして、次第に学問への関心を失っていくにつれ、『台記』から同性愛の記事も少なくなっていくのである。

では、これははたして偶然なのだろうか。筆者はこれは偶然ではなく、頼長の学問と同性愛の間には相関関係があったのではないかと考えている。というのも、『台記』をみると、康治二年一二月八日、経学《けいがく》の書物である『周易《しゅうえき》』をよみはじめるにあたって、頼長は「女犯《にょぼん》・魚食《ぎょしょく》、憚《はばか》るべからず」と書いている。わざわざこのようなことを書くということは、かれは漢籍をよむにあたり、「女犯・魚食」を憚ることもあったということだろう。そして、だとすれば、このことは、頼長にとって学問と「女犯」が相容れないものであったことを意味している。つまり、「女犯」が学問にとって禁忌だったからこそ、頼長は勉学に集中する時期、性欲を同性に向けたのではないかと推測されるのである。

そもそも平安時代、寺院社会では、僧侶が稚児《ちご》を性愛対象としていたが、それは女性の存在が仏道修行にとって罪障とされたからであった。ここから考えれば、頼長が漢籍をよむにあたって、女性との性交を避けようとしたのも、女性との関係が学問の邪魔になると理解したからだろう。だからこそ、頼長は学問に熱中するとともに、同性との性愛関係をもち、このことをあえて日記に記したと考えられるのである。

【主要参考文献】

- 大石幹人「院政期貴族社会の男色意識に関する一考察――藤原頼長にみる男色関係の性格」（『福島県立博物館紀要』一四号、一九九九年）
- 神田龍身「男色家・藤原頼長の自己破綻――『台記』の院政期」（小嶋菜温子編『王朝の性と身体――逸脱する物語』森話社、一九九六年）
- 五味文彦「院政期政治史断章」（『院政期社会の研究』山川出版社、一九八四年）
- 棚橋光男「転形期の王権・後白河論序説」（『後白河法皇』講談社、一九九五年。初出は一九九二年）
- 東野治之「日記にみる藤原頼長の男色関係――王朝貴族のウィタ・セクスアリス」（『ヒストリア』第八四号、一九七九年）
- 橋本義彦『藤原頼長』（吉川弘文館、一九六四年）
- 三橋順子「藤原頼長のセクシュアリティ――『台記』にみる男色関係」（『歴史の中の多様な「性」――日本とアジア　変幻するセクシュアリティ』岩波書店、二〇二二年。初出は二〇一五年）

★史料へのアクセス

藤原頼長の日記である『台記』の自筆原本は現存せず、鎌倉時代に成立した古写本が宮内庁書陵部《くないちょうしょりょうぶ》（九条家本《くじょうけぼん》）に所蔵されている。刊本（活字本）は、史料集『史料大観』の一点として一八九八年に刊行され、その後、『新訂増補史料大成』に収録されて広く利用されている。また、一九八九年には、九条家本などの古写本を底本として、史料集『史料纂集』の一点として新たな刊本が刊行されたが、現在のところ、保延二年（一一三六）冬から康治二年（一一四三）冬までの分にとどまっている。『史料纂集』本は有料会員制の「ジャパンナレッジ」に収録されており、会員登録すれば、ネット上で閲覧や検索できる。また、『史料大観』本は国立国会図書館デジタルコレクションでも、閲覧・検索ができる。

2

民衆の視点で捉える荘園制研究の現在

朝比奈新

二重の境界に囲まれた荘園《しょうえん》

禅定寺《ぜんじょうじ》□領山一千町の四至《しいし》の事

四至　東を限る近江国堺綾槻尾　南を限る国分寺山太譲葉峯
　　　西を限る公田　　　　　　北を限る大津尾

（中略）又、次に古四條宮《しじょうのみや》ならびに　知足院《ちそくいん》殿下の御時、禅定寺□山促せらる四至の事、

四至　東を限る古郡《大坂ト云う》　長尾山田路　南《ムメカヤスハ》を限る御方に至るシカラキ路
　　　西を限る高尾小イチ井谷峯《ヒラキカ尾ト申ス》　北を限るカケ谷槁高峯《カケタニノカツラノタカミ子ハウシカコサ》に在り御方に至る
　　　丑寅を限る新女院（建礼門院平徳子）御庄堺に在り□方に至る

（「養和元年《ようわがんねん》一一月二一日禅定寺領四至注進状案《ぜんじょうじりょうしいしちゅうしんじょうあん》」）

冒頭の史料には、京都府綴喜郡《つづきぐん》宇治田原町《うじたわらちょう》にある禅定寺という寺院の所領が書かれている。養和元年（一一八一）に、現地で経営にあたっていた下司《げし》の寂西《じゃくせい》が領主に報告するために作成したものである。そこには東西南北の境界を示す四至に囲まれた所領が二つ書いてある。一つは杣山《そまやま》一千町の四至内、もう一つは四條宮（後冷泉《ごれいぜい》天皇の皇后藤原寛子《ふじわらのかんし》・藤原頼通《よりみち》娘）と知足院殿（摂関家藤原忠実《ただざね》）が設定した四至内である。この二つの所領は別々の場所にあったのではなく、一つの空間に二つの所領が重なるかたちで存在していた。杣山一千町の範囲が近江国《おうみのくに》堺や郡堺まで広がるのに対し、藤原寛子・藤原忠実が設定した範囲は、杣山一千町の四至内に含まれた百町程度の規模でしかなかった。杣山一千町四至の内側の中心部に、忠実らが小規模な四至を設定したのである。一二世紀後半の禅定寺領荘園は禅定寺の置かれた位置を起点とした同心円的な二重の境界に囲まれていたのであった。

教科書のなかの荘園

高校で使用する教科書の多くは、地方豪族や有力農民からなる開発領主が中央の有力者に寄進《きしん》した所領をもとに荘園が成立したと記述する。そこには必ずといっていいほど神護寺領《じんごじりょう》紀伊国《きいのくに》桛田《かせだ》荘絵図も掲載されており、境界を示す牓示《ぼうじ》とともに集落や耕地を含んだ領域が描かれている。荘園とは牓示などを東西南北に設定した四至に囲まれた空間、というイメージが定着している。このような荘園を一部の教科書では領《りょう》域型荘園《いきがたしょうえん》と記述するように、一般的に荘園といえば排他的領域を有する空間という印象を受けやすい。しかし、このような教科書の記述だけでは、冒頭の史料でみた一つの空間に二つの四至が記載され、同心円状に二重の境界に囲まれた荘園の存在は理解できない。そこで、禅定寺領荘園に境界が二つ記されている理由からみていくとする。

二つの境界の成立

禅定寺領杣山一千町の範囲を示す四至は、長元《ちょうげん》二年（一〇二九）に摂関家藤原頼通から寄進を受けた際に設定されたと考えられている。禅定寺領となった一千町では、境界の内側で他領住民による開発や荘園の成立がみられた。その一つに、治安《じあん》年間（一〇二一～二四年）までに大和国《やまとのくに》から来た猟師の開発により成立した曽束《そつか》荘がある。曽束荘民らの開発した空間は禅定寺領住民の活動範囲外である深山《みやま》であったため、禅定寺側が領有を主張する事態にはいたらなかったのである。

もう一方の四條宮と藤原忠実が設定した境界は、一二世紀初頭に、一千町内での他領住民による開発が進み、禅定寺に帰属する住民の用益・活動範囲が脅かされたことで成立した。当時、禅定寺を末寺としていた平等院の執行法印成信《しぎょうほういんせいしん》が、領内が侵される事態に対処するため摂関家政所《まんどころ》へ境界の設定を依頼した。摂関家の藤原忠実が家司《けいし》を現地に派遣し、禅定寺領一千町を囲んだ境界の内側に、百町規模で囲まれた境界をもつ領域が新たに誕生したのである。

範囲が重なるかたちで禅定寺領に一千町と百町の境界を設定できたのは、それぞれの境界がもつ性格の違いによる。一千町を囲む境界の内側は杣山という性格上、他領住民の開発・定住が認められていた。対して、百町を囲む境界の内側は禅定寺領住民の活動範囲に規定されるかたちで他領住民を排除していた。荘園領域を示す基準とされていた四至は、一千町のような荘園領主による囲い込みを目的とした四至と、百町のような住民の活動範囲に影響されて決定した四至の、二種類存在していたのである。

荘園の境界はどのように決まるのか

住民間による活動空間の接触を避ける必要から、新たに荘域が設定されたように、荘園領主は現地住民の活動実態を重視していた。冒頭で紹介した史料の四至をみると、藤原忠実らによって決められた東側の境界は、大炊寮《おおいりょう》に属す奥山田供御人《おくやまだくごにん》の活動空間が禅定寺領杣山一千町内の東側一帯で形成されたことに影響を受けていた。藤原忠実らは、奥山田供御人の活動範囲を禅定寺領内に含まないよう配慮して東の境界を設定したのである。忠実は荘域の正当性が住民の活動実態の有無に左右されるのを知っていた。そのことは、禅定寺領以外の荘園でも確認できる。一二世紀中頃に、忠実は住民の活動拠点を足がかりにして、摂関家領近《おう》江国《みのくに》信楽《しがらき》荘の領域拡大を図っていた。その際、東大寺領伊賀国《いがのくに》玉瀧《たまたき》荘との境界付近に位置する丸柱村《まるはしらむら》を信楽荘に組み込もうと画策していたのである。

荘園制研究には民衆の視点が重要

藤原忠実が設定した四至の事例からは、荘園の境界は領主側が独断で土地を囲い込んで決めたようにみえるが、実際は、現地で活動していた住民の証言をもって決定することが多くあった。禅定寺領の場合、建《けん》久《きゅう》七年(一一九六)、荘域を設定する場には禅定寺荘と田原荘の住民が立ち合い、実際に歩いて境界を決めていた。このとき、住民が重視していたのは田地一枚ごとの所有であった。冒頭の史料でみた杣山一千町四至が峯と尾を境界の目印としていたのに対し、四條宮と藤原忠実が設定したときの四至は谷と道が境界として表記されている。田地開発に適した場所である谷が境界として認識されたのは、住民による開発が進んだことによる。現地では山木の伐り取りだけでなく田畠開発を担う住民の合意によって荘域の設定が行われたのである。

現在、われわれが知ることができる荘園の情報は、領主側が作成した史料にもとづいており、支配者側による一方的な視点に立っている。しかし、境界設定の場に住民が立ち会っているように、民衆側の視点に立ち荘園を理解する必要がある。一見、領域拡大を志向する荘園領主側の都合にみえていた支配関係は、民衆側の視点から捉えることで大きく理解が異なってくる。たとえば、東大寺領玉瀧荘内にある丸柱村では、住民の判断で領主の変更を行っていた。一二世紀前半に、丸柱村住民は白河院の庇護を受けるため院近臣《いんきんしん》貴族へ所領の寄進をするが、その所領を今度は春日大社に寄進したのである。その後も東大寺・摂関家など複数の権門《けんもん》寺社へ庇護を求めるための寄進をしていた。住民には、自らに都合のよい荘園領主との支配関係を構築する意志が働いていた。丸柱村住民は「大仏の奴婢《ぬひ》」として荘園領主東大寺からイデオロギー支配されているイメージをもつが、実際は情勢に応じて主体的に領主の選択をしていたのである。

これからの荘園制研究の方法

戦後の荘園制研究は、在地領主をはじめ、村落・社会集団などを含めた在地社会の視点に立った議論を展開していた。そのなかで在地領主層から中央の天皇家・貴族層への寄進を契機に成立した寄進地系荘園への理解が広まっていったのである。一九九〇年代に入ると、川端新による従来の学説を否定した「立荘論《りっしょうろん》」と呼ばれる研究が登場する。在地領主層などから中央の貴族層へ寄進された所領がわずかであっても、院近臣層と知行《ちぎょう》国主が関与することで広大な領域を囲い込むかたちで四至が設定され、荘園が成立するという。教科書にも採用されている寄進の連鎖による荘園の成立を否定したことで、その後の荘園制研究は、荘園を設定した権力者側からの視点が重視されていくようになる。しかし、冒頭で紹介した史料の分析によって、荘園領主など権力者側が四至を設定し荘園の領域が成立したようにみえるケースでも、実際は現地住民による生産活動の影響を受けていたことが判明している。そのため、これからの研究は、権力者側の視点である立荘論と、民衆側の視点である荘園現地での活動実態を関連させた議論が重要になってくる。また、生産活動は自然環境や気候変動にも大きな影響を受けており、環境史の成果をふまえつつ荘園制研究は進んでいくものと考える。

新たな視点から明らかとなった荘園像

民衆の視点を取り入れることで、荘園の境界(四至)

が多様な性格をもっていたことが判明した。まず、禅定寺領杣山一千町では四至内の空間であっても、荘園領主・現地住民双方が他領住民の活動を容認していた。これは禅定寺領だけの特殊な事例ではない。一二世紀中頃の山城国石垣荘の荘園領主は、石垣荘民の居住空間から離れている奥山での玉井荘民の活動を認めていた。つまり、石垣荘民の日常的な活動空間が侵害されない限り、石垣荘内での玉井荘民への規制はみられなかった。荘園領主の支配は住民の活動実態を介していたことから、実際の領域は囲い込みにより設定された四至内ではなく、住民の生産活動が行える範囲を指していた。境界を重視した荘園の領域は、住民の活動範囲が拡大し、他領住民との接触が表面化することで成立するのである。このように、荘園は複雑な領域構成がみられるにもかかわらず、現在の学説では、すべて「領域型荘園」に分類されている。領域支配と境界（四至）が一致しない特徴をもつ荘園については、「四至《しいし》型《がた》荘園」といったような、新たな名称をつけたうえで分類していくことが、今後は求められてくる。

【主要参考文献】

- 朝比奈新『荘園制的領域支配と中世村落』（吉川弘文館、二〇二四年二月刊行予定）
- 鎌倉佐保『日本中世荘園制成立史論』（塙書房、二〇〇九年）
- 鎌倉佐保・木村茂光・高木徳郎編『荘園研究の論点と展望——中世史を学ぶ人のために』（吉川弘文館、二〇二三年）
- 川端新『荘園制成立史の研究』（思文閣出版、二〇〇〇年）
- 高橋一樹『中世荘園制と鎌倉幕府』（塙書房、二〇〇四年）
- 中塚武監修・伊藤啓介・田村憲美・水野章二編『気候変動と中世社会』（臨川書店、二〇二〇年）。

★史料へのアクセス

「養和元年一一月二一日禅定寺領四至注進状案」は京都府綴喜郡宇治田原町にある曹洞宗禅定寺所蔵の古文書である。禅定寺にはほかにも平安時代中期から江戸時代初期にいたる古文書が一三九点（一七二通）伝わっており、昭和二四年に国重要文化財に指定されている。現在は京都府立京都学・歴彩館に寄託され、原本保護の立場から、写真帳での閲覧が推奨されている。興味をもった人は、まずは活字に翻刻された古代学協会編『禅定寺文書』（吉川弘文館、一九七九年）を活用いただきたい。

3 本拠景観から捉える中世武士の地域支配

田中大喜

近世史料が語る中世武士の本拠

然《しか》るに胤貞《たねさだ》、建武三年十一月死去して、其子を刑《ぎょう》部《ぶ》大《たい》輔《ふ》胤泰《たねやす》といふ。父の家督を続《つ》ぎ高田の城にあり。

（『北肥戦誌』巻之七より）

在地領主でもあった中世武士の地域支配の具体相を明らかにするうえで、近年注目を集めている研究手法として、中世武士の本拠景観の復元がある。本拠とは、武士の屋敷を中心に、その周囲にある河川や道路、水陸交通路の結節点に設けられ地域の再生産を支えた集散地（町場）、所領内の田畠を灌漑《かんがい》する用水路、そして一族・祖先の極楽往生と民衆の暮らしの安穏を祈る寺社などの諸施設が関連づけられて構成された、所領支配の拠点となる空間のことである。したがって、本拠は武士の地域支配のあり方を映し出す「鏡」といえ、本拠の景観復元を通してその具体相にせまることができるのである。

本拠の中心は、武士の屋敷である。よって、本拠の景観を復元するためには、まず武士の屋敷地を特定しなければならない。ところが、鎌倉時代の屋敷地を特定しようとすると、そう簡単ではなくなる。というのも、現在、遺跡として地表面に確認できる中世武士の屋敷＝城館の大部分は室町〜戦国時代のものであり、かつ中世の文献史料も鎌倉時代のその所在地を具体的に示すものはほとんどないからである。こうしたことから、室町時代よりも前の時代の武士の屋敷地を探るためには、そのことを伝える近世の文献史料に手がかりを求めることが多くなる。

たとえば、上記の史料は、一八世紀前半に佐賀藩士の馬渡俊継《まわたりとしつぐ》が編纂した、中世の北部九州の戦乱誌である『北肥戦誌』の一節である。ここからは、中世を通じて肥前《ひぜん》国小城《おぎ》郡を支配した肥前千葉氏の南北朝初期の屋敷＝城館が「高田の城」であったことが知られ、鎌倉時代の本拠はここを中心に形成された様子がうかがえる。このように、鎌倉時代の武士の屋敷地を特定して本拠景観を復元するためには、近世史料が重要な手がかりの一つになるのである。

「高田の城」はどこか

肥前千葉氏は下総《しもふさ》国千葉荘を本領とした千葉氏の一族であり、鎌倉時代には小城郡の惣地頭として同郡を支配した。一三世紀後半の蒙古襲来を機に小城郡に下向しはじめ、上記の史料にみえる胤泰の段階に本格的に定着したと考えられている。したがって、胤泰の屋敷とされる「高田の城」一帯は、肥前千葉氏の一三世紀後半以来の本拠と目される。それでは、「高田の城」とはいったいどこにあったのだろうか。

先行研究において有力候補地とされているのは、①高田環濠集落、②遠江《とおのえ》環濠集落、③社館《やしろやかた》跡、④門前「館屋敷《たちやしき》」、の四つだが（図2参照）、なかでも③の可能性が最も高いとされている。しかしながら、③は鎌倉時代の嘉瀬《かせ》川河口域＝有明海沿岸部に至近の水害に見舞われやすい低平地に立地しており、かつ室町時代以降の千葉城を中心とする本拠からはかなり離れた場所にある。これらのことに鑑みると、③は肥前千葉氏の鎌倉時代の本拠とはみなしがたいと考えられる。「高田の城」の所在地は、あらためて問われなければならない。

地籍図と中世史料と聞き取りから探る

そこで明治時代の地籍図をみてみると、円通寺という寺院の西隣の字名が「高田」である点が注目される。この字「高田」の範囲は図1に示したとおりだが、安政年間（一八五五～六〇）に作成された小城北郷《ほっこう》図という絵図には、この場所に「山田里《やまだがり》」という記載がみえる。このことを確認したうえで、弘安六年（一二八三）の千葉宗胤《むねたね》カ寺領寄進状（円通寺文書）をみると、円通寺の長老の源祐が「寺辺」の「七条仁（西）新郷山田里」に所在する田畠一町をあらためて同寺に寄進したことを受けて、宗胤と目される人物が常胤以来の先祖の菩提を弔うことを条件にこれを安堵したことがわかる。これらのことを勘案すると、源祐が寄進した「寺辺」の山田里にある所領とは、円通寺西隣の字「高田」にあったと解され、少なく

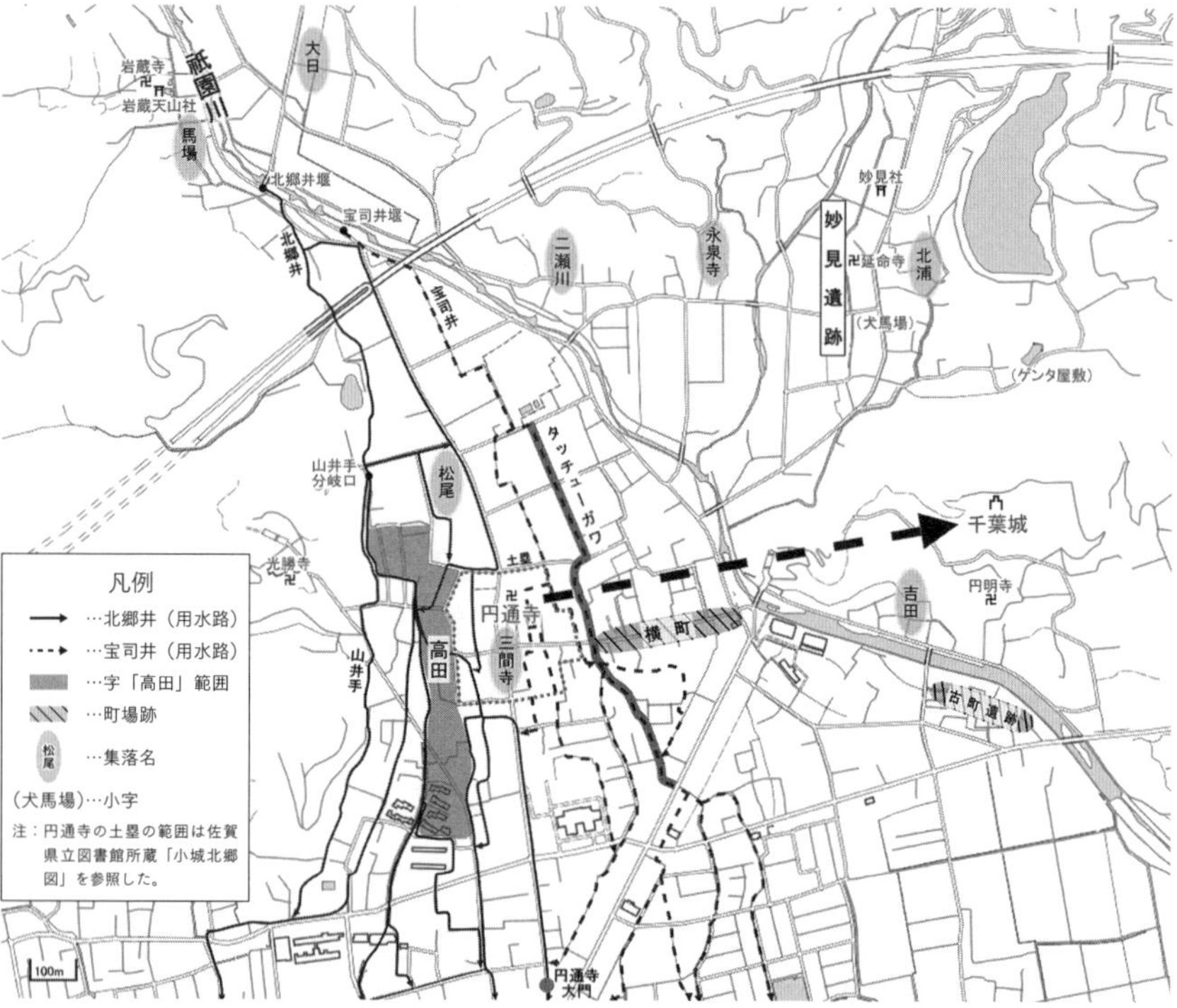

図1　円通寺付近図　出所：国土地理院「電子地形図（タイル）」を加工して作成，作成者：土山祐之

とも一三世紀後半には、ここが肥前千葉氏の強い影響下にあった様子が看取できるだろう。

加えて、円通寺の東側を流れる用水を、現地では「タッチューガワ」と呼んでいる点も注目される。円通寺の側を流れることから、これに当てる漢字としては「塔頭川」が連想される。しかしその一方で、西九州地方には「タッチュー」と発音する「立中」という地名が散見する。これは、領主自身やその配偶者あるいは居館の所在地を示す地名であり、語源は「館中」ないし「館所」と考えられている。この「立中」という地名の存在、そして「タッチュー」という呼称が寺院境内を示す例は稀との指摘をふまえると、「タッチューガワ」は「立中川」の可能性が高いと判断される。すると、「立中川」が側を流れる円通寺の付近には、領主の屋敷があった可能性が高いことになる。前述したように、円通寺西隣の字「高田」＝山田里の地は、一三世紀後半には肥前千葉氏の強い影響下にあったことをふまえると、この領主屋敷は肥前千葉氏のものと考えられよう。これこそが「高田の城」ではないか。肥前千葉氏の鎌倉時代の本拠は、円通寺一帯に比定されるのである。

肥前千葉氏の鎌倉時代の本拠景観

肥前千葉氏の鎌倉時代の本拠をこのように比定すると、光勝寺と千葉城の位置関係も明確になる。すなわち、円通寺付近に肥前千葉氏の屋敷を措定してみると、その西の谷奥に光勝寺が位置することになる。光勝寺は千葉氏が信仰した日蓮宗の寺院であり、かつみずからが創建した氏寺ともいうべき寺院であったから、墓所や聖地を設けるべき屋敷の西の谷奥に建立されたと理解できる。

そして、室町時代以降に肥前千葉氏の拠点となる千葉城は、屋敷からみて祇園川対岸の北東の山上に位置することになる。千葉城は肥前千葉氏の屋敷を中心とする本拠のなかに位置づき、その戦時施設として屋敷の至近の山上に築かれたと理解できる。このように円通寺一帯を肥前千葉氏の鎌倉時代の本拠と比定することで、光勝寺と千葉城をその構成要素として把握でき、屋敷を中心にそれぞれの位置関係が明確になるのである。

また、現在の円通寺の門前から東へ延びる小路一帯の字名を「横町」という。明治時代の地籍図をみると、ここは短冊状地割が発達した地域であったことが確認でき、かつて実際に町場があった様子がうかがえる。この「横町」筋の東端は祇園川に接するが、その先の祇園川右岸には一三～一七世紀前半の遺物をともなう集散地遺跡（古町遺跡）が確認されている。すると、「横町」はこの延長線上に展開した町場の可能性が高く、これら二つの町場も肥前千葉氏の鎌倉時代の本拠の構成要素として把握できるだろう。

なぜここに本拠を形成したのか

それでは、肥前千葉氏はなぜ円通寺一帯に本拠を形成したのだろうか。このことを考えるうえで注目されるのが、ここが北郷井《ほっこうい》と宝司井《ほうじい》という二つの用水の上流部に位置し、これらの用水を押さえる立地にあるという点である。

かつての小城郡に相当する現在の小城市の平野部にある耕地の大部分は、祇園川から取水する複数の用水によって灌漑されている。これらの用水のうち最大の灌漑域をもつのが北郷井であり、宝司井はそれに次ぐ灌漑域をもつ。図2は、現地での水利灌漑調査にもとづき、これを具体的に示したものである。この二つの用水は、小城郡の耕地の大半を灌漑する、最も重要な用水であることが理解できよう。

この二つの用水について触れる中世の文献史料は、管見の限りでは確認できない。しかしながら、その重要性に鑑みると、これらの用水は中世のみならず古代にまでさかのぼる可能性がきわめて高いと考えられる。そして、現地在住の方の話によると、祇園川から取水する用水は取水口が上流に設置されているほうが取水権が強く、かつ同一用水内での水利権も上流の耕地のほうが強いという。すると、北郷井と宝司井は祇園川の最上流に取水口をもつことから、最も取水権が

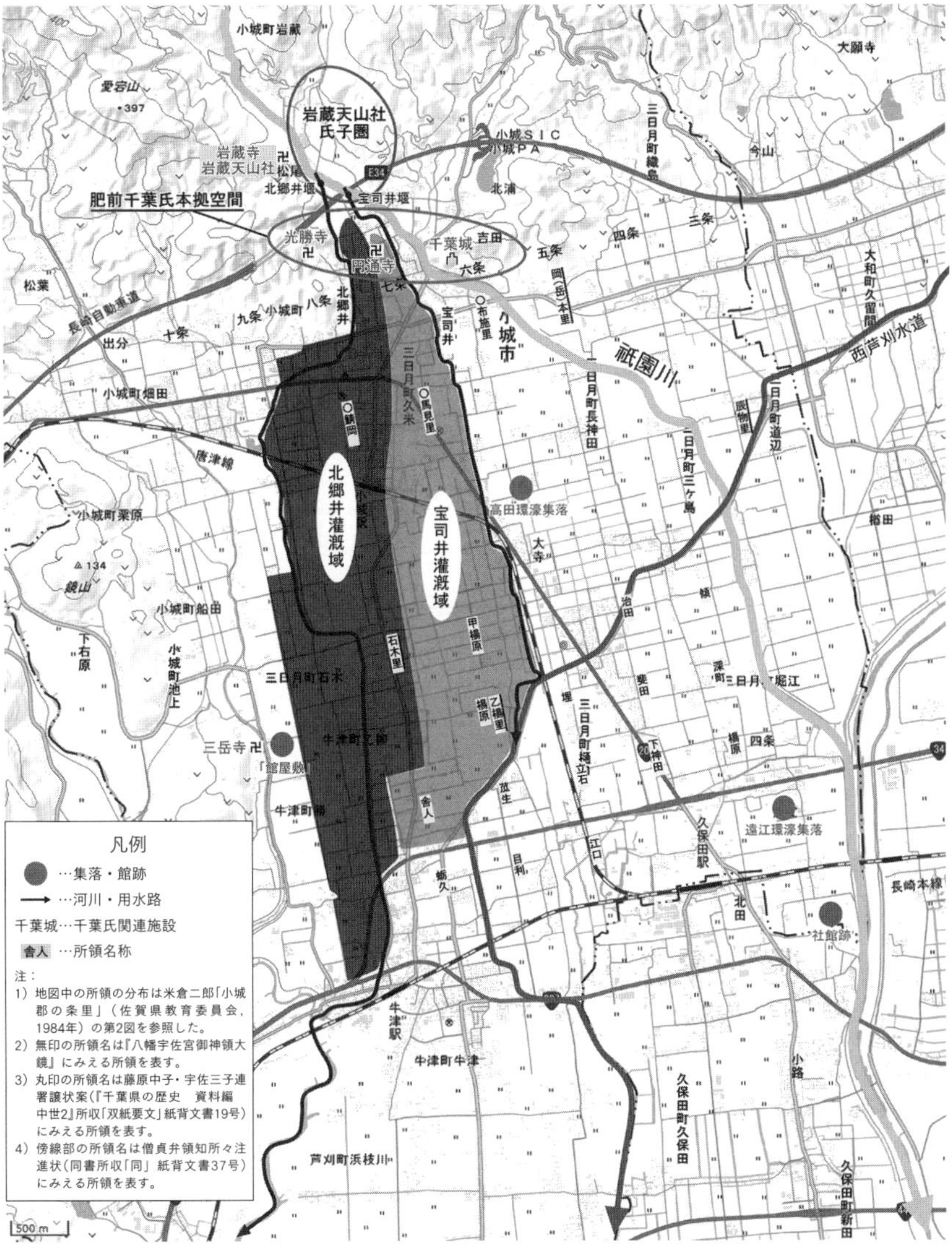

図2　小城郡条理図　出所：国土地理院「電子地形図（タイル）」を加工して作成，作成者：土山祐之

強い用水とわかる。また、円通寺一帯は北郷井と宝司井の上流部に位置することから、これらの用水の強い水利権をもつことが知られる。こうした慣習は、前近代以来のものであることは間違いない。

これらのことに鑑みると、肥前千葉氏が円通寺一帯に本拠を形成した最も大きな理由はおのずと明らかになるだろう。すなわち、肥前千葉氏は円通寺一帯に本拠を形成することで、小城郡において最も取水権が強く、同郡の耕地の大半を灌漑する北郷井と宝司井の水利権を掌握しようとしたと考えられるのである。

ところで、中世の円通寺は岩蔵寺という寺院の末寺となっていたので、その一帯は肥前千葉氏に先行して岩蔵寺の影響下にあり、北郷井と宝司井の水利権は、もともと岩蔵寺が掌握していたと考えられる。すると、肥前千葉氏が円通寺一帯に本拠を形成したという事実は、肥前千葉氏が岩蔵寺を保護し、連携したことを示していよう。実際、岩蔵寺の如法経過去帳の第一巻は、同寺で挙行された如法経会に千葉氏が結縁したことを伝えており、千葉氏は同寺に帰依したことがわかる。このことからも、千葉氏と岩蔵寺の連携の様子を知ることができるだろう。小城郡で最も強力な水利権をもつ宗教勢力と連携することで、肥前千葉氏は同郡の水利権をともに掌握し、これにより宇佐宮をはじめとする同郡の在来勢力に対して優位性を確保できたのである。

フィールドワークの有効性

以上、肥前千葉氏の鎌倉時代の本拠景観を復元し、その地域支配の様相を追究してみた。その際、肥前千葉氏に関わる鎌倉時代の文献史料は少ないため、近世や近代の文献史料のほか、聞き取り調査や水利灌漑調査を内容とするフィールドワークの成果を活用した。

中世史研究にとって、中世の文献史料は不可欠な材料であることはいうまでもないが、特に地域社会の実態について追究しようとすると、どうしても史料的制約という壁に直面する。その際、フィールドワークはこの壁を乗り越えるための有効な手段となりえるのであり、本稿はこのことを具体的に示したつもりである。文献史料の分析をベースとしつつも、フィールドワークを活用した地域史研究が活性化することを願ってやまない。

【主要参考文献】

- 太田正和「千葉氏の拠点」(大庭康時ほか編『九州の中世Ⅱ　武士の拠点　鎌倉・室町時代』高志書院、二〇二〇年)
- 齋藤慎一『中世武士の城』(吉川弘文館、二〇〇六年)
- 田中大喜「肥前千葉氏の本拠形成と領主支配」(『国立歴史民俗博物館研究報告』二四五集、二〇二四年)
- 『佐賀県の中近世城館　3　各説編2(小城・杵島・藤津地区)』(佐賀県教育委員会、二〇一四年)

★史料へのアクセス

『北肥戦誌』には、三〇巻本と三五巻本の二種類がある。三〇巻本は、大正七年(一九一八)に二冊本で『国史叢書』として刊行された。一方、三五巻本は、昭和一四年(一九三九)に『九州治乱記』の書名で『肥前叢書』一として刊行され、その後、昭和四八年(一九七三)と平成七年(一九九五)に青潮社より復刻された。これらにより、両者とも容易に手にすることができる。なお、東京大学史料編纂所には、明治一八年(一八八五)に作成された三〇巻本の謄写本が所蔵されている。

4 「騎馬武者像」の破格 君臣肖像画の時代

黒田 智

騎馬武者像

馬上の人物は露頂《ろちょう》で月代《さかやき》があり、髻《もとどり》を解いた乱髪と、毛先の不揃いな濃い髭《ひげ》をなびかせている。墨の濃淡を織りまぜて上目遣いの垂れ目や鼻梁《びりょう》をくっきりと描き、口はへの字に下げて閉じられ、ふくよかな頬にそって眼窩《がんか》線や法令が刻み込まれている。

白綾威《しろあやおどし》の大鎧《よろい》を着て、左腰には金色の太刀を虎皮の尻鞘《しりざや》に入れて佩《は》き、背負った白羽の矢六隻のうち一隻は折れている。左手で手綱を持ち、右手に抜き身の大太刀を握って右肩にかつぐ。

右前脚をあげて勇躍する黒毛の馬のたてがみ一本一本までを精緻に描き切った描線には息をのむ（左図）。

書き換えられた中世肖像画

長らく足利尊氏《あしかがたかうじ》として親しまれてきた肖像画である。しかし、一九九〇年代に入って、像主名の再検討が進められ、教科書をはじめ多くの出版物から姿を消してしまった。左胸の据文《すえもん》金物や黒馬の赤い厚総《あつぶさ》の金

図 「騎馬武者像」 所蔵：京都国立博物館

具に描かれた輪違紋《わちがいもん》から、輪違紋を家門とする高氏《こう》一族、なかでも高師直《こうのもろなお》や高師詮《もろあきら》とする説が出された。ところが、近年、輪違紋の金具に後補があることが指摘され、真の像主について再検証が必要になってきた。

像主名を失うのは、肖像のもつ宿命だといってもいい。神護寺《じんごじ》所蔵「伝 源頼朝《みなもとのよりとも》像」や高野山成慶院所蔵長谷川信春筆「武将像」、東京国立博物館所蔵「足利義《よし》政《まさ》像」など、像主名が書き換えられた中世肖像画が相次いでいる。だからといって、これらの作品の芸術的価値は一グラムも変わらないから、露出が減ったことはとても残念なことだ。

一四世紀肖像画の再評価

この三〇年ほどの間に、相次いで像主名の変更をせまられた肖像画には、一四世紀に制作されたものが少なくない。

かつて「肖像画の時代」と呼ばれた鎌倉時代が過ぎ去ったのちの室町時代の肖像画は、やや生硬で、より形式化が進んだ衰退期とみなされてきた。両者の端境期にある一四世紀は評価がきわめてあいまいで、相対的に前後のいずれの時代とも認めがたい作品を放りこむブラックボックスであった。しかし、「異形の王権」といわれた清浄光寺《せいじょうこうじ》所蔵「後醍醐《ごだいご》天皇像」や大きな論争を巻きおこした神護寺所蔵「伝源頼朝像」など、前代の枠組みを大きく逸脱した破格の肖像画が数多く生み出されていたのである。今や一四世紀の肖像画は、実に豊かな「肖像画の時代」の一部として再評価されつつある。

甲冑《かっちゅう》騎馬肖像画

そして、「騎馬武者像」もまた、一四世紀の破格の肖像画の一つと目される。この肖像画の最大の特徴は、身に甲冑をまとい、馬に乗る甲冑騎馬肖像画という新しい図像を創造した点にあるのはいうまでもない。

甲冑騎馬肖像画は、建武三年(一三三八)の九州西走から京都凱旋にいたる挽回譚にまつわる図像として、足利尊氏みずからが制作したものと考えられる。尊氏の死後、長らく京都等持寺に秘蔵されていたが、一五世紀後半に入って突如として「甲冑之御影」として史料上に登場し、わずか二〇年ほどの間に一〇点近い甲冑騎馬肖像画が相次いで再生産されていたことがわかる。ところが、甲冑騎馬肖像画は、こののち半世紀以上にわたって制作されることはなく、一六世紀最末期になってふたたび制作され、近世にいたる。

ちなみに、甲冑騎馬肖像画から派生したと思われるのが、甲冑肖像画である。甲冑肖像画の誕生は甲冑騎馬肖像画よりも遅く、一六世紀に数例を数えるにすぎず、多くの現存作例は一七世紀半ば以降の制作と考えられる。甲冑肖像画の多くは、変わり兜《かぶと》（当世具足《ぐそく》）＝戦国大名たちの個性を表出するコードをまとっている。それは、近世以降にその武勇を顕彰するため、たぶんに脚色を加えながら美化された戦国武将たちの理想の表象であった。

花押《かおう》という画賛

　加えて、「騎馬武者像」の上部にひときわ大きな室町幕府二代将軍足利義詮《よしあきら》の花押が据えられた点もまた、前代未聞の新機軸であった。天文八年（一五三九）頃とおぼしき『室町家御内書案』によれば、「武家渇仰《かつごう》（将軍が篤く崇拝）」する「等持院殿様軍陣御影」が、朝倉教景《のりかげ》から大覚寺《だいかくじ》門跡《もんぜき》義俊《ぎしゅん》を介して将軍足利義晴に寄進されたという。この等持院殿＝足利尊氏の肖像画にも「御影ノ上ニホウケウ院殿様御判被居之《すえらる》」とあって、「騎馬武者像」と同じように画像の上部に宝篋院《ほうきょういん》殿＝足利義詮の花押が据えられていたことがわかる。肖像画の上部に大きな花押だけが据えられる例はきわめて少なく、これまで上位者が下位に与えた証判に類するものと考えられてきた。この花押は何を意味するのだろうか。

　結論をいえば、「騎馬武者像」の上部に書かれた足利義詮の花押は、一種の画賛と考えられる。画賛とは、狭義には絵画に書き込んだ詩文を指すが、広く画を称揚し、賛者の地位がその作品の価値を保証する役割を果たしていた。つまり、「騎馬武者像」の場合、後継者たる足利義詮が、父尊氏の肖像画を守護大名らに下賜する際に与えた証判であると考えられる。

　他例をみてみよう。室町幕府四代将軍足利義持《よしもち》は、応永一五年（一四〇八）に相国寺《しょうこくじ》鹿苑《ろくおん》院の義満像に著賛したほか、義持と親密な関係にあった守護大名や禅僧らに父義満の遺像を制作・下賜することで、後継者としての地位を示す政治構想をもっていたと考えられる。妙興寺所蔵「足利義教《よしのり》像」には、義教の子で八代将軍となった足利義政の花押が据えられている。数多く現存する義教像については、義教から恩顧をこうむった者たちが義教の非業の死を慰霊する目的で肖像画を制作し、所持していた可能性が指摘されている。また、文明一一年（一四七九）には某美濃守信為《みののかみのぶため》が主君である益田《ますだ》兼堯《かねたか》の肖像画を描かせているし、大内義隆が将軍足利義稙《よしたね》の肖像画を制作していたことも指摘されている。

さらに、豊臣秀吉は、死後ほどなくして神格化され、大量の肖像画が全国の豊臣恩顧の大名や寺社に下賜された。これらの秀吉像には、「豊国大明神　秀頼八才」と書かれた嫡子豊臣秀頼の自筆の書がセットで下賜されたと考えられる。それは、秀吉亡きあと、遺児秀頼こそが豊臣政権の後継者であることを示す一つの文化戦略だったのである。

君臣肖像画の時代

どうやら一四世紀に入ると、家臣が主君の肖像画を所持し、主君を追善することで主従関係を再確認し、みずからの正当性や由緒を示すことが行われはじめたらしい。中世日本社会においては、「三世の契《ちぎ》り」である主従関係は、「一世の契り」である親子や「二世の契り」である夫婦より最重要視すべき関係であった。家臣たちにとって、主君の肖像画こそが「三世の契り」＝主君との絆の証であったからにほかならない。

中世後期は君臣肖像画の時代であった。

天皇や摂関・大臣たちを描いた列影図や、講賛する聖徳太子の前に蘇我馬子らを配した「勝鬘経講賛《しょうまんぎょうこうさん》図《ず》」、聖武天皇とともに行基《ぎょうき》・良弁・菩提遷那《ぼだいせんな》を布置した東大寺所蔵「四聖御影」は、いずれも一三・一四世紀に登場した君臣肖像画であった。大徳寺所蔵「後醍醐天皇像」は御帳台の前に後醍醐天皇と老臣が対面する構図で、東京大学史料編纂所所蔵「足利義満・大《おお》中臣師盛《なかとみもろもり》像」は上部に地蔵菩薩を配した連座像であった。

さらに、武家の君臣肖像画は一六世紀に花開く。東京国立博物館所蔵「伝名和長年像」や新潟常安寺所蔵「上杉謙信像」、石川長齢寺所蔵「前田利春像」、島根円成寺所蔵「堀尾忠晴像」、「武田二十四将図」など、近世にまで続く君臣肖像画の作例には枚挙にいとまがない。一七世紀に入ると、京都瑞泉寺所蔵「豊臣秀次像」や岩手大安寺所蔵「留守政景像」、京都龍光院所蔵「松浦隆信像」、福岡県立美術館尾形家資料「黒田隆政像」など、主君と殉死者を一幅に描き込む君臣肖像画が制作されるまでになる。

それは、先述した豊臣秀吉像を経て、東照大権現徳川家康像と東照宮信仰、全国各地の藩祖たちの肖像画へと受け継がれてゆくことになる。さらに、こうした肖像画の政治的機能は、のちに明治国家の形成に大きな役割を果たす明治天皇の肖像画＝「御真影」と教育勅語の頒布という装置にまで発展してゆくのである。

【主要参考文献】

•大阪市立美術館『肖像画賛――人のすがた　人のことば』（二〇〇〇年）

•加須屋誠『記憶の図像学――亡き人を想う美術の歴史』（吉川弘文館、二〇一九年）

•黒田智「「肖像画の時代」の肖像画」（加須屋誠編『日本美術全集』八、小学館、二〇一五年）

•黒田智『たたかう神仏の図像学――勝軍地蔵と中世社会』（吉川弘文館、二〇二一年）

★史料へのアクセス

「騎馬武者像」は、守屋家旧蔵から文化庁を経て、現在は京都国立博物館に所蔵されていて、展覧会等で観覧することができる。また、インターネット上にも公開されており、e国宝や文化遺産オンラインにアクセスしてみてもいい。甲冑騎馬肖像画や甲冑姿の武将像も、各地の博物館・美術館で展示されることが多いので、出かけてみよう。

5

幕府論の新展開

——武家政権はいつ〈正当性〉を獲得したか

東島 誠

鎌倉幕府、正しくは「東関幕府」

かねてまた頃年《けいねん》の際、異国襲来す。諸神ども天《てん》誅《ちゅう》に底《いた》り、我が神露験《ろけん》無きにあらず。蓋《けだ》し、東関幕府の宿賽《しゅくさい》により、西鎮《ぜいちん》両箇の所領を寄せらる。ここに兼但対帯《けんたんたいたい》の助成有らば、いよいよ蛮夷窺窬《ばんいきゆ》の災難を攘《はら》わんか。

(弘安七年[一二八四]八月北野聖廟《せいびょう》一切経《いっさいきょう》書写勧進疏《かんじんしょ》写より)

〈鎌倉幕府〉〈室町幕府〉は、教科書にも登場する武家政権の呼称として、長きにわたって親しまれてきた。明治中期の官撰日本通史である『稿本国史眼』が、現在の〈幕府〉用例を定着させたといわれるが、逆にいえば、鎌倉時代や室町時代の当時、「幕府」の語は武家政権を指す語としては用いられていなかった、とも指摘されてきた。しかしながら、ここに掲げた史料、北野宮寺の一切経書写、経蔵建立の費用援助を請うために、菅原高能《すがわらのたかよし》によって書かれた文書(末尾部分)をよめば、鎌倉時代の当時、「東関幕府」という政権呼称が存在したことに、疑いの余地はない。紀行文学『東関紀行』がそうであるように、「東関」とは鎌倉の意である。

「東関幕府」の誕生

とはいえ、いわゆる〈鎌倉幕府〉、正しくは「東関幕府」は、政権の黎明《れいめい》期、一二世紀後半からそう呼ばれていた、というわけでは決してない。日本列島において東関の武家政権への期待が上昇し、京都・鎌倉という二つの王権の所在地を「花洛《からく》・柳営《りゅうえい》」の対概念で呼ぶ、新たな慣習が誕生したのは、一三世紀後半のことである。文永・弘安の二度のモンゴル襲来を機として、鎌倉中末期に「天下泰平・国家安寧」の祈禱が盛んに行われ、そうしたなか、「花洛・柳営の安寧」を祈願する定型文言が登場する。実は、東関＝鎌倉の武家政権を「幕府」「柳営」の語で呼ぶことが定着するのも、先の史料に「異国襲来す」とあるように、モンゴル襲来以降のことであった。「東関幕府」の語が登場した弘安七年（一二八四）といえば、鎌倉では五月に「新御式目」が発布され、モンゴル襲来後の政治改革、いわゆる弘安徳政が開始されている。かくして「幕府」の語は、朝廷と並び立つ公権力の呼称として誕生したのである。ちなみにこの語は、「東関柳営」「関東幕府」など、一四世紀の関東公方の政権呼称として、室町時代に継承されることも、明らかになっている。

モンゴル襲来という契機に関しては、すでに五味文彦が、朝廷のみならず鎌倉の政権もまた「公」と呼ばれるようになること、さらには得宗《とくそう》権力にも「公方」的側面と「御内」的側面があることを指摘して、「公」の多元化を論じていたし、海津一朗は、当該期の国家権力の並存形態を〈得宗・治天専制〉と命名していたが、「東関幕府」という、新たな政権呼称の誕生までを明らかにしたのは、東島の研究が初出となる。また東島は、モンゴル襲来以前の画期として、延応二年（一二四〇）二月に、高野山の住僧が、宝塔修造勧進（寄付を求めること）の遂行のため「武家」の裁断を申請した文書に、「もし幕府の御裁定無くんば」とみえることにも着目している。翌三月には、北条泰時《ほうじょうやすとき》のもとで、武家独自の新制としては最初のものとなる〈延応の新制〉が出されていることからも、武家政権の呼称としての「幕府」は、一三世紀中葉以降の、二つの画期を経て定着していったものであることが、今や明らかとなっている。

戦後歴史学における〈幕府〉研究の視座

日本史上の政治においては、人脈のような、為政者とのパーソナルな関係性において決定される場面が多く、法や訴訟のような第三者的な仕組み、為政者その人の意思に還元されない、インパーソナルな思考に乏しい――二〇世紀後半の戦後民主主義の時代に歴史学を牽引した佐藤進一は、戦前の軍国主義や天皇制への反省から、そう考えた。具体的には〈専制〉に対して〈合議〉を対置させることで、執権政治に〈法による支配〉の可能性をみたが、同時にそれが、容易に人脈政治へと絡め取られ、〈専制〉へと転化する限界があったことを見逃さなかった。それが鎌倉後期、得宗専制をめぐる議論の根幹にある。

佐藤が鎌倉幕府に着目した理由としては、〈法による支配〉に加えて〈東国国家〉論、すなわち朝廷を中心とする畿内政権の相対化、という論点も重要である。黒田俊雄の〈権門体制〉論の場合には、公家・武家・寺社の支配構造の同質性、被治者の視点から見上げれば、〈逃げ場〉のない、単一構造の統治システムであることを強調して、その頂点に国王たる中世天皇を位置づけたのに対し、佐藤の場合は、あくまでも天皇制を相対化しうる別の選択肢としての東国国家に、〈逃げ場〉、すなわち戦後民主主義の可能性を求めたのである。

〈合議〉と〈専制〉論の新段階

こうして佐藤進一によって拓かれた戦後歴史学の〈幕府〉論に対し、近年新たな論点として浮上しているのが、〈合議〉や〈意見聴取〉のシステムは、実はしばしば、〈専制〉君主のもとにおいてこそ創出される、という理解である。具体的には院評定衆の設置を求めて〈合議〉制を朝廷に逆輸出した北条時頼《ときより》、室町時代では意見制を導入した足利義教《あしかがよしのり》をあげることができるが、加えて、戦後歴史学が〈合議〉制の象徴をみてきた北条泰時に対しても、最近、佐藤雄基が厳密な診断を加え、虚像からの脱却を図っている。「三問三答」のような執権政治の象徴とされる訴訟システムが、実際には鎌倉後期、得宗専制期の所産であった、というようにである。〈専制〉→〈合議〉→〈専制〉という三段階の推移を考えた佐藤進一に対し、佐藤雄基は二段階論を提起するが、本稿で指摘した、「東関幕府」以前と以後とに区分する議論もまた、武家政権が〈正当性〉を獲得した画期を黎明期と中末期の二度に置く点で、ほぼこれに合致するものといえるだろう。

ただし、一点注意するならば、かつて〈専制〉と呼ばれた時代にこそ〈合議〉が進んだ、というようなかたちで歴史を修正して、そこで思考をストップさせないことである。政権の〈正当性〉とは、しばしば捏造《ねつぞう》されるものである、ということに鈍感であってはなるまい。

武家政権とは何か

そもそも「武士とは何か」。そう問うなら、それは「御恩と奉公」の語に集約される主人と従者のパーソナルな関係、すなわち主従制である、と答えられよう。しかしながら主従制とは、武士の本質ではあっても、武家政権の本質ではあるまい。そこで生起するもう一つの問い、「武家政権とは何か」に対する答えは、主従制だけではいかんともし難いことを学習していった権力、となる。〈主従制的支配〉を中核とする武士の集団も、組織が大きくなれば当然争いも起き、外部からも紛争解決の要請を受ける。だからこそ争いを第三者的に裁く機構や法が必要になるのであって、佐藤進一はこれを、〈統治権的支配〉と呼んだ。

そもそも政権が支配権力を維持するには、既存の社会に認知されるための〈正当性〉が必要であって、佐藤は法や機構による正当的支配（合法的支配）こそを最重視したのである。北条氏は源頼朝のようには将軍になれない。すなわち血統や由緒という意味での正当的支配（伝統的支配）に依拠しえないがゆえに、北条氏は〈合議〉制に依拠するほかなかった、そう考えたのである。しかし、先述したように、この〈正当性〉は後発のものであって、政権が誕生した、その黎明期の〈正当性〉を基礎づける条件ではない。では、それは何なのか。

平家政権を〈幕府〉とみなす論者の動機

武家政権の誕生をめぐる、近年の新しい研究潮流として、源頼朝に先行する平家政権に、あくまで研究上の用語として〈幕府〉の称を冠して、その先行形態とみなそうとする議論がある。髙橋昌明の〈六波羅幕府〉論である。これに対抗して本郷和人は〈福原幕府〉論を提唱したが、いずれも鎌倉幕府の本質をどうみるか、にもとづき、それと同じ要素を平家政権にも見出しうる、という構えをとる点で共通する。髙橋は、鎌倉幕府の独立性を認めない〈権門体制〉論の立場から、朝廷への奉仕の象徴である大番役勤仕《ごんし》を画期とみ、本郷は、〈東国国家〉論の亜種である五味文彦の〈二つの王権〉論に依拠して、中心の複数性を重視した。

〈都市王権〉論からみた、幕府論の新展開

これに対し、櫛木謙周や保立道久らと共有する〈都市王権〉論の視点から武家政権の誕生を位置づけ直したのが、東島である。東海・東山・北陸道の年貢保全を源頼朝のもとに行うことを認めた寿永二年（一一八三）十月宣旨については、かつては「たった一通（正しくは閏十月宣旨と合わせて二通である）の宣旨で東国支配権を論じることの不毛さ」などと論じられたが、九条家重書目録によって、実際にこの宣旨が各国宛官宣旨《かんせんじ》によって施行されたこと、さらにはこの宣旨発給を推進したのが、九条兼実《くじょうかねざね》ら京都の荘園領主であったこと、が明らかになるにおよんで、新たな局面を迎えて

いる。当時の飢饉状態、流通途絶こそが消費都市京都が抱えていた最大の課題であり、それを解決するための武力行使という、〈正当性〉をもって、源頼朝への授権が要請された。平家軍制の諸段階を論じた五味文彦は、その最初の画期を平重盛《たいらのしげもり》が海賊追討を命じられた仁安二年（一一六七）宣旨に求めたが、ならばその起源は、保延の飢饉（一一三五年）時の、平忠盛《たいらのただもり》の海賊追討使補任《ぶにん》にまでさかのぼる。

では、この〈都市王権〉の構造は、いつまで武家政権の〈正当性〉を規定するのか。先述したとおり、武家政権の〈正当性〉根拠は決して一つではなく、〈法による支配〉をはじめ種々のものが標榜され、換骨奪胎されるなどして再生産され続けたが、〈都市王権〉の構造の終焉は一五世紀後半期、地方が飢饉に陥っても消費都市京都には食料がある、という流通構造の転換点にこそ求められよう。一五世紀後半期に諸現象の画期があることについては、笠松宏至、安野眞幸らによって唱えられてきたが、近年では早島大祐が、中林真幸の提唱する〈長い近代化〉の起点として、同時期に着目しており、今後の研究の進展が注目される。

【主要参考文献】

- 五味文彦『鎌倉時代論』（吉川弘文館、二〇二〇年）
- 佐藤雄基『御成敗式目――鎌倉武士の法と生活』（中央公論新社、二〇二三年）
- 早島大祐「一五～一六世紀における土地売買の保証」（『岩波講座　日本経済の歴史　1中世、一一世紀から一六世紀後半』岩波書店、二〇一七年）
- 東島誠『「幕府」とは何か――武家政権の正当性』（ＮＨＫ出版、二〇二三年）

★史料へのアクセス

「北野聖廟一切経書写勧進疏写」を収める『本朝文集』は、徳川《とくがわ》光圀《みつくに》の命により、水戸藩彰考館の編になる文集である。活字本としては、『新訂増補国史大系』三〇巻があり、当該史料は四〇六～四〇七頁、『本朝文集』巻六八の三通目にあたる。『新訂増補国史大系』三〇巻は現在、国立国会図書館に利用者登録することにより、「個人向けデジタル化資料送信サービス」を通じて自宅でもよむことができる。また編年の史料集では、『鎌倉遺文』二〇巻、二一〇～二一一頁にも、当該文書が一五二九二号として収録されている。

6

酒屋や土倉が税を払わない理由

酒匂由紀子

従来、酒屋や土倉はどのようなものと説明されてきたのか

洛中洛外《らくちゅうらくがい》酒屋土倉諸役銭《やくせん》の事、先々《さきざき》の如《ごと》く、平均にその沙汰《さた》を致すのところ、諸公事免除《しょくじめんじょ》の由緒《ゆいしょ》あると号《ごう》す輩《ともがら》交名《きょうみょう》別紙に在りその役に随《したが》わざると云々、言語道断の次第也《しだいなり》

（『蜷川《にながわ》家文書』三九六号）

右の史料は永正五年（一五〇八）九月一六日付で室町幕府から発布された法令の一部である。文面どおりに訳すと、「京都やその周辺の酒屋、土倉に課した税について、従来どおり、すべての酒屋、土倉に賦課したところ、どの税も支払う義務がない由緒があるといっている人びと（リストは別紙）が課税に従わないということだ。とんでもないことである」となる。

従来の日本史の教科書において、酒屋や土倉は「高利貸」として解説されてきた。また、上の史料にあるように、彼らは酒屋役、土倉役の課税対象としても説明されている。他方、酒屋や土倉は、土一揆の襲撃対

象としても取り上げられてきたのはよく知られている。

富有層として捉えられた酒屋や土倉

日本で経済学が盛んになってきたのは大正年間である。その頃の経済学に課せられたテーマのなかに、日本国民の貧富の差をなくすというものがあった。そこで研究者たちは、ヨーロッパの経済学やこれまでの日本の歴史のなかから解決策を探したのである。

解決策の一つとして、富有層に富裕税を課すというものがあった。これに関して、日本史のなかで注目されたのは中世の酒屋役、土倉役であった。当時、中世法制史・経済史の学者であった三浦周行《みうらひろゆき》は、室町幕府の酒屋役、土倉役について、富裕な高利貸である酒屋や土倉から富裕税を徴収できていた成功事例として紹介している。

戦後の研究における酒屋と土倉

戦後の日本は、デモやスト、学生運動といった権力をもたない人びとが集団となって意見を権力者へ訴えていく社会となる。この様相は中世史研究にも盛り込まれ、「民衆」や「一揆」といった被支配者やその集団を意味するキーワードが研究上へあがるようになる。

そうした研究の流れにおいて、酒屋・土倉は相反する二つの役割を果たしていくこととなる。まず、酒屋や土倉を含む京都の職商人集団を意味する「町衆《まちしゅう》」という概念が林屋辰三郎によって提唱される。この「町衆」は、集団となって権力(主に室町幕府)に抵抗する存在として描かれた。冒頭の史料は、この論理で解釈するならば、「町衆」集団が権力(幕府)に抵抗する様子として捉えられることになるだろう。

一方、酒屋と土倉は、金融業者として京都周辺の村人らへも銭や米を貸し付けていたと解釈されていた。よって、室町・戦国期において土一揆が頻繁に勃発し、酒屋と土倉を襲撃したのは、財力をもって存在した都会の酒屋と土倉に対して、財力のない田舎の村人らが集団で抵抗したものだと考えられていた。しかし、現在では大きく解釈が変わってきている。

そもそも、土倉を金融業者と解釈したのは誰か

では、土倉が高利貸だと初めて評価したのは誰だったのだろうか。研究をさかのぼっていくと、なんと江戸時代中期に新井白石《あらいはくせき》が執筆した『読史余論』にたどり着くのである。ここで注意したいのは、新井が中世の史料を江戸時代の社会の常識にあてはめて解読してしまっていたことである。

その後、『読史余論』の内容は、幕末の学者である頼山陽《らいさんよう》にそのまま引き継がれることとなる。知られているように、頼には『日本外史』のほかにも日本の歴史に関する多くの著作がある。明治期以降にあらためて日本史を研究し、通史を編纂していくにあたり、これらの頼の著作はたたき台としての位置づけにあったと見受けられる。

厄介なのは、『日本外史』をはじめとする頼の著作が、明治期から戦中までの教育のなかで使用されてきたことである。これにより、通史のたたき台であったはずの頼の著作の内容は、当時の日本人に共有される基礎知識になっていったと考えられる。

研究上の問題点

こうしてみていくと酒屋や土倉に関する解釈とは、中世の社会状況に照合させて考察されたものというよりも、そのときの研究者をとりまいていた社会状況を応用させたものだったといえる。これは研究上の大きな問題点といわざるをえない。

しかし、問題はそれだけではなかった。史料上で複数人に銭を貸し付けていた者について、その者が当時に「土倉」と呼ばれていなくても、研究者がその者を土倉であると位置づけてしまっていた例が複数存在することである。

どちらにしても、酒屋や土倉の解釈は、当時の様相からほど遠いものとなっていたということになる。つまり、酒屋や土倉について捉え直すには、これまで創作されたイメージはひとまずおいておき、当時の社会状況に即して史料解釈していくことが肝要となる。

酒屋や土倉は何をしていたのか

まずは、史料上で「土倉」と呼ばれた者たちの活動に注目する。土倉のクラに収められていたのは、荘園から領主へ納入された年貢や、その領主の調度品や衣装などの財物、そして権利の証拠となる公文書（古文書）や家の日記（古記録）といった、いわば財産である。土倉の者はそれらを保管することが仕事であった。酒屋のなかには、土倉と同様に年貢や財物の保管を仕事にしていた者も存在した。

ここで留意すべきは、室町時代にも荘園制が続いていたことである。特に京都は、荘園領主であった天皇や公家（貴族）、寺院、神社、そして室町幕府の将軍らが集住していたのであるから、多くの土倉が存在したのは当然である。なかには、天皇の財物を管理した「禁裏御倉《きんりみくら》」や、将軍の財物を管理した「公方御倉《くぼうみくら》」というものも存在した。

室町幕府の将軍と酒屋や土倉の関係

室町幕府の将軍は、荘園領主でもあった。また、将軍の政治を支える管領《かんれい》や政所《まんどころ》執事らは、その荘園代官となっていた。ただし、代官といっても管領や政所執事みずから荘園に出向いて年貢収納をするのではなく、実際はその部下の部下にあたる者らが実務を担っていた。幕府の史料にみえる酒屋や土倉とは、将軍の荘園出身の土豪層や、荘園の現地で代官業務に関与していた者であった。

他方、当時の京都の公家や寺社にて勤務する者のなかには、公家や寺社の荘園から出向してきていた者も少なくない。そのことをふまえれば、将軍の荘園経営に関与する者が将軍の膝元である京都で勤務することは、何もおかしいことではない。そうした酒屋や土倉は、京都において直属の上司である幕府政所執事のもとで働き、ときに将軍直轄の在京武力としても活躍した。ただし、将軍の代ごとに幕府に奉公する酒屋や土倉のメンバーの一部は入れ替わっていたようである。

再度、冒頭の史料をみてみよう

では、当時の社会状況を考慮しつつ、あらためて冒頭にあげた法令を解釈してみたい。

かつて一〇代将軍足利義稙《あしかがよしたね》は、明応二年（一四九三）の「明応の政変」によって将軍職を廃された。結果、この政変は、戦国期の幕府が二つに分かれる画期となった。

義稙に替わって将軍職に就いた足利義澄《よしずみ》は、その政変を起こした中心人物の一人である伊勢貞宗《いせさだむね》を側近において政治を行ったという。ちなみに貞宗は、幕府の政所の執事を務めていることから、幕府に仕える酒屋や土倉を監督する立場でもある。

ここで注目したいのは、この法令が出された永正五年（一五〇八）九月とは、義澄から義稙が将軍職を奪回して間もない時点だということである。義稙は今回の将軍職再任において、かつての政変で自分を廃した貞宗を許すことにより、彼を味方につけたという。それは、義澄のもとで機能していた政所を義稙がそのまま手に入れたことを意味している。

とすれば、法令にみえる「酒屋役」「土倉役」といった将軍家の財政に直結する税について、理由をつけて納めていない者たちとは、それまで貞宗を通じて義澄に仕えてきた酒屋や土倉にほかならない。よって、このときの酒屋や土倉は税を支払わないことで、義稙の配下となることに抵抗を示していたとよみとることが可能である。

【主要参考文献】
●伊藤俊一『荘園――墾田永年私財法から応仁の乱まで』（中公新書、二〇二一年）
●呉座勇一「「土一揆」は中世社会における「訴訟」行為だった」（久水俊和編『「室町殿」の時代――安定期室町幕府研究の最前線』山

川出版社、二〇二一年）
•酒匂由紀子『室町・戦国期の土倉と酒屋』（吉川弘文館、二〇二〇年）
•酒匂由紀子「中世後期の「酒屋・土倉」と室町幕府」（『日本史研究』七一四号、二〇二二年）
•林屋辰三郎「町衆の成立」（『中世文化の基調』東京大学出版会、一九五三年、初出一九五〇年）
•三浦周行「一種の富豪税」（『経済論叢』八巻第四号、一九一九年）
•山田康弘『足利義稙——戦国に生きた不屈の大将軍』（中世武士選書三三　戎光祥出版、二〇一六年）

★史料へのアクセス

『蜷川家文書』全六巻（大日本古文書、東京大学出版会、一九八一〜九六年）。室町幕府政所関係の史料。史料写真は国立公文書館のＨＰにて公開されている。

京都市編『史料京都の歴史』全一六巻（平凡社、一九七九〜九四年）。掲載史料には史料のよみ方と意訳がついているので、初心者向けの史料集である。

7

家印署判からみる中世地下の世界

大河内勇介

署判への注目

左の史料は明応八年（一四九九）六月三日付の大戸網中銭借用状である。戦国時代、若狭の多烏《たがらす》（現、福井県小浜市田烏）という漁村にて、大戸網なる漁具を使用する人びとが銭を借りたことを示す。一見すると、なんの変哲もない文書であるが、本稿では、この奥（左端）に記される署判に注目してみたい。大戸網中の二郎五郎大夫以下の五人は、署名の下に、何やら記号を書いている。

花押《かおう》・略押《りゃくおう》

通常、署名の下に記すのは、花押である。花押はサインのようなもので、個人を特定し、文書が本物であると証明するために記される。また、この花押を簡略にしたものが略押である。略押は〇×の簡単な符合で、個人の特定はできないが、文書内容への同意を示すために記され、身分の低い無筆の者が使用したと理解されてきた。

そのため、冒頭の史料を翻刻した『小浜市史』（諸家

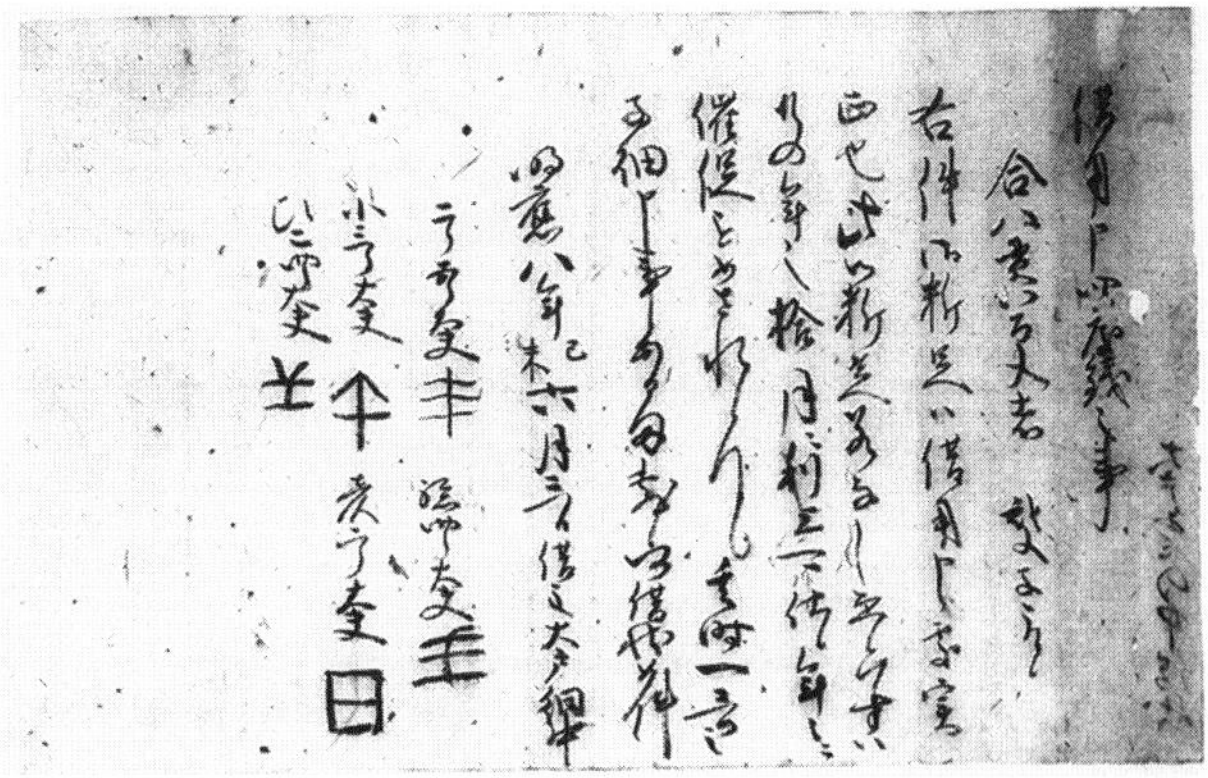

図1　**秦家文書**　所蔵：京都大学総合博物館

文書編三、一九八一年）は、署名の下の記号を略押とみなした。さらには、略押を記す人が多い、すなわち、運筆能力の低い人が多いといった、村のリテラシーについて議論されたことさえある。はたして、こうした捉え方は妥当であろうか。

家印《いえじるし》署判の発見

実は、先の史料にみえる二郎五郎大夫は、寛永一四年（一六三七）や年未詳（近世）でも、同様の記号を使用していた。この二郎五郎大夫家は大野治郎太夫とも称し、南多鳥の指導者層である八人衆の構成員で、現在まで続く家である。そこで、同じ南多鳥八人衆の家が使用した記号の変遷をまとめてみたものが次頁の表である。

表からは、各々の家が長期間にわたって同じ記号を使用していたことがわかる（ただし、記号は一八〇度回転している場合もある）。すなわち、各々の家で記号が継承されていたのである。また、多鳥の一八世紀後半の史料（小林孫助家文書）には、「文明年中（一四六九～八七）」・「しるしみレハ」・「〇〇先祖か」とあり、記号が「しるし」（印）と呼ばれたうえ、戦国時代以降の文書に記される印をみれば、どこの家の先祖かを把握できたようである。したがって、上述の記号は略押ではなく、家印署判と呼ぶべきである。

	西暦	①1499	②1577	③1580	④1637	⑤1637	⑥1657	⑦1661	⑧1668	⑨1699	⑩不明（近世）
一	印	丰			丰	丰					丰
	署名	二郎五郎大夫			二郎五郎大夫	二郎五郎大夫					二郎五郎大夫
二	印		日	日	日	日	日		日	日	
	署名		いけのうへ	池上	いけの上	いけの上	池上		池上	池上	
三	印		亍		丄	丄		亍	丄	亍	亍
	署名		新屋		新屋	新屋		新屋	新屋	新や	新や
四	印		上								
	署名		刀祢								
五	印		旦	旦		旦				旦	旦
	署名		はま家	浜家		浜上				浜ノ家	はまの上
六	印			土	土	土	干			干	
	署名			白屋	しろや	白屋	白屋			白屋	
七	印				三	三		三	三		三
	署名				かうあミ	かうあミ		かうあミ	かうあミ		かうあミ
八	印									乛	乛
	署名									四郎介	四郎介

注：①④⑥⑦⑧⑩は秦家文書，②③は大野治郎太夫家文書（個人蔵、福井県文書館写真帳より），⑤は小林孫助家文書（個人蔵），⑨は川越政雄家文書（個人蔵）

表1　南多烏八人衆の印の変遷

家印署判の学術的意義

多烏に伝来した文書には、家印署判と捉えるべき事例を数多くみつけることができる。そして重要なのは、家印を記した者が、あるときは花押を記し、あるときは略押（〇×符合）を記す場合があり、さらには、身分の高い刀《と》祢《ね》（漁村の指導者層）であったり、そうでない者であったりする点である。この点からすれば、花押＝運筆能力や身分が高い、略押＝運筆能力や身分が低いといった従来の二項対立的理解をふまえ、署判のみで識字能力や身分の高低を論じるのは慎重になるべきであろう。

また、多烏での家印署判は、一四世紀以降にみえはじめ、一六世紀に頻出し、一八世紀後半まで継続的に確認できる。この点は、中世後期を通じて百姓が世代を超えての永続を希求して家を形成し、戦国期には百姓の家が確立するという議論と符合する。家印署判の研究は、百姓の家の形成史にも密接に関わるものといえよう。なお、一八世紀後半以降は、家印に代わって印鑑が多用されるようになるため、家印を確認できなくなる。

文書と生業の接点としての家印

多烏での家印は、何も文書の署判のみに使用されているわけでない。

筆者が以前行った聞き取り調査では、漁網につける浮き（かつては木製の浮きで「アバ板」と呼んだ）に家印を記し、広大な海でどの家の網・浮きかを識別していたという。実際、家印の記された木製の浮きも現存している。とすると、家印は木に刻むために直線的になり、また、浮きが回転するため、家印を一八〇度回転させて署判することに疑問も生じないのである。多烏の漁村的性格は中世までさかのぼるもので、こうした漁具への家印の使用も中世までさかのぼることが想定される。あるいは、冒頭の史料に登場する大戸網の浮きには、網を使用する各家の印が記されていたのかもしれない。

また、聞き取り調査では、現在、家印は墨書・刻印・焼印によって家の所有物に記されており、一族で共有する家紋とは異なるという。この点からすれば、民俗学で指摘されている、生活のなかで家単位に使用される占有印である家印と同質のものと理解できる。

以上、やや敷衍してまとめるならば、生業における共同の作業場で相互識別のための印があり、その印が家で継承されて家印となり、家印が生活のさまざまな場所で使用され、文書の署判として現れる場合もあり、文書では次第に印鑑が優勢になって家印が使われなくなるが、生活のなかでは現在まで使用され続けてきたとなる。すなわち、家印署判の性格を明らかにするためには、その背景に広がる生業の世界を想定しなければならない。

他地域の事例

現在調査中ではあるが、多烏のほか、若狭や越前の漁村では、家印署判をもつ文書が散見する。また、越前の平等村《たいらむら》は、漁村ではなく、越前焼を生産する山村であるが、そこでも類例の存在が報告されている。小野正敏は、越前焼に刻まれた「へら記号」が窯の共同操業で工房識別のために用いられ、中世文書の署判にも転用されていたと指摘した。この工房の経営主体が百姓の家であったことからすれば、「へら記号」が百姓の家印であった場合も想定される。このほか、山城の久多《くた》や近江の葛川《かつらがわ》・朽木《くつき》などの安曇川《あどがわ》流域、丹波の山国・黒田などの桂川流域では、筏《いかだ》流しの材木の所有者を識別するために刻んだ木印がやはり中世文書の署判に転用されたうえ、木印署判が家の徴証として用いられていたことが勝田至・薗部寿樹によって明らかにされている。木印も家印の一種であったらしい。

こうした事例からすると、漁村・山村に限らず、家印をはじめとする、生業における相互識別のための印が中世文書の署判に転用された事例は、他地域でも多数存在するのではないか。従来の史料集では、花押は写真掲載されることが多いが、略押とみなしてきたものについては、「(略押)」と翻刻し、形状を示したり、写真を掲載したりすることがほとんどなかった。あらためて、文書の原本や写真を検討し、家印などの掘り起こしが必要であろう。

家印署判と中世地下《じげ》文書

ここまで述べてきた家印署判については、近年進展してきた中世地下文書研究の対象の一つに位置づけられる。当該研究は、朝廷・幕府や荘園領主ではなく、荘園・公領の現地である地下で作成され、機能し、保存された文書群に光をあて、従来の公家様・武家様を中心にした古文書学の枠組みを捉え直し、新たな史料論を切り拓こうとするものである。

この研究を牽引してきた春田直紀は、若狭や越前の浦刀祢《うらとね》家文書を素材にして、中世地下文書の形成過程を三段階に分け、そのなかに家印署判文書を位置づけた。①一三・一四世紀、浦の刀祢・百姓が権力からの下達文書を積極的に受容し、権利の保障を期待した段階。②一四・一五世紀以降、集積した文書を参照・模倣し、みずから文書を作成し、権利を管理した段階。③私的契約文書で用いられてきた家印署判が、一六世紀末には、村落構成員のサインとして対外的文書でも使用され、百姓の家を母体とした村落間の合意によって地域全体の権利保障が図られた段階である。家印署判が登場する文書の性格に着目しつつ、中世地下独自の文書群がいかに形成されていったかを素描したものと評価できる。

とはいえ、ひとくちに地下といっても、多様な集団が存在し、列島での地域性もあるのはいうまでもない。今後は、こうした点を念頭に置き、署判のあり方や文書の様式、文書群の形成過程などに関する個別研究を蓄積し、従来の古文書学からはみえにくかった、中世地下の豊かな世界を明らかにしていく必要があろう。

【主要参考文献】
•佐藤雄基・大河内勇介「秦家文書――文書成果の成果報告を中心に」（春田直紀編『中世地下文書の世界――史料論のフロンティア』勉誠出版、二〇一七年）
•小野正敏「戦国期の都市消費を支えた陶器生産地の対応――越前焼を例に」（『国立歴史民俗博物館研究報告』一二七号、二〇〇六年）
•勝田至「中世史研究と民俗学」（『日本歴史民俗論集』一、吉川弘文館、一九九二年、初出一九八七年）
•薗部寿樹「丹波国山国荘における木印署判」（『日本中世村落文書の研究――村落定書と署判』小さ子社、二〇一八年、初出二〇一六年）
•春田直紀「浦刀祢家文書の世界」（同編『中世地下文書の世界――史料論のフロンティア』勉誠出版、二〇一七年）
•春田直紀編『列島の中世地下文書――諏訪・四国山地・肥後』（勉誠出版、二〇二三年）

★史料へのアクセス

秦家文書の大分部は、京都大学総合博物館蔵となっている。申請を行えば、原本・写真帳の閲覧が可能である。若狭・越前の中世地下文書については、多くは個人蔵であるが、福井県文書館では、申請を行えば、写真帳を閲覧できるものもある。また、若狭湾沿岸海村研究（代表：長谷川裕子）ではホームページを立ち上げ、論文や史料の目録を掲載している。史料の写真も随時掲載していく予定である。史料の翻刻文については、『小浜市史』や『福井県史』などの自治体史を参照のこと。

8

生き続ける惣国一揆のかたち

一揆解体後の史料をよむ

長谷川裕子

江戸時代の史料にみえる「同名中《どうみょうじゅう》」組織

一、先年より河合寺午頭天王御境の内休足所において、大原庄同名中羽織袴にて帯刀致し出会い、諸事の取り〆等仕《つかまつ》りそうろうところ、延享《えんきょう》年中より公事出来し、中絶に及ぶ。漸《ようや》く去々年《きょきょねん》落着につき、今年大久保村当番に御座そうろう条、各々様へ廻書をもって御意を得そうろう。先規の通り御出会い成されそうらはば、右の連名御印形成され、聊《いささ》かの御神酒料御出しして成されそうろう。勿論先年は二月三日・八月三日に出会い仕りそうろう。右御相談のためかくのごとく御座そうろう。以上。

次第不同

中村　大原直兵衛（黒印）（中略）

員数五十八人

天明二〈壬寅〉年八月日

（「大原同名中講所蔵文書」）

右の史料は、天明二年（一七八二）八月、近江国甲賀《こうが》郡大原（現滋賀県甲賀《こうか》市甲賀町）の「大原同名中」を構成

する「大原」姓の者五八人が連署して取り決めた定書である。本史料によれば、「大原同名中」の面々は、延享年中(一七四四〜一七四七年)以降、何らかのいさかいが発生したことで中断していた「大原同名中」の寄合を、およそ四〇年ぶりに再開させたことがわかる。そして、本史料とともに「大原同名中」講に伝来している「昭和覚之書」(昭和五八年[一九八三]八月三日)によれば、この集まりは、その後も幾多の困難や戦乱を乗り越えて継承され、現在にいたっているという。

近年、「大原同名中」講は、先祖御霊の鎮魂や、構成員の無病息災等を祈念するための会合として執り行われているようであるが、江戸時代の「大原同名中」は、「大原同名中講所蔵文書」によれば、大原を冠する村々、すなわち中村・大久保村・上田村・神村・櫟野《いちうの》村・上野村・田堵野《たどの》村と、野川村・土山村に住していた「大原」一族によって構成され、持ち回りで当番の村を定め、諸費用を各構成員が負担して年に一、二度会合し、「諸事の取り〆等」を行っていた組織であったことがわかる。

「同名中」とは何か

実は、戦国時代の甲賀郡中には、こうした「同名中」組織が各地に存在しており、それが地域的に結びつき、最終的には郡規模で連合して「甲賀郡中惣」という惣国一揆《そうこくいっき》を形成していた。その「同名中」のなかでも、「大原同名中」と聞いて思い出されるのは、永禄一三年(一五七〇)に「大原同名中」によって作成された「与掟《くみ》」である。

「与掟」は、一九七五年に石田善人によって紹介されて以来、文書自体は写しではあるが、戦国時代の近江国甲賀郡における「同名中」組織の内実を知るための史料として注目され、『中世法制史料集 第五巻』(岩波書店、二〇〇一年)にも活字化されている。それによれば、「大原同名中」は織田信長の侵攻という対外的な危機に際し、「大原」を名乗る「同名中」構成員を中心に領内の人びとが一致団結した、領内の紛争・訴訟を解決するための「一揆」組織であり、特に牛馬の放牧場所についての規定など、領内の百姓らが抱えていた問題にまで対応していた領域権力であったことがうかがえる。

「同名中」が登場した契機は、応仁・文明の乱に始まる中央権力、および地域支配機構の崩壊にあると考えられている。地域で発生する紛争や訴訟を解決する権力の不在により、地域のなかに新たに生み出されてきた紛争解決組織、という位置づけである。そして、紛争地域の拡大や、対外的危機的状況にともなって、地縁的連合体から郡規模・国規模の「一揆」権力に展開したのが、戦国時代の惣国一揆の姿であった。

これまでの惣国一揆研究

従来、惣国一揆に関する研究では、惣国一揆の構成主体を国人層と捉えて、国人層の反守護闘争であったと位置づける見解に対し、構成主体を小領主層（土《ど》豪《ごう》・地侍《じざむらい》）と捉えて、小領主と農民の統一戦線と位置づける見解が対置され、議論が続けられてきた。その後一九八〇年代になると、惣国一揆の連合の目的は村支配のための領主層の共同組織であったとされる一方で、国人の一揆と土民の一揆が対立を抱えつつも、対外的危機に際して生じた利害の一致により一時的に連帯したものであった、という見解が提起され、戦国期に特有の構造や権力的性格をもった自立的な権力体として位置づけられるにいたっている。たしかに、惣国一揆が戦国大名などの「家」権力と同様に、戦国期に存在した領域権力であることは間違いない。

とはいえ、右のような捉え方では、惣国一揆の基礎となる「同名中」が江戸時代まで存在し、「諸事の取り〆等」を行っていた意味を説明することができない。また、村支配のための領主の共同組織であるとするならば、村の百姓等の生業に関わる利害の調整を「同名中」として行うことに示される「支配」の意味を考えなければならないだろう。

「同名中」を構成する人びと

この課題を、「大原同名中与掟」に参加していた人びとの構成から考えてみよう。「与掟」には、石田善人が紹介したものとは別の写しが、現在国文学研究資料館に所蔵されている。国文学研究資料館所蔵の「与掟」は、「近江国甲賀郡田堵野村大原家文書」として伝来したものであるが、そこには三二条におよぶ掟の条文のほか、起請文の神文《しんもん》部分と、そこに署名したであろう三二〇人の人名が写されている。この神文や署名は、従来知られていなかった新出部分であり、「同名中」組織を理解するための示唆を与えてくれている。

この三二〇人を、同時代史資料や江戸時代初期の系図・記録などと照らし合わせてみると、「大原」を名乗っていることが確認できる「同名中」構成員は、合計三六人であり、全体の約一一％である。さらに名字や官途名を名乗る者すべてを「侍」身分と捉えて、それを合計すると九一人となるが、それでも全体の約二八％にとどまる。では、その他大多数は誰か、といえば、それはおそらく「大原同名中」構成員に仕える被官や、領域内に居住する百姓であろう。なかには、女性とみられる名前も含まれている。織田信長が侵攻してくるかもしれないという緊張下ではあるが、日常的に村内で紛争となっていた課題を掟のなかに書き入れ、そこに百姓たちが署名し、おそらくは署判していることをふまえるならば、この「与掟」がたんに領主層同士の、共同支配のための取り決めでないことは明らかである。

「同名中」・惣国一揆に求められたことは？

さらに、「同名中」や地域的結合体、さらには「甲賀郡中惣」が戦国時代に発給した文書を詳細にみていくと、「同名中」領内やその近隣地域、および甲賀郡内で発生する村落間相論の調停を「同名中」や「甲賀諸侍」等として行っている姿が浮かび上がってくる。しかもその役割は、統一政権によって「甲賀郡中惣」が解体されたあとも続いており、慶長一六年（一六一一）には、甲賀郡内で発生した山相論が「甲賀諸士」によって裁定されている（牛飼共有文書）。また、明和二年（一七六五）には、領内で発生した用水相論を「山中同名中」として調停している（山中文書）。惣国一揆という横の連合体としての「一揆」権力が、大名という縦の連合体としての「家」権力に淘汰されてしまっても、地域における紛争調停という機能自体は失われていないのである。この点から考えれば、「同名中」や惣国一揆が、対外的危機に際して一時的に結びついたものと位置づけることはできない。

江戸時代になり、彼らに求められる役割にも変化が生まれることは、当然想定されることである。しかし、村人の「同名中」入りの手続きは引き続き江戸時代にも行われており（山中信忠氏所蔵文書）、「同名中」構成員やその被官であるという伝承も村のなかに残され、積極的に維持されていることから考えれば、幕藩権力よりも身近に、地域における諸問題を調停する組織として人びとに認知されていたと考えられよう。冒頭にあげた史料で、年に一度会合して行う「諸事の取り〆等」は、形骸化してしまったとはいえ、彼らに求められていた役割の名残なのではないだろうか。

「同名中」・惣国一揆研究の課題

戦国時代に登場し、形を変えながらも江戸時代（から現代）まで継承されていく「同名中」。その内実を真に理解するためには、「同名中」構成員の〝その後〟の追究が必要になるだろう。実は、先にあげた慶長一六年の紛争調停の事例で、「甲賀諸士」の一人として署判していたのは、織田信長の家臣であった和田惟政《わだこれまさ》の子惟長《これなが》で、自身も信長から豊臣秀吉・徳川家康に仕えた武将であった。また、もとは甲賀の大原出身で、信長の重臣となった滝川一益《かずます》も、天正四年（一五七六）、信長の出陣に同行しているさなかに、「大原同名中」が抱えていた紛争に「大原滝川一益」として署名してアドバイスを送っている（田堵野大原家文書）。大名と縦に結びつきながら、「同名中」の横のつながりも維持しているのである。戦国から織豊期には、「同名中」や惣国一揆は必ずしも武家政権と対立するものはなかったことがうかがえよう。

こうした甲賀を離れて武家の家臣となった者が「同

名中」構成員として活動していることは、「同名中」、ひいては惣国一揆の権力構造や、その権力の本質を捉えるための鍵となる。実際に、戦国時代には「同名中」構成員のうち分家筋である庶子が、畿内近国や東海、関東の戦国大名の家臣となって移住している。異国にいながらも甲賀とつながっている彼らは、「同名中」や惣国一揆に何をもたらしていたのか、そしてその関係は江戸時代にも継承されたのかどうかという問題を、甲賀の人びとに認知された「同名中」組織の変容とともに、残されている江戸時代の史料を収集して解明していかなければならない。江戸時代の「同名中」関係史料は、「大原同名中講所蔵文書」のように、意外にもまだ未調査のまま現地に残されていることもある。残された史料の博捜と、現地におけるフィールドワークの活用が、「同名中」・惣国一揆研究に求められているといえよう。

【主要参考文献】

・石田晴男『中世山中氏と甲賀郡中惣』(同成社、二〇二一年)
・石田善人「甲賀武士団と甲賀忍術」(『万川集海　一二巻』所収、誠秀堂、一九七五年)
・尾下成敏「史料紹介・織豊期甲賀「郡中」関連文書の紹介――滝川一益・六角承禎の書状をめぐって」(『織豊期研究』一二号、二〇一〇年)
・長谷川裕子『中近世移行期における村の生存と土豪』(校倉書房、二〇〇九年)
・長谷川裕子『戦国期の地域権力と惣国一揆』(岩田書院、二〇一六年)
・藤田和敏『〈甲賀忍者〉の実像』(吉川弘文館、二〇一二年)

★史料へのアクセス

「大原同名中講所蔵文書」は、現在の「大原同名中」講の構成員、およびその居住村によって持ち回りで管理されている文書群である。毎年八月に、滋賀県甲賀市甲賀町の大鳥神社において同名中講を開催し、本史料を含めた伝来文書を開いて確認しているため、申請により閲覧が可能となる場合がある(二〇〇五年現地調査段階)。また、「近江国甲賀郡田堵野村大原家文書」については、国文学研究資料館において閲覧可能である。その他、本稿において紹介した「同名中」や「甲賀郡中惣」に関する史料は、『水口町志下巻』(水口町、一九五九年)、『甲賀市史　第二巻』(甲賀市、二〇一二年)や中井均編『戦国の城と一揆』(高志書院、二〇二三年)に掲載・紹介されている。

コラム2

戦国合戦図屏風をどう「よむ」か

堀 新

戦国合戦図屏風は一般書では必ず用いられ、博物館等の展示でも人気を集めている。しかし文献史学は長い間等閑視してきた。絵画資料には「絵空事」という側面があるものの、文献史料にはない魅力と意義があろう。戦国合戦図屏風の図像を「よみ」、その背景となる近世社会を「よむ」ことの重要性は、高橋修が指摘している。

戦国合戦図屏風として最も著名なものは長篠合戦図屏風（以下「長篠」）であろう。一九世紀までに描かれた「長篠」は一二種類あり、歴史教科書に最もよく使用される徳川美術館本は「大破」した屏風の控である可能性が高く、写し崩れが多数みられることをご存じだろうか。

戦国合戦図屏風の多くは軍記物語を典拠としており、大半の「長篠」も織田・徳川勢は小瀬甫庵《おぜほあん》『信長記』など、武田勢は『甲陽軍鑑』などを典拠としている。甫庵『信長記』は鉄炮の三段撃ちを捏造《ねつぞう》したとして悪名高く、それをもとにした「長篠」も信頼できないとなりがちである。しかし「長篠」をよくみてほしい。ここには鉄炮の三段撃ちなど描かれ

図 「長篠合戦図屏風」 所蔵：犬山城白帝文庫

ていない。騎馬隊や足軽鉄炮隊の存在については諸説あるにせよ、長篠の戦いの意義は鉄炮による勝利という点にある。これまでは鉄炮数が三〇〇〇か一〇〇〇かが議論されてきたが、重要なのは織田・徳川勢が鉄炮を撃ち続けたことにある（長篠ではないが、山崎の戦いでは鉄炮の音が数刻鳴り止まなかった。これが信長の軍隊である）。武田勢が突撃を繰り返したのも、そろそろ玉薬が尽きるはずだと判断してのものだろう。「長篠」はこうした「鉄炮による勝利」をよく示しているではないか。

　もちろん合戦図屏風の図像をそのまま「よむ」ことの危険性もある。「関ヶ原合戦図屏風」（以下「関ヶ原」）のうち彦根城博物館本や関ヶ原古戦場記念館本は、井伊の赤備《あかぞな》え（軍勢の武具を赤色で統一）が非常に目立ち、その中央には馬上で突撃の采配を振る井伊直政の勇姿がある。しかし井伊勢はわずか三六〇〇で、東軍は福島正則ら豊臣大名の軍事力によって勝利したのである。その事実に不満をもつ井伊家は、あたかも井伊の赤備えが西軍を蹴散らして東軍に勝利をもたらしたといわんばかりの図像を描かせたのである。直政のほかには本多忠勝もわずか五〇〇ではあるが徳川勢として参陣しており、その忠勝が落馬する姿が描かれている。たしかに忠勝が「島津の退き口」を追撃し、愛馬三国黒を鉄炮で撃たれて落馬している。しかし島津の鉄炮隊に撃たれたのは直政も同じで、直政はその傷が原因で翌年死去しているほどである。にもかかわらず、東軍全体を覆うように井伊の赤備えを描き、突撃を指示する直政の勇姿を描く「関ヶ原」の制作意図は明白であろう。「関ヶ原」の祖本をめぐっては諸説あるが、井伊家に近い筋と考えるのが自然であろう。

　このように史実とは異なる図像や、あえて描かれない図像は重要である。ここから「関ヶ原」の制作目的や、近世社会において譜代層が関ヶ原の戦いに対してもっていた感慨が判明するのである。虚構を追究することは真実解明にもつながるのである。

【主要参考文献】

・薄田大輔「長篠・長久手合戦図屏風再考」（『金鯱叢書』五〇輯、二〇二三年）
・高橋修『戦国合戦図屏風の歴史学』（勉誠出版、二〇二一年）
・桑田忠親ほか監修『戦国合戦絵屏風集成　一　川中島合戦図・長篠合戦図』（中央公論社、一九八〇年）
・桑田忠親ほか監修『戦国合戦絵屏風集成　三　関ヶ原合戦図』（中央公論社、一九八〇年）

コラム3

資料の公開とDBの構築

井上 聡

デジタルアーカイブの展開

日本史資料の公開は、デジタルネットワークの発達にともなって、目覚ましいほどに進展した。公文書館・大学・博物館といった公的機関による、本格的なデジタルアーカイブの整備は、史資料の閲覧という点できわめて大きな恩恵をもたらしている。高精細なカラー画像で、史資料を手軽に閲覧できるという環境は、すでに特別なことではなくなった。加えて二〇二二年度の博物館法改正により、所蔵史資料のデジタル化は博物館事業として明確に位置づけられ、他館とのネットワーク連携や、観光事業などへの貢献も求められるようになった。

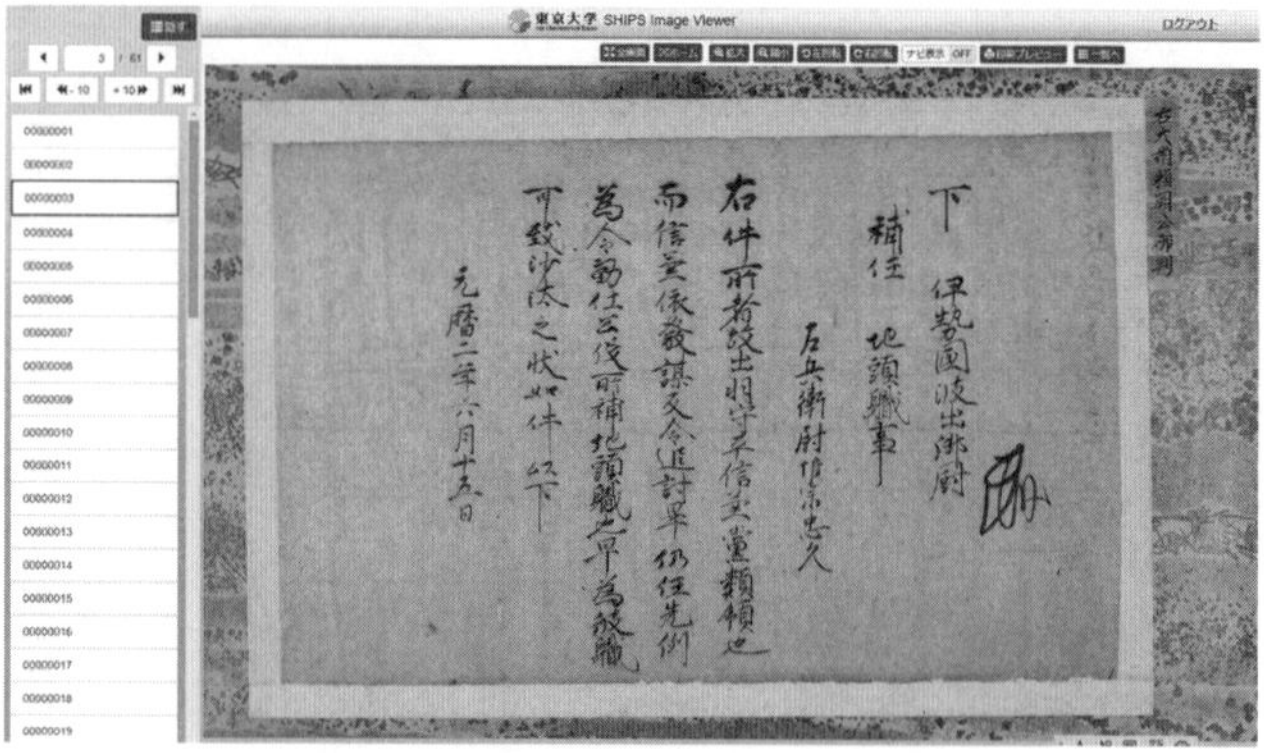

出所：東京大学史料編纂所所蔵史料目録データベース

さらに史資料画像データの利活用といった面でも、注目すべき変化が生じている。国立機関を嚆矢《こうし》として、画像ほかの公開データは、誰もが無償でかつ自由に利用できる、いわゆるパブリックドメインとして公開されるようになってきた。利用者はたんに史資料を閲覧するだけでなく、みずからの発想に応じてデータを活用できる段階へと移っている。研究的な活用はもちろん、商用を含めた幅広い利用が認められるケースも多く、文化財としての史資料への認識は大きく変わりつつある。こうした潮流は、情報発信する機関の側にも、大きなメリットをもたらすことになる。たとえば、ある機関がみずから所蔵する史資料を発信する場合、他機関が所蔵する関連史料もあわせて画像表示することで、より訴求力のあるストーリーを提示することが可能になる。互いに協調して公開を進めるならば、さらなる相乗成果を期待することができるだろう。デジタル画像はもとより、そこに付加された多様なメタデータも、組織やサイトの垣根を越えて相互に利用できるような技術的仕様（IIIFなど）が急速に普及しつつあり、今後の展開から目が離せないところである。

知識系データベースの現状

デジタルアーカイブの急速な展開の一方で、これまで大学・研究機関が構築してきた研究系データベース群については、実のところ思うような発展を遂げていない。特定のテーマや学術的な意図にもとづいて作成されたものは、むしろ衰退に向かっている。知識系のデータベースで、日本史研究者が最も参照しているのは、間違いなく民間発信のジャパンナレッジになるだろう。国史大辞典・日本国語大辞典といった事典類や、平安遺文・鎌倉遺文・群書類従・国史大系ほかの代表的史料集を縦横に検索できる便利さはいうまでもない。確固たる信頼に裏づけられた書籍を、有償の民間プラットホームから提供するというスキームは、それなりの安定感をみせている。他方、大学・研究機関が抱えるデータベースは相当に脆弱化しているといわざるをえない。もとより人文科学をめぐる研究環境は貧しく、システム開発や維持も属人的で、資金も数年単位で尽きてしまうものが大半である。研究者個人が、定義や条件を定めて歴史的データを定量的に生成し、これを堅牢なシステムにまとめて発信する、さらに長期的に維持管理まで請け負うといったことは、すでに非現実的である。収載されているデータを汎用的なものに転換し、特定のシステムに依存せずとも機能する環境を整備することが喫緊の課題になっている。すでにそうしたデータ仕様も提案されているのだが、日本史研究を構成する多様なメタデータやテキストデータに即した標準化はいまだ果たされていない。新たなルールづくりと、それに合わせたデータの豊富化が待たれるところだが、短時日には難しい。日本史学界でも、こうした作業に対する評価を高めることで、状況を打破してゆくことが必要となっている。

【主要参考文献】

・井上聡「研究機関による歴史データベース構築の将来性」（『歴史学研究』一〇二八号、二〇二二年）

第3章

近世

1 地誌にみる近世地域社会形成期の村落開発

鈴木直樹

『新編武蔵風土記稿』の「旧家百姓」

旧家

百姓千右衛門《せんえもん》　当村ノ里正《りせい》ナリ。氏ヲ吉野トイフ。先祖ハ成田下総守《しもうさのかみ》ノ家人ニテ。御入国ノ頃。コノ地ニ来リ師岡《もろおか》村ヲ開墾セシト云。ソノ人ハ吉野織部助トイヒシヨシ。即チ新町村ヲモ開ヒテ寺院マテモ起立セシ人ナリ。又隣村河辺村モコレカ新開ノ地ナリト云。サレト旧記等モノコラサレハ。往古ノ事ヲ詳《つまびら》カニシカタシ。（『新編武蔵風土記稿』巻一一八 多磨郡より）

本史料は、天保元年（一八三〇）に完成した『新編武《む》蔵《さし》風《ふ》土《ど》記《き》稿《こう》』（以下、『風土記稿』と略記）に掲載されている武蔵国多摩郡下師岡村（東京都青梅市）の「旧家百姓」・千右衛門に関する記事である。史料によると、千右衛門は姓を吉野と名乗り、吉野家は下師岡村の名主を代々務めてきた。千右衛門の先祖・吉野《よしの》織部《おりべ》之《の》助《すけ》は、武蔵国埼玉郡の忍《おし》城主・成田氏に仕えていた。成田氏は戦国大名北条氏に属しており、天正一八年（一五九〇）豊臣秀吉の小田原攻めにより滅亡した。主家滅亡後、吉野織部之助は師岡村へ落ち延び、村の開墾に努めた。さらに、近隣の村々（新町村・河辺村）の開発にも尽力し、新町村では寺院（鈴法寺）を建立した。河辺村については、旧記などの記録が伝存しておらず、詳細は不明である。

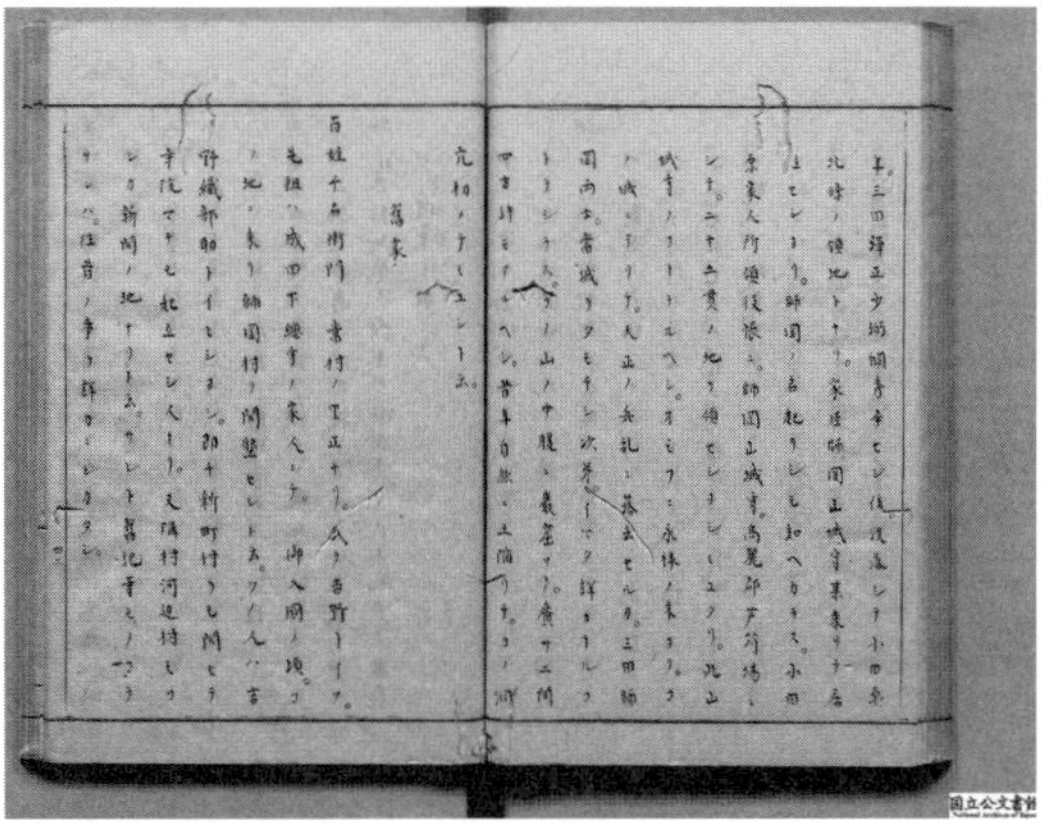

図1『新編武蔵風土記稿』出所：国立公文書館

地域社会の形成と『風土記稿』

近世前期の地域社会の形成過程を分析する際には、当該期に作成された史料（同時代史料）によって検討していくことが一般的である。しかしながら、近世前期の史料は伝存数が非常に少なく（特に関東では希少である）、断片的であり、当該期の地域社会の様子を十分に復元することが難しい。そこで、近世後期に編纂されたものではあるが、大規模な調査にもとづき作成された地誌などを組み合わせて使うことが有効である。

『風土記稿』は江戸幕府の昌平坂学問所《しょうへいざかがくもんじょ》地誌調所が編纂した官撰地誌である。江戸幕府は、奈良時代の勅撰《ちょくせん》風土記にならって、領土支配の象徴となる全国の風土記編纂を計画し、将軍のお膝元である武蔵国（東京都・埼玉県・神奈川県の一部）から編纂を開始した。文化七年（一八一〇）冬、編纂に着手し、①武蔵国に関する各種文献や資料の調査、②武蔵国内の町村の実地調査が行われた。武蔵国内の調査がすべて終了したのは文政一二年（一八二九）であった。約二〇年におよぶ調査にもとづき編纂された『風土記稿』は、その内容が当時の限界がありながらもおおむね的確であると評価される、大変貴重な史料である。

『風土記稿』には、武蔵国村々の支配の変遷や検地の実施状況、地理的情報、寺社の沿革、旧跡の概要などの記載と並んで「旧家百姓」という項目がある。「旧家百姓」は、前掲史料のように、戦国期以来の由緒をもつ家およびその当主に関する項目である。「旧家百姓」の先祖は、吉野織部之助のように、戦国期には北条氏に仕えて地侍として活動し、北条氏滅亡後は土着し地域開発を行い、地域社会の成り立ちに寄与した者が多い。つまり、当該項目を分析することで、近世前期の地域社会の形成過程を検討することができる。

では、武蔵国にはどの程度「旧家百姓」が存在したのだろうか。

武蔵国の「旧家百姓」たち

表1は、『風土記稿』に記載のある中世以来の由緒をもつ「旧家百姓」を郡別（地域別）にまとめたものである。武蔵国は足立郡や多摩郡など二二の郡で構成されていた。各郡合計で四八八名の「旧家百姓」の存在が確認でき、多摩郡・橘樹《たちばな》郡に多くみることができる。これは、戦国大名北条氏一門の北条氏照《うじてる》が多摩郡の滝山城・八王子城に拠点を置いていたことや、南武蔵地域を拠点とし

	足立郡	入間郡	荏原郡	大里郡	男衾郡	葛飾郡	賀美郡	久良岐郡	児玉郡	高麗郡	埼玉郡	橘樹郡	多摩郡	秩父郡	都筑郡	豊島郡	那賀郡	新座郡	幡羅郡	榛沢郡	比企郡	横見郡	合計
「旧家百姓」数	27	33	49	7	4	23	0	18	10	21	31	64	101	38	11	20	2	3	3	13	9	1	488
開発従事	8	2	12	1		9				6	2	2	15	1		3		1		1		1	64
寺社開基	8	8	14	1		11		4	2	7	8	13	33	10	3	9		2		2	5	1	141

表1　武蔵国の「旧家百姓」　出所：国立公文書館「新編武蔵風土記稿」173－0210

た小机衆《こづくえしゅう》（武士団）が橘樹郡の小机城を中心に知行地を有していたことなど、北条氏の家臣が多く存在した地域であるという特色によると思われる。

一方、比較的構成する村数の少ない賀美郡などには「旧家百姓」があまりみられない。また、『風土記稿』には、戦国期にほかの「旧家百姓」の先祖と同じように活躍していた家が、編纂調査時には没落し断絶してしまったとの情報も散見される。つまり、戦国期には『風土記稿』で確認できた数よりも多くの「旧家百姓」の先祖と同じような人びとが存在していたことが推測される。このように、地域的な多寡はみられるが武蔵国各地には「旧家百姓」が数多く存在していた。

地誌と同時代史料の組み合わせ

吉野織部之助は、みずからの開発事業を「仁君開村《じんくんかいそん》記《き》」という手記にまとめている。「仁君開村記」によると、慶長一八年（一六一三）、吉野織部之助は師岡村の池上新左衛門《しんざえもん》・島田勘解由左衛門《かげゆざえもん》、吹上村の塩野仁左《にざ》衛門《えもん》らと相談し、新町村の開発を実施した。まず、彼らが手がけたのが飲料水の確保であった。開墾が始まった当時、新町村には十分な水源が存在していなかった。そこで、井戸掘り職人を探し出し、竪堀の井戸を村内に設けた。当初はなかなか移住者や開墾希望者が集まらず苦労したようであるが、元和二年（一六一六）には新町村の開発事業が完了した。

開発事業と同時代に作成された「仁君開村記」のような同時代史料には、領主との交渉の様子や村での開墾の経過などを詳細にみることができる。ところが、そうした耕地開発のあり方を、当該期の地域社会全体の動向に位置づけることは難しい。そこで、武蔵国全体の動向が記載されている『風土記稿』をみる利点がある。

『風土記稿』には吉野織部之助のように、耕地開発をした六四名の「旧家百姓」先祖に関する記述がある（表1参照）。吉野氏が開墾した下師岡村の属する多摩郡が一五件と最も多い。さらに『風土記稿』をみていくと、多摩郡のなかでも下師岡村のある西部地域では北条氏滅亡後に土着し、開墾を進めた「旧家百姓」の先祖が多いことがわかる。つまり、近世初頭には下師岡村周辺では開発ラッシュが起こっており、吉野氏の開発はこうした当時の潮流に沿ったものであったと評価できる。

また、葛飾郡や足立郡でも開発件数がやや多い。これは、大河川流域に可耕地が広大に存在していたことが要因だろう。『風土記稿』には、葛飾郡三輪野江村（埼玉県吉川市）を開発した平本主膳定久《しゅぜんさだひさ》に関する記述があり、①北条方に属していた父親が、小田原攻めで戦死したこと、②江戸幕府代官・伊奈《いな》忠治《ただはる》の命令に従い、三輪野江村を開発したこと、などが簡潔に記載されている。一方、地域に伝存する元和五年（一六一九）四月三日付の平本主膳宛伊奈忠治印判状によると、平本主膳の新田開発（「御忠節」）に対して、代官が開発地の一部である田畑屋敷地一町五反（約一万五〇〇〇平方メートル）を「御褒美」として与えている。このように、地誌と各地域の同時代史料を組み合わせることで、近世初頭の地域開発の経緯や規模を明らかにすることができるのである。

「旧家百姓」のインフラ整備

『風土記稿』には吉野織部之助の事績として、新町村での鈴法寺の建立が記載されている。これは、吉野織部之助に限ったものではなく、近世前期の「旧家百姓」の先祖に一般的にみられる行動であった。『風土記稿』によると、「旧家百姓」の先祖が寺院や神社を建立した事例一四一件の記載があり、多摩郡では最多の三三件が確認される（表1参照）。

近世の村の寺院は、キリシタンではないことを証明する寺請《てらうけ》制度を通じて村民と深く関係を結んでいた。さらに、寺社の住職や神職は、村人の通過儀礼や村の年中行事などに関わっていた。また、寺社の土地は周辺村の生産・生活に必要な山林や水源としての役割を果たし、建物は村の寄合や祭礼の場などとして用いられることがあった。つまり近世の寺社は、村人にとっての「公共施設」としての役割も担っていた。「旧家百姓」の先祖は、村の「公共施設」としての役割をもつ寺社の整備も行っていたのであった。

また「旧家百姓」の先祖は、葛飾郡栗橋宿・多摩郡府中宿を構成する番場宿・大里郡熊谷町・足立郡鴻巣宿などの街道の拠点となる宿場町を整備した。一方、山間部において江戸城建築のための石灰や材木の生産を進める者もいた。たとえば、多摩郡上成木村（東京都青梅市）では、「旧家百姓」次右衛門の先祖が石灰製造を主導していた。「慶長年中江戸城御造営ノ時。石灰御用ヲ務シヨリコノカタ今モ替ラズ」とあるように、多摩の石灰が江戸城の漆喰《しっくい》に利用されていた。このように、地域によりさまざまな特色ある開発が進展していた。

一五世紀半ばから一八世紀の前半までに全国平均で耕地面積は三倍に増加したと推測されている。関東では、徳川家康の入部以降、耕地開発が急速に進められ、村々の基盤整備が進展した。本章でみたように、地域の成り立ちを考える際、開発当時の記録（同時代史料）と『風土記稿』（地誌）を組み合わせることで、時代の大きな潮流のなかに個別地域の開発事例を位置づけてその特徴を考えることができるのである。

【主要参考文献】

- 青梅市史編さん委員会編『増補改訂　青梅市史』上巻（一九九五年）
- 青梅市郷土博物館編『青梅市史史料集第四七号　仁君開村記　杣保志』（一九九八年）
- 足立区立郷土博物館編『浪人たちのフロンティア――村と町の開発と浪人由緒』（二〇一一年）
- 重田正夫・白井哲哉編『『新編武蔵風土記稿』を読む』（さきたま出版会、二〇一五年）
- 鈴木直樹『近世関東の土豪と地域社会』（吉川弘文館、二〇一九年）

★史料へのアクセス

現在、『新編武蔵風土記稿』の浄書稿本二五五冊は、国立公文書館内閣文庫として保存されている。国立公文書館デジタルアーカイブ（https://www.digital.archives.go.jp/）でも、簡単に閲覧することができる（資料請求番号 一七三―〇二一〇）。また、翻刻本として蘆田伊人編集校訂・根本誠二補訂『新編武蔵風土記稿』本編一二巻・索引篇（雄山閣、一九九六年）が刊行されている。

2 「禁中並公家中諸法度」第一条にみる近世朝廷の特質

村 和明

武士が天皇のあり方を強制した?

天子諸芸能のこと、第一、御学問なり。「学ばざれば則ち古道に明らかならず、しかして政《まつりごと》を能《よ》くし太平を致す〔者、未だあらざるなり〕」と、『貞観政要《じょうがんせいよう》』明文なり。『寛平御遺戒《かんぴょうごゆいかい》』、「経史を窮《きわ》めずといえども『群書治要』を誦《よ》み習うべし」と云々。和歌、光孝《こうこう》天皇より未だ絶えず、綺語《きご》たりといえども、わが国の習俗なり。捨て置くべからずと云々。『禁秘抄』に載するところ、御習学専要に候《そうろう》こと。（橋本政宣「禁中《きんちゅう》并《ならび》公家《くげ》中諸法度《ちゅうしょはっと》の性格」より。〔 〕内は寛文四年に増補された箇所。表現を平易に改めた。）

この法度は、江戸幕府が慶長二〇年（一六一五）に制定した一連の法度の一つで、きわめて著名な史料であろう。特にここで引用した第一条、さらにその冒頭部分は、江戸時代の史料、天皇の史料のなかでも、広く知られているものである。この箇条の内容は、「天子」（天皇のこと）がなすべきことについて、学問と和歌を強調していると、おおよそは読めるだろう。さらには、こうした内容を江戸幕府が定めたことの意義が、戦前からかまびすしく議論されてきた。

京都帝国大学で黎明期の法制史の泰斗として知られた三浦周行《みうらひろゆき》は、「天皇の御行為・大権の制限などを具体的に規定して、その遵守を強ふる」性格の、従来なかったものと論じた。東京帝国大学で近世史を講じた三上参次《みかみさんじ》は、「武家より発したるものとしては甚《はなは》だ僭《せん》上《じょう》の沙汰ともいうべし」と述べ、「文中天皇に学問を勧めて」いるが、「漸次皇室をして衰弱ならしめ」る企みだという説もある、と付け加えている。広く一般向けに歴史を書いた徳富蘇峰《とくとみそほう》は、「専ら天皇の御学問を奨励したる文句」で問題なさそうだが、「その実は天皇を、専ら和歌および綺語の方面における学問のみ誘導する」のが幕府の「一貫した政策であった」と説明している。彼らは戦前の日本史学を代表する論者で大きな影響力をもっていた。こうして、天皇が学問・和歌を修めることを幕府が規定したのは、天皇の政治への関与を禁じその力を抑えるためだったという解釈は、現在まで多くの教科書に影響を与えてきた。

この法度は、大坂夏の陣で豊臣氏を滅ぼし、日本列島における覇権を徳川家が完全に握った二か月後に、家康・秀忠らが発令したもので、諸大名向けの武家諸法度、大寺院向けの諸宗諸本山法度と、ほとんど同時期に出された。発令のタイミングと内容から、こうした理解は、なるほどもっとも、と思われるであろう。

公家「中」諸法度なのか？

近世の天皇・朝廷の研究は、戦後しばらく下火になり、一九八〇年代頃から、家永教科書裁判、昭和天皇の予期される死没などといった社会情勢もあって、ふたたび活発となった。こうしたなかで、この法度への注目も高まった。原本は火災で焼失し、多数の写本によって知られているのだが、こうした写本を集めて（三系統三八本あった）、表現を突き合わせ、オリジナルの文言にせまったのは（校訂という）、橋本政宣であった。冒頭の引用は橋本の研究によっている。橋本によれば、たとえばタイトルは、古く良質の写本ではほとんど「禁中并公家中諸法度」となっており、意味としてもたんに「公家」だと天皇を指す用法がある（これに対して「武家」で将軍を指す場合もある）ので、この法度については複数形の「公家中」が妥当と論じた。この提唱は次第に学界でも広まりつつあるが、なお「禁中并公家諸法度」と記される場合が圧倒的であろう。古くから非常に有名な法度であるが、精緻な研究は意外に最近になって、活発になされているのである。

「禁秘抄」の引用だった第一条

戦前からの解釈に大きな転換をせまったのは、尾藤正英であった。ここであらためて、冒頭の引用をみてほしい。この法度の箇条には、いくつの書物が引用されているだろうか？　一見三点にみえるかもしれないが、実はほぼ全文が『禁秘抄』からの引用であって、『貞観政要』『寛平御遺戒』は、『禁秘抄』の引用がそのまま孫引きされているのである。尾藤はこのことを指摘し、さらに『禁秘抄』は鎌倉時代に順徳《じゅんとく》天皇が、天皇となるべき子孫のために著した書物であり、言及されている『貞観政要』や『群書治要』は、「為政者たる君主として身につけておくべき学問であり、決して非政治的な性格のものではない」と論じたのである。

尾藤は、将軍・天皇をはじめすべての存在が「役」をもつ体系として、近世社会を捉えており、その理解全体は今日定説とはいえないが、この箇条の再解釈は、現在の学界の共通認識となった。ポイントは、江戸幕府としては、天皇が天皇のあり方を定めた書物を引用しただけで、内容も為政者としての学問を修めるようにという趣旨であるから、幕府が天皇を敵視し、抑圧・非政治化したものではない、という点にあった。

近世朝廷における受け止め方・使われ方

尾藤の研究は、後世の人間が史料を理解する難しさを、よく明らかにしている。どんなテキストでも、書き手は読み手を想定し、共通の常識や教養を前提にして書く。特にこうした学識ある読者を想定したものは、分厚い教養を前提にするから、書いてある文をそのまま読むだけでは不十分であって、引用された書物やその箇所の選び方、言及の仕方が、その時代に、想定された読者にとって、どのような意味をもったのかを考えねばならないわけである。中世の天皇を研究する河内祥輔は、こうした手法でさらに『禁秘抄』からの分析を深めた。

近世の天皇・朝廷の研究では、この法度の箇条は、その後の近世朝廷でどのように理解・運用されたのか、という点の研究が進められた。法令なのだから、この点抜きに文言を分析するだけでは、意義が半減してしまうわけである。具体的に紹介してゆこう。

田中暁龍は、一七世紀後半に武家伝奏を務めた正親《おおぎ》町実豊《まちさねとよ》の理解に注目した。実豊は、法度の発令当時の武家伝奏を父にもつ三条西実教《さねのり》の話をふまえて、この法度は家康・秀忠に加えて、二条昭実《あきざね》の連署で発令されており、「禁中の御法度なり」「公武より出たる法度なり」「武家より出たるにてはなし」と述べ、二条家など摂家に都合がいい個所があると述べる。昭実は、この法度の内容が確定された時点では関白でなかったが、実際に発令される二日前に関白になっており、「朝廷側の意向を含み込んだ上で制定された法度」と理解すべきと論じた（実際に制定に先立ち、家康が朝廷にあったさまざまな古記録や公家たちの意見を集めたことは、橋本によってさらに詳しく明らかにされた）。また田中は、一八世紀半ばの摂家一条兼香《かねよし》（のちに関白）が、時の桜町天皇の姿勢を、この箇条を全文引用して批判していることも指摘し、この法度の箇条は、幕府との対立と関連づけて理解されてはいないと論じた。

松澤克行は、学問・和歌をめぐる規定としての実効性を検討した。関白・摂政を務めた一条兼輝《かねてる》は、時の霊元《れいげん》天皇が和歌に没頭して、官位をめぐる政務や日々の神拝をおろそかにしていると批判した。また幕府の京都所司代も、天皇の行跡を儒学を好まないことと結びつけて批判し、皇太子（のちの東山天皇）には学問を好み和歌に耽溺しないように期待する、と述べた。批判された霊元天皇は、譲位後には儒学を重んじる姿勢を示して、兼輝から称賛された。こうした優先順位は、この法度の箇条で学問が第一、第二に和歌、とされていることと一致しており、実際の天皇・朝廷のあり方に影響しうるものであったと結論された。

引用された箇所が重要か、されていない箇所も重要か？

松澤は右の論文で、『禁秘抄』本文では和歌より優先して記されていた管弦・音曲が、この法度の箇条では削除されていることに注目し、鎌倉時代に王権を象徴する学芸となった和歌の勅撰集が、室町時代には幕府の執奏《しっそう》で編纂された歴史的な経緯を、江戸幕府がふまえたと理解した。

藤田覚は、近世後期の光格天皇が管弦・音曲も重視し、公家たちを集めた会を頻繁に開催したことに注目した。この箇条の最後に、「『禁秘抄』に載するところ、御習学専要に候こと」とあるのを、『禁秘抄』の内容を、引用していない箇所も含めて重視せよ、と解釈した。『禁秘抄』には、何よりも神事を優先することや、政務の規定もあり、全体に「あるべき天皇」の像が定められていて、光格の行動はこれに従うという近世の枠組みに忠実であった（したがって、国政に関与した孫の孝明天皇とは段階が異なる）、と論じた。

近世天皇・朝廷像の転換

これらの理解は、研究の流れを見渡すと、天皇・朝廷をめぐる理解、特に江戸幕府との関係についての理解の大変化に対応している。戦前の歴史認識は、簡単にいえば、日本の「正しい」君主は常に天皇であり、江戸幕府は仮に政治を行ったにすぎず、それをあるべきかたちに戻したのが近代日本だ、というストーリーになっていた。戦後はこれが大きく転換し、江戸幕府が日本の支配者であったことは同時代の史料からみて確かだが、それではなぜ天皇・朝廷が存続したのか、と問いを立て、江戸幕府から一定の役割を与えられていたのだ、と考えるようになったのである。

こうした観点からこの法度の全体を位置づけて考える最前線の研究は、山口和夫によるものである。山口は、この法度は全体として、そもそも公家が戦場に出たり、みずからも関白となった豊臣秀吉の政策で武士と公家の上層が混ざりつつあった時代に、両者をあらためて切り離し、武士社会とは別に朝廷の役割を規定したものであることを強調した。また、この第一条は、最後の文言が重要だとする。ほぼ全文は『禁秘抄』からの抄出だとしても、「天皇の職分」を江戸幕府と朝廷の「実力者が規定し、法度で拘束し制外性を否定した点に画期性がある」という。幕府対朝廷という見方を超えたうえで、右に述べてきたような、朝廷内の摂家たちと天皇との対抗関係を含めて考えている。この重要な法度をめぐる議論は、まだまだ続きそうである。

【主要参考文献】

・河内祥輔「学芸と天皇」（永原慶二編集代表『講座・前近代の天皇4』青木書店、一九九五年）
・田中暁龍「禁中并公家中諸法度第一条について」（同『近世朝廷の法制と秩序』山川出版社、二〇一二年、初出二〇〇三年）
・徳富蘇峰『近世日本国民史　家康時代（下）』（民友社、一九二四年）
・橋本政宣「禁中并公家中諸法度の性格」（同『近世公家社会の研究』吉川弘文館、二〇〇二年）
・尾藤正英「江戸時代の社会と政治思想の特質」（同『江戸時代とはなにか――日本史上の近世と近代』岩波書店、一九九二年、文庫版二〇〇六年、初出一九八一年）
・藤田覚『光格天皇』（ミネルヴァ書房、二〇一八年）
・松澤克行「近世の天皇と学芸――『禁中并公家中諸法度』第一条に関連して」（国立歴史民俗博物館編『和歌と貴族の世界――うたのちから』塙書房、二〇〇七年）
・三浦周行「江戸幕府の朝廷に対する法制」（同『続法制史の研究』岩波書店、一九二五年）
・三上参次『尊皇論発達史』（冨山房、一九四一年）
・山口和夫『近世日本政治史と朝廷』（吉川弘文館、二〇一七年）

★史料へのアクセス

橋本前掲論文に、多くの写本をふまえた文面が載っており、これが最も依拠すべきものである。同じ論文で特に善本（良質な写本）とされているのは、明治大学刑事博物館の「公家衆諸法度」と題するものである。宮内庁書陵部の「当家十七ヶ条」という本は、比較的善本とされており、WEBでモノクロ画像をみることができる。

3 辞令書にみる近世琉球の支配構造

矢野美沙子

近世琉球期辞令書

首里の御美事／真和志間切きま村より／知行高三拾石ハ／南風のこおりの／一人きまの大やくもいに／給申候／天啓七年六月廿二日

（『辞令書等古文書調査報告書』）

（訳）首里よりの詔である。真和志間切儀間《まわしまぎりぎま》村の知行高三〇石は、南風《はえ》のこおりの一人である儀間大屋子《おおやこ》もいに給《たま》わる。天啓七年（一六二七）六月二二日。

これは、首里士族である田名家（麻《ま》氏宗家）に伝わる世襲文書である。〈真和志間切〉〈儀間村〉の知行三〇石を、〈南風のこおり〉に所属する役人である〈儀間大屋子〉に与えることを記した史料である。

本史料を手がかりとして、近世琉球における首里王府の政治体制・支配構造を考える。

琉球王国における辞令書

尚巴志《しょうはし》の三山統一（一四二九年）によって成立した琉

球王国は、独自の行政機構によって王国を運営してきた。琉球史研究において、「近世琉球」とは薩摩藩の琉球侵入（一六〇九年）以降の時期を指す理解が一般的であり、それ以前の時代は「古琉球」と称されることが多い。このため、日本史上の理解における中世・近世とは異なる性質を含む。

本節のテーマである「辞令書」とは、首里王府によって交付された史料群である。高良倉吉は、辞令書とは、①いつ（発給年月日）、②誰が（発給者）、③誰に（受給者）、④何を（給与内容）与えたか、という四つの構成要素をもつ公文書であり、琉球の辞令書の場合は発給者は国王であったと指摘している。制作年代によって書式の変化がみられるものの、辞令書は琉球王国時代を通して作成された。

過渡期辞令書

本史料をみて最初に印象に残るのは、漢字・仮名交じりの文体で作成されていることではないだろうか。琉球王国は中国皇帝から冊封を受けており、外交文書などは漢文で作成する。しかし、古琉球においては対内的に発行する辞令書には仮名文字を用いることが一般的であった。これは、琉球語を表記するためには漢字より仮名文字のほうが有効であったためと考えられている。

しかし近世琉球に移行すると、辞令書は次第に漢字・仮名交じりで制作されるようになり、完全な漢文表記へと移行する。これは、徳川幕府や薩摩藩が使用する武家社会の文書様式の影響を受けた「ヤマト化」の一環であると考えられる。

研究史上は、全文平仮名が基本の「古琉球辞令書」、古琉球辞令書の様式を有しながらも漢字表記が混ざる「過渡期辞令書」、羽地仕置《はねじしおき》（一六六六〜七三年）を経て全面的に漢字表記に転換した「近世琉球辞令書」と区分することが一般的である。

天啓七年の辞令書は、「過渡期辞令書」に位置づけられる。本史料では、首里王府よりの勅令であることを記す書き出し文言として、「首里の御美事」とあるのが確認できるが、「古琉球辞令書」では「しょりの御ミ事」、「近世琉球辞令書」では「首里之御詔」などと表記する。

本辞令書では、発給対象者である「きまの大やくもい」の前に、「一人」という文言が書き加えられている。これは、辞令書における給与内容が受給者として記された人物のみに限られることを強調するための語であると考えられている。古琉球辞令書においては、「一人」という文言が必ず含まれていたが、近世琉球辞令書においては消失する。過渡期辞令書に区分される本史料は、首里王府が近世的システムに移行する過渡期に制作されたものであることを示している。

日本の影響と明の影響

薩摩藩の琉球侵入以降も、琉球王国は主体性をもった国家であり、独自の行政を行っていたが、日本の強い影響下に置かれることとなった。一方で古琉球以来、中国との冊封・朝貢関係は琉球王国の政治的・経済的な基盤であり、中国皇帝からの冊封を受けた「琉球国中山王」号は、王権の大きな後ろ盾となっていた。

近世琉球においては、日本からの影響と明からの影響が混在していたといえる。本史料においても、漢字・仮名交じり文で表記されること、「給申候」などの文言に、日本社会からの影響が強くみられる。また、与えられる知行も「石」で示されており、近世日本の石高制度が適用されていることがわかる。その一方で、暦については明年号である「天啓」を使用している。日本年号を用いていれば、寛永四年に相当する。

両国の政治的・文化的影響を受けつつも、どの要素を使用するかを主体的に選択し、独自の国家経営を行っていくことが、首里王府に求められた課題だったのである。

儀間真常

辞令書を発給された対象は、「きまの大やくもい」である。これは麻氏六世の真常《しんじょう》を指す。唐名は麻平《まへい》衡《こう》であったが、一般的には儀間真常として知られている。

儀間真常は嘉靖《かせい》三六年(一五五七)生まれで、万暦三三年(一六〇五)に野国総官《のぐにそうかん》に従って明に渡り、「蕃薯《ばんしょ》」(サツマイモ)を琉球に持ち帰って国内に広めたことが知られている。また、万暦三七年(一六〇九)に琉球国王尚寧《しょうねい》が島津家久に従って上国した際、木綿種を持ち帰って琉球絣の基礎を築いたこと、砂糖(黒砂糖)の製法を広めたことでも有名であり、伊波普猷《いはふゆう》・真境名安興《まじきなあんこう》によって「琉球の五偉人」に数えられている。

間切・シマ制度

儀間真常は本辞令書によって、「真和志間切きま村」に知行を与えられている。真和志間切に属する儀間村、の意味である。麻氏宗家は、代々儀間村に土地を拝領しており、土地の名前を冠して呼称されていた。

「間切」は近世琉球における行政区画の一つであり、現在の市町村の区域にほぼ相当する。先史時代以来の地域社会の区分に起源をもつと考えられ、一六世紀に入ると、行政単位として用いられるようになり、各間切に役人が配置された。「間切」は、「シマ」(村)と称される集落を束ねた広域的な行政単位であった。

首里王府の位階制度

儀間真常は、本辞令書では「きまの大やくもい」と呼称されている。儀間真常は、万暦二一年(一五九三)に真和志間切儀間の地頭職に任命されている。先述のとおり、儀間については本貫となる土地の名前である。

「おおやくもい」は、近世琉球における上級役人の称号の一つである。古琉球から名称そのものは存在していたが、近世に入ると「親雲上」と当て字されるようになり、一般的には「ペーチン」「ペークミー」などとよまれた。当て字・よみ方の理由については、いまだ不明である。

親雲上には里之子《さとぬし》・筑登之《ちくどうん》の区別があり、品級についても複雑であるが、黄冠をかぶる身分であった。本貫地の名を冠して「○○親雲上」と称されることが多く、儀間真常も儀間親雲上と称されていることになる。勲功により、親方《うぇーかた》（紫冠）に進むこともあった。

「こおり」について

儀間真常は、天啓七年段階で「南風のこおり」に所属していた。「こおり」は、首里王府内に設けられた行政組織の一つであると考えられている。辞令書群を分析すると、「南風のこおり」「北《にし》のこおり」および名称不明の「こおり」の合計三例が確認でき、それぞれを統括したのが三司官《さんしかん》と呼ばれる三人の大臣であった。こおりの一つが名称不明とされるのは、記載が確認できる古琉球辞令書の該当部分が、判読不能のためである。

琉球史料の可能性

近世琉球史は、日本近世史と近しいものの、異なる性質をもつ。近世琉球において発行された辞令書をよみとくと、史料文言のほぼすべてが琉球独自の要素をはらみ、首里王府による支配構造のあり方を伝えていることがわかる。

しかしその一方で、残り一つの「こおり」の名称など、いまだ明らかにされていない点も多い。これは、内地に比べて文字史料の残存状況がきわめて乏しいという史料的制約によるところが大きい。高温多湿の自然環境や、薩摩藩侵入や沖縄戦など、たび重なる戦乱によって史料が散逸・焼失したことが原因であると考えられる。限られた史料の活用を通じて、琉球史研究を進展させることが研究者に与えられた大きな課題である。

【主要参考文献】

・高良倉吉『琉球王国史の課題』（ひるぎ社、一九八九年）

- 豊見山和行『琉球王国の外交と王権』(吉川弘文館、二〇〇四年)
- 黒嶋敏・屋良健一郎編『琉球史料学の船出――いま、歴史情報の海へ』(勉誠出版、二〇一七年)
- 沖縄県教育庁文化課編『辞令書等古文書調査報告書』(沖縄県教育委員会、一九七八年)
- 『麻姓家譜』(『那覇市史資料篇　第一巻七　家譜資料(三)首里系』那覇市、一九八二年)

★史料へのアクセス

本史料は、翻刻・画像ともに『辞令書等古文書調査報告書』に採録されている。首里王府から田名家に交付された辞令書(三二通)は、国の重要文化財に指定されている(一九七一年六月六日付)。麻氏の子孫にあたる田名家の所有であるが、現在は沖縄県立博物館・美術館に寄託されている。

また、位階名や組織名など、琉球史には独自の用語が多く用いられる。『沖縄大百科事典』(沖縄タイムス社、一九八三年)は、沖縄関係の用語を網羅した百科事典であり、史料をよみとく際の助けになる。

4

浄瑠璃に映し出された江戸時代のジェンダー規範と理想

中臺希実

歴史史料としての浄瑠璃

朝出の漁夫が網の目に見付て死たヤレ死んだ。出あへ出あへと声々に言い広たる物語。すぐに成仏得脱《じょうぶつとくだつ》の誓ひの網島心中と目毎に。涙をかけにける。

（近松門左衛門『心中天網島《しんじゅうてんのあみじま》』より）

右は、浄瑠璃《じょうるり》『心中天網島』の最期の場面である。浄瑠璃とは、三味線の伴奏と太夫の語りに合わせ、人形を操りながら、物語を進める劇であり、江戸時代の元禄文化を代表する芸能の一つである。

さて、史料では心中者をみつけた漁夫と、心中事件が世間に広まっていく様子が描かれている。注目すべきは、作品のなかで、この心中はすぐに「成仏得脱」するものであり、さらには事件を聞いた人が「涙」を流すという演出である。人びとは、心中事件に対して、蔑みや批判をしたのではなく、涙を流し、二人の成仏を願ったことになる。このように心中した二人の最期を肯定する演出は、心中を題材とする近松世話物の別作品でも確認できる。なぜ、観客はこのような演出を好んだのであろうか。

古典作品を史料とした近年の研究成果

近年、歴史研究のなかでは、文芸作品や浄瑠璃、歌舞伎などをメディアとして捉え、史料とすることで、これまで可視化されづらかった民衆の時代像や集合心性などを示す研究成果が蓄積されている。青木美智男は俳句や滑稽本《こっけいぼん》を史料とすることで、一九世紀の民衆が抱いた時代像を提示した。須田努は浄瑠璃を史料とし、民衆が共有した朝鮮・朝鮮人観を示している。神田由築は、歌舞伎から江戸時代の人びとがもった身分感覚を明らかにした。現代のテレビドラマと同様、江戸時代において文芸作品・芸能は社会を映す鏡として機能したのである。本論では、一八世紀に上方を中心に発展した浄瑠璃、そのなかでも大ヒットを生み出した近松門左衛門の『心中天網島』(一七二〇年)を史料として取り上げる。

心中の流行と近松門左衛門

江戸時代、近松門左衛門(一六五三〜一七二四)は、手代や入婿養子などの「家」のなかで立場が弱く、抑圧された存在の男性と恋仲の遊女がともに死ぬ、心中を題材とした複数の作品を書きあげ、民衆から人気を博した。近松世話物によって民衆に心中の流行が起こったため、江戸幕府は心中物の出版・上演を禁止した。近松世話物が大ヒットしたことは、中学校や高校の日本史で説明されている。しかし、近松門左衛門の描いた世話物がどうして人びとの心を強く引きつけ、心中という流行まで引き起こしたのか、という点はほとんど言及されることはない。なぜ、人びとは近松世話物を模倣するような心性をもったのだろうか。

一八世紀の社会と『心中天網島』

『心中天網島』が上演された一八世紀は、社会が安定し、家名・家産・家業をもち、先祖祭祀を行い永続することを志向する「家」が民衆に浸透した時期とされる。「家」は生存基盤となり、人びとには「家」の存続を重視する規範が形成され、養子縁組や婿入り、嫁入りも社会的な地位の向上や身分の移動を可能にする身上りになるため積極的に行われた。また、社会が安定したことで、いのちを重視する社会でもあった。

そのような時代に上演されたのが『心中天網島』である。『心中天網島』は近松世話物の最高傑作として評価される。あらすじは以下となる。

男性主人公紙屋治兵衛は、紙屋に入婿養子として入った存在であり、妻のおさんとはいとこ同士の関係であった。治兵衛は紀伊国屋の遊女である小春と恋仲になるが、小春を身請けしようとする太兵衛に邪魔をされ、治兵衛は客としても小春と会えなくなる。治兵衛と小春は、次に会ったときには心中しようと誓い合う。

しかし、治兵衛を死なせたくないおさんは、小春に心中を諦めてほしいと手紙を出し、小春も治兵衛を諦めることを決意する。小春とおさんのやりとりを知らない治兵衛は、小春の愛想尽かしの演技を見抜けず、小春を罵倒し、縁を切ることを宣言する。おさんは、これで治兵衛が死なずに済むと思うが、小春が太兵衛に身請けされると聞き、小春は一人で死ぬつもりであることを悟る。おさんは、治兵衛に小春を助けるように頼み、家財一式を質に出し、身請け金をつくろうとするが、治兵衛の義父、五左衛門にみつかり、治兵衛とおさんは離縁させられてしまう。治兵衛は小春の元に向かい、心中する。

『心中天網島』に表象される男性像と女性像

当時の民衆は、登場人物たちのどのような点に共感し、引きつけられたのだろうか。

男性主人公である紙屋治兵衛から確認する。紙屋治兵衛は入婿養子でありながら、小春に会いに遊郭へ通いつめているため、親戚一門より心配され、義父からの評価は非常に低い人物と設定されている。商売の忙しい日でも、「炬燵《こたつ》でうたた寝」するなど、家業に勤しむ様子や、高いスキルや商才をもつようには演出されない。さらに、小春に愛想尽かしの演技をされた際には、往来にて「地団駄踏み」、小春に暴力をふるい、「わっと泣き出す」など、自分の感情も制御できない人物として描かれる。また、治兵衛は自分で問題を解決できない存在でもある。作中で、敵役の太兵衛に恥をかかされた際も実兄に助けられ、小春の身請け金をつくるのも妻の尽力によるものである。『心中天網島』の主人公である治兵衛は、知恵者で主体的に問題を解決する能力や責任感をもち、他者を守る力をもつ強い存在ではない。逆に、「家」にいなくてもよい存在であり、情けない姿も曝け出すなど、意志も立場も弱いことが繰り返し強調される演出となっている。ただし、治兵衛は作中において否定されるだけではなく、彼そのものに価値があるようにも描かれる。その最たる演出が、心中である。婚家から離縁された治兵衛は、「家」社会においては何ももたない存在である。しかし、小春はそんな治兵衛に最期まで尽くし、心中の場面では「につと笑顔」で「はやうはやう」と一緒に死にたがるのである。そして、物語の最後には「すくに成仏得脱の誓ひの網島心中と目毎に。涙をかけにける」と、男性としての立場や価値を小春という女性との心中で回復し、人びとから肯定される存在となる。

一方、女性主人公である紀伊国屋の遊女小春は、弱く情けない治兵衛とはまったく異なる演出がされる。小春は義理を重んじる女性としての演出だけでなく、治兵衛の面子を守るために、一人で死ぬ決意を固めていた。治兵衛に罵倒された際も、一人で耐え忍ぶような健気でありながら意思の強さをもつ女性として描かれた。そんな見目もよく、気丈な女性が、治兵衛という男性に心から惚れ、彼を常に第一とするよう演じられる。作中において治兵衛を第一に行動するのは、妻のおさんも同様である。

『心中天網島』が上演された一八世紀には、「家」存続のために夫婦養子がとられるなど、積極的に養子や入婿が「家」に入れられた。しかし、彼らは「家」に入ったのち、実質的にすぐに家督を相続できるのではなく、いつ排除されるかわからない不安定な立場に置かれた。『心中天網島』における「弱い」男性主人公は、当該期に多く存在した入婿や養子の立場を反映させたものであった。「家」において、いてもいなくてもよいような軽い存在であり、決定権をもてない立場という「現実」と、そんな自分を拒絶せずにいてくれる女性がいる「理想」、さらに男性は女性を従わせるべきというジェンダー規範も守ることができるものとして、近松世話物に男性は共感したといえよう。

女性登場人物が自分の命を犠牲にしてでも男性に尽くす姿は、作家の近松が男性であることから、男性に都合のよい演出である可能性は否定できない。しかし、往来物でも描かれる女性規範と一致する点や、近松世話物において女性が男性のためにいのちを捧げるような演出が心中の場面で繰り返された点から、男性に従うべきという「現実」としてのジェンダー規範だけでなく、『心中天網島』の女性像を一種の「理想」として、女性も受け入れた可能性をよみとることができる。近松世話物における心中は、人びとのジェンダー規範と「理想」が反映された演出であった。

おわりに

江戸時代、家訓書などでは、「家」の維持存続のために、感情に左右されず、家内を差配できる精神的に自立した男性が理想像として示されている。しかし、一八世紀に上演された『心中天網島』を史料とすることで、当時を生きた人びとは、前述のような精神的に「強い」男性だけでなく、治兵衛のような「弱さ」への共感をもったことを論じた。また、自身の価値の証明手段として心中を肯定した点を検討することができた。女性は夫や恋仲の男性に従うという女性規範だけでなく、それを「理想」像として心中という演出に引きつけられた可能性を論じた。このように、文芸作品や芸能を歴史史料とすることで、従来とは異なる面からアプローチすることが可能となり、多面的なジェンダー像などを提示することができるのである。

【主要参考文献】

- 青木美智男『一茶の時代』（校倉書房、一九九九年）
- 青木美智男『深読み浮世風呂』（小学館、二〇〇三年）
- 神田由築「近世の身分感覚と芸能作品――『双蝶蝶曲輪日記』にみる」（『お茶の水史学』五三号、二〇一〇年）
- 須田努「江戸時代　民衆の朝鮮・朝鮮人観――浄瑠璃・歌舞伎というメディアを通じて」（『思想』一〇二九号、二〇一〇年）
- 中臺希実「浄瑠璃・歌舞伎から見る暴力とジェンダー――見える暴力から隠蔽される暴力へ」須田努編『社会変容と民衆暴力――人びとはなぜそれを選び、いかに語られたのか』（大月書店、二〇二三年）
- 中臺希実「浄瑠璃・歌舞伎から読み取るジェンダー」（総合女性史学会編『ジェンダー分析で学ぶ女性史入門』岩波書店、二〇二一年）

★史料へのアプローチ

浄瑠璃や歌舞伎は、翻刻されたものや現代語訳、語句の意味まで付されたものが出版されている。たとえば、近松全集刊行会『近松全集』（全一八巻、岩波書店）や『新編日本古典文学全集』（全八八巻、小学館）などがある。また、日本芸術文化振興会が運営する文化デジタルライブラリーでは、浄瑠璃や歌舞伎の世界をわかりやすい説明とともに、映像でも学ぶことができる。作品の舞台となった場所を古地図などで示す試みも行われ、当時の人びとの感覚を理解する一助となろう。

5

宗門改帳からみる宗名論争

芹口真結子

――宗門改帳《しゅうもんあらためちょう》別帳化令

大目付え

諸国宗門改帳の儀、当年迄は諸国一帳に相認め、差し出し候《そうら》えとも、来年よりは一宗限り一冊宛に致し、尤《もっと》も宗号その外認め方新規の儀致さず、是迄の通り相違これなき様相認め、差し出すべく候

右の趣、御料は御代官、私領は領主、地頭より相触れ、なおまた御代官、領主、地頭にても入念相改むべく候、尤も承《う》け合い候儀もこれあり候はば、牧野越中（貞長）守え承け合わるべく候

十二月

右の通り、相触れらるべく候

（『御触書天明集成』二四二九号）

この史料は、安永五年（一七七六）一二月に触れ出された、宗門改帳の仕立て方に関する触書である。それまでは一冊に仕立てて提出させていた宗門改帳を、安永六年から一宗派ごとに一冊ずつ調製するよう指示さ

れている。以下、この「一宗限り一冊宛」を、「別帳化」と称する。では、宗門改帳はなぜこの時期に別帳化されたのだろうか。

宗門改制度の概要

宗門改制度は、キリスト教禁制下、キリシタン摘発のために江戸幕府が導入した制度である。万治二年(一六五九)に五人組・檀那《だんな》寺による監視制度の設定、寛文四年(一六六四)に宗門改役の設置、同一一年に幕府直轄領における宗門改帳の作成、といった一連の政策にもとづいて実施された。

宗門改帳の別帳化をめぐる言及

宗門改帳は、歴史人口学で研究資源化が進められているが、別帳化については、安永六年に開始されたという事実が指摘されるにとどまっていた。

他方で、近世史研究では、別帳化の要因に触れた成果も存在する。八嶋義之は、安永六年に幕府が福岡藩に対して、宗名《しゅうみょう》論争を契機とした宗門改帳の別帳化を要請し、同藩が応じたことを紹介する。また、近世真宗史でも、宗名論争が別帳化をもたらしたことは以前から指摘されている。それでは、宗名論争とは、どのような事件なのだろうか。

「浄土真宗」の名前をめぐって
——宗名論争の勃発

宗名論争は、安永三年(一七七四)八月六日、東西本願寺が幕府寺社奉行松平忠順《ただより》に、これまで一向宗や本願寺宗などとまちまちに呼ばれてきた宗名を「浄土真宗」に統一して使用するよう触を流してほしいと出願したことをきっかけに、浄土宗と対立した事件である。図(次頁)は、西本願寺が各地の宗名使用状況を調査した結果をまとめたもので、宗名記載がさまざまであったことがわかる。以下、出願後の経過を説明していこう。

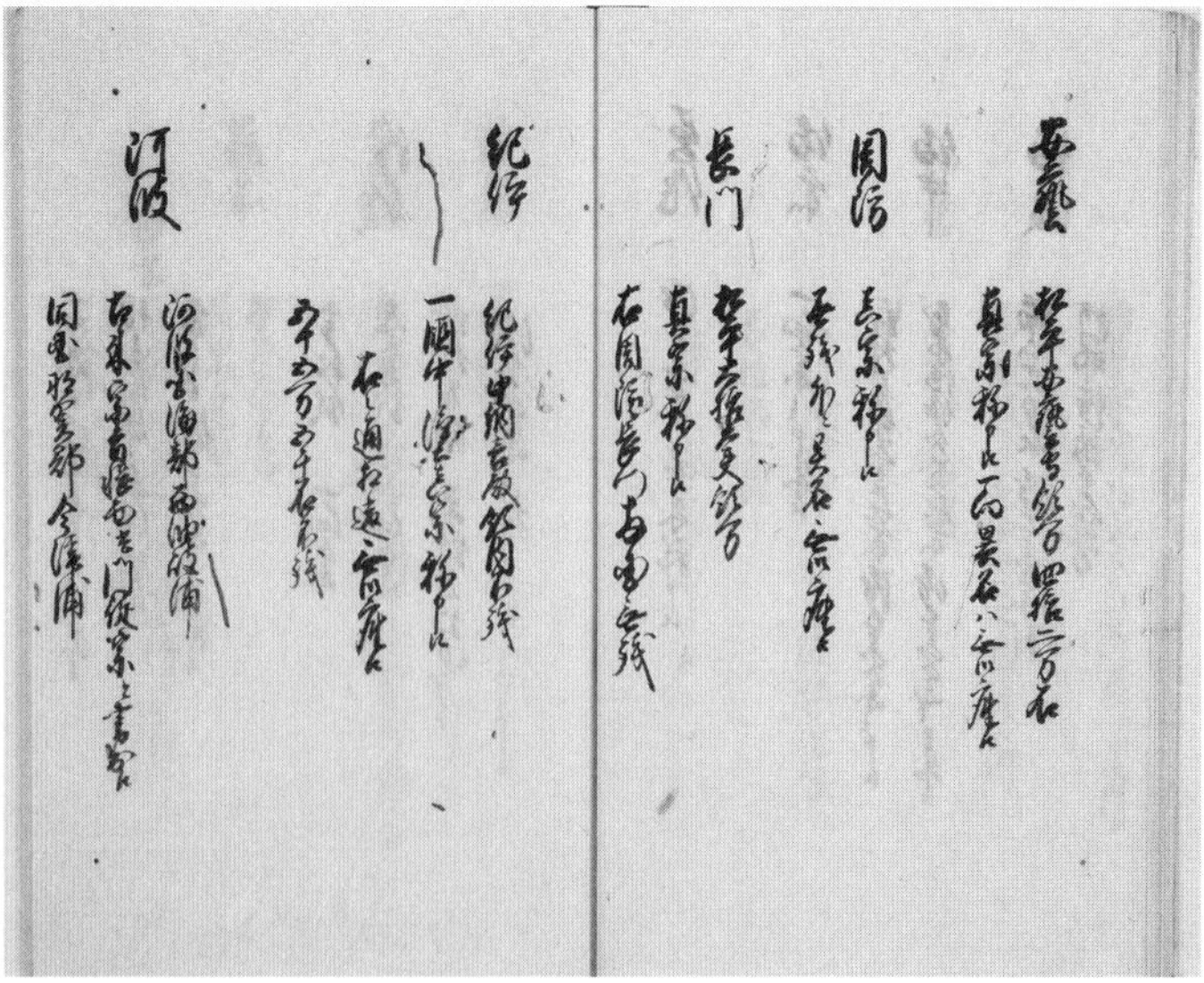

図　「御宗名唱来其外在来之国々」　所蔵：龍谷大学図書館

寺社奉行は、東西本願寺の出願を受け、将軍家菩提所である寛永寺（天台宗）と増上寺（浄土宗）に可否を諮問した。寛永寺は異論なしとしたが、増上寺は、宗祖法然が定めた浄土真宗の宗名は、徳川将軍家の御宗門である浄土宗のものだと述べた（「宗名往復録」）。

忠順は、東西本願寺に浄土宗側の反発があることを伝え、暗に出願の差し控えを促した。東西本願寺は、安永四年（一七七五）二月二三日、忠順に対し、宗名は従来どおりの呼称としたいと出願し、聞済となった。

状況の一変
――「一向宗」書付の影響

状況が一変するのは、安永四年一一月一九日である。忠順の後役に就任した太田資愛《すけよし》は、増上寺からその後の経過について問い合わせを受けた。資愛は、幕府役所内では真宗を一向宗と取り扱うと記した書付を増上寺に渡している。増上寺は、この書付の文言の一部を書き換えたもの（「一向宗」書付と称す）を、添書とともに浄土宗内に触れ流した。添書には、書付の内容を心得て、宗門改等の際に心得違いなく取り計らうようにと指示がなされていた。これを知った東西本願寺の反発に対し、寺社奉行は増上寺に触の撤回をはたらきかけたものの、増上寺は返答を保留するかたちで拒絶した。

そこで寺社奉行は、将軍家治《いえはる》の日光社参（安永五年四月実施）を控え、また宗門改も間近であることを理由に、安永五年二月、増上寺に今年は従来どおり宗門改を実施するよう指示した。増上寺は正式回答を保留したが、幕府は、「増上寺は御宗門であるから同号が他にあってはならないことはもっともであるが、今年の宗門改は例年どおり行って印形するように」と記した書付を増上寺に渡している。同寺はこの対応にひとまず納得し、書付を配下寺院へ触れ流した。

とはいえ、上記の対応は時限的なものであり、根本的な解決とはならなかった。宗名論争は、宗門改帳や寺請証文等の宗名肩書記載をめぐる紛争に舞台を移すことになる。

宗門改の遅滞

浄土宗内に広がった「一向宗」書付は、宗門改の遅延を招いた。一例をあげると、沼田藩領の河内国志紀郡太田村では、安永五年二月二六日、浄土宗安福寺・西照寺が、本寺から本願寺宗を浄土真宗と記載した宗門改帳への押印を差し控えるよう指示されていることを理由に、宗門改帳への押印を拒否している（大阪府立中之島図書館蔵柏原家文書「覚書」）。この一件は、同年四月に安福寺・西照寺が堀川役所（河内国飛地支配のために大坂に置かれた沼田藩の役所）に呼び出され、同役所で押印を済ませ、解決にいたった。

宗門改帳別帳化の実施

安永五年の宗門改は例年どおり実行されたものの、上述のように、遅延が発生した地域も存在した。幕府は、次なる対策を講じる必要にせまられた。

そこで、寺社奉行牧野貞長《さだなが》は、安永五年一二月付で、冒頭に掲げた宗門改帳別帳化令を触れ出した。別帳化令の発令意図は、貞長が老中松平輝高《てるたか》にうかがい出た内容によれば、宗門改帳は地域によっては年内から作成が開始されるため、（問い合わせがあったときに）寺社奉行の指示が出るのを待っていては宗門改に支障が出る可能性があることなどであった（『百箇条調書』）。

　この別帳化令に対し、浄土宗側は、別帳化が宗名論争の吟味中に限る対応であるのか、寺社奉行に確認した。寺社奉行は、吟味中に限った対応であると返答している。

別帳化令に対する各地の反応

　別帳化令は、特に混乱もなく各地で受け入れられた。ただ、近世期には、一家のなかに檀那寺が異なる成員を含む、半檀家という寺檀関係も存在した。別帳化における半檀家の取り扱いがわかる一例として、分知旗本の信濃国百瀬知行所（高島藩主諏訪忠晴が明暦三年［一六五七］に弟の頼久へ分知した際、設けられた知行所）の対応を紹介しよう。

　『長野県史』（第五巻近世二）によると、同知行所では、別帳化令の通達とともに、半檀家の取り扱い方法について指示が出されている。半檀家に関する指示は、夫婦や男女の子どもが別宗旨である場合は別帳に記載するというものであった。

その後の展開

　以降も真宗・浄土宗の両宗派間の対立は発生したが、最終的に寛政元年（一七八九）、老中首座松平定信により、「宗名論争は繁務中のため追って沙汰する」との書付が両宗派に渡され、棚上げのかたちによる解決が図られた。期間限定の方策であった宗門改帳の別帳化は、宗名論争の裁断が「追って沙汰」されることに決したことで、江戸幕府終焉まで継続したのである。

【主要参考文献】

- 大橋幸泰『キリシタン民衆史の研究』（東京堂出版、二〇〇一年）
- 落合恵美子編『徳川日本の家族と地域性――歴史人口学との対話』（ミネルヴァ書房、二〇一五年）
- 木場明志『『宗名往復録』註解』（東本願寺出版部、二〇〇八年）
- 芹口真結子「宗派間対立における政治交渉――宗名論争を事例に」（『人民の歴史学』二二二号、二〇一九年）
- 速水融『近世濃尾地方の人口・経済・社会』（創文社、一九九二年）
- 八嶋義之「福岡藩における宗門改制度」（『七隈史学』二〇号、二〇一八年）

★史料へのアクセス

『御触書集成』は、八代将軍徳川吉宗の命を受け、江戸幕府評定所が編纂した幕府法令集である。その後も一〇代将軍家治、一一代将軍家斉、一二代将軍家慶《いえよし》の代にも続撰されている。刊本は、『御触書寛保集成』、『御触書宝暦集成』、『御触書天明集成』、『御触書天保集成』として岩波書店より出版されている。天保八年（一八三七）から明治元年（一八六八）までの諸法令は、『幕末御触書集成』として、既存の『御触書集成』の体裁にならって出版された。

国立国会図書館デジタルコレクションでは、各種「御触書集成」の写本がデジタル公開されているほか、「個人向けデジタル化資料送信サービス」を利用することで、刊本の各種集成を閲覧・全文検索することが可能である。

6 明治の回想録にみる村の〝一揆経験〟

林 進一郎

――ある明治人の回想録

其昔、宝暦年中御領分百姓御城下へ押し掛け候始末、村々重立候者一々御召し捕り之例もこれ有り、今度之義往事とは違い候えども、帰村之後、御取り糺し之義に御座候はば、帰村前、一同より相調《ととの》えたき事これ有るに付、此処庄屋共より一応御伺いくれ候様申し出で候云々申し上げ候　（「夢中記　第壱」）

これは明治末年に長野県下伊那郡竜丘村《たつおかむら》の森多平《もりたへい》という人物が自身の半生を年代記風に叙述した回想録の一節である。当該箇所には、明治二年（一八六九）七月に伊那郡村々で発生した飯田二分金騒動の際の状況が記されており、庄屋として参加した多平が宝暦一二年（一七六二）に飯田藩領で発生した千人講騒動を引き合いに出して、帰村後の吟味の有無を飯田藩役人にうかがうよう他村の庄屋たちに申し出ている。

ここで多平は、もし帰村後に吟味が行われるならば、事前に「相調えたき事」があると述べているのだが、これは一揆後の藩による処罰への対応を意味するものと考えられる。つまり、多平はかつての千人講騒動を引き合いに出して、今回の騒動に関わる処罰への対応を村々で話し合おうとしていた、と解釈できる。

さて、このとき、多平はなぜ過去の百姓一揆（千人講騒動）の記憶を持ち出したのか。この史料の意味するところはいったい何だろうか。本稿では、この多平の回想録を出発点に、従来あまり関心が向けられてこなかった、百姓一揆の〈その後〉という問題に光をあててみたい。

森多平と飯田二分金騒動

まずは森多平について確認しよう。多平は、天保一一年（一八四〇）に飯田藩領上川路村《かみかわじむら》（明治八年［一八七五］に周辺村と合併して信夫村《しのぶむら》となり、さらに明治二二年［一八八九］に竜丘村）の庄屋の家に生まれ、自身も万延元年（一八六〇）に二一歳という若さで庄屋に就任し、廃藩置県後も戸長として村政に携わった人物である。その名は明治九年（一八七六）頃から始まる当地域の地価軽減運動を主導した人物として、また同一五年（一八八二）に『深山自由新聞』を創刊し、自由党に入党した「民権家」として、飯田・下伊那地域の近代史には欠かせない人物として知られている。従来の研究において幕末維新期の多平は、隣領や隣村で発生した一揆・騒動の際に庄屋として領主側に協力してきたとされ、一揆や騒動に批判的であったと評価されてきた。この点は飯田二分金騒動の多平の評価においても同様である。

飯田二分金騒動は、金融混乱や凶作・米価騰貴を背景に、商人による贋《にせ》二分金の流入を契機として、明治二年七月一日から四日にかけて、飯田藩領を中心に伊那郡全域で局地的に発生した強訴・打ちこわしである。多平は上川路村の庄屋として関与し、百姓勢が飯田藩役人と対峙した愛宕坂《あたござか》付近にて前述の発言を行ったとされる。もちろん先の史料は、多平が晩年（大正七年［一九一八］没）の明治三七年（一九〇四）に作成したと推定される記録であり、回想録という史料的な性格からして記述の信憑性に注意が必要である。残念ながら、飯田二分金騒動当時に記された史料では、この多平の発言を確認できないため、現段階では史料的な裏づけが難しいといわざるをえない。

宝暦一二年飯田藩千人講騒動とは

では、角度を変えてこの史料の記述を考えてみたい。多平は、なぜ明治三七年の時点で、およそ一五〇年近くも前に起きた千人講騒動を持ち出して、回想録に記述したのだろうか。しかも、なぜ千人講騒動なのか。飯田藩領の百姓一揆という点では、文化六年(一八〇九)に発生した紙問屋騒動のほうが近い記憶であったはずである。多平にとって千人講騒動とはいったいどのような一揆だったのか。

そもそも千人講騒動とは、飯田藩郡奉行黒須《くろす》楠右衛《くすえ》門《もん》が発案した「千人講」と呼ばれる御用金徴収の施策を契機として、宝暦一二年(一七六二)二月二二日から二三日にかけて発生した強訴・打ちこわしである。藩に十数か条におよぶ要求を提出するとともに、千人講の世話人宅などの打ちこわしが行われた。一部の庄屋などは不参加であったが、基本的には惣百姓に加えて町方も参加した「全藩一揆」で、藩は千人講の廃止など一部の要求を認め、かつ郡奉行黒須を罷免《ひめん》した。藩の処罰については、管見の限り死罪は確認できない。要求のすべてが認められたわけではなかったが、死者などの犠牲者を出さずして、領民は千人講の廃止と黒須の罷免を勝ち取ったのである。

地域に残る千人講騒動の記憶

ところで、千人講騒動後の当地域では、千人講騒動を物語調に叙述した「百姓一揆物語」が数種類作成されており、それらが地域に広く残されている。そのうちの一つは、嘉永《かえい》元年(一八四八)に飯田藩主堀親審《ほりちかしげ》の死去に際してよみ直されていたことが確認でき、約一〇〇年を経てもなおよみ継がれていたことがわかる。また、文化六年(一八〇九)紙問屋騒動の記録(「紙一件」『長野県史』近世史料編四〔三〕)や安政六年(一八五九)に伊那郡幕領今田村など三六か村で発生した南山一揆の書き留め（「村方先規例式書留帳」『高森町史』上巻後篇）においても、千人講騒動の記憶が想起されていたことが確認できる。これらは領主の死や百姓一揆の発生の際に想起されており、当地域において「仁政的秩序」の揺らいだ際に思い起こされるのが、千人講騒動であった。

これに対して冒頭の多平の回想は、秩序の動揺という点では同じにみえるが、しかし多平の場合はたんに千人講騒動という出来事のみを想起しているのではなく、千人講騒動の処罰に言及している点にほかかとの異同が指摘できる。多平はあくまで一揆の処罰にこだわっていたのである。

千人講騒動後の上川路村

では、なぜ多平は処罰を気にしていたのか。千人講騒動の処罰は謹慎刑を中心とした軽微なものであったが、実は多平の居村である上川路村の八郎兵衛だけは田畑・家屋敷・家財の没収（闕所《けっしょ》）を受けている。これは頭取と目されていた八郎兵衛が一揆後に出奔《しゅっぽん》したことに起因するが、いったん闕所となった八郎兵衛の家は、藩の慈悲によって、家屋敷と家財、田地のうち半分（もう半分は村地となる）が弟の佐吉に下賜され、これにより同家はその後も存続していくことになった。

当初、上川路村では、村地となった八郎兵衛の田地半分を同家に無償で貸与し、千人講騒動以前と変わらない生活が送れるように経済的な救済措置（扶助）を講じていた。一方で、八郎兵衛の家は、一八世紀末頃から経済的に上昇し、一九世紀初頭には家の再興へと動き出していた。しかし、この動きが経済的に困窮していた村内百姓との対立を生んだ。文政期に入って、八郎兵衛の家と対立した村内の源左衛門によって、千人講騒動が同家の罪科の記憶として利用され、それが争論を通じて村に広がり、村中によって村地の引き取りと、同家が罪科を受けた「身分」であることの再確認が行われた。

八郎兵衛の家は、千人講騒動以前は村役人として村運営にも参画していたが、文政期の争論によって〝罪人〟の家として村内に再定置されることになったのである。以後、同家は経済的地位を上昇させつつも、江戸時代においては村役人として村運営に復帰することはなかった。同家が村役人に名を連ねるのは、明治四年(一八七一)に八郎兵衛の罪科が赦免となってからであった。

森多平にとっての千人講騒動

かくして千人講騒動後の上川路村では、一揆後約六〇年を経て、被処罰者の家と村内百姓との対立が発生していた。これにより八郎兵衛の家はその後、幕末の元治年間から八郎兵衛の赦免を求めて飯田藩へ献金運動を展開していくのだが、このとき、八郎兵衛の家から藩への仲介を依頼されたのが、森多平であった。

実は多平と八郎兵衛の家とは重縁の関係で、多平自身も八郎兵衛の家から妻を迎えていた。明治四年(一八七一)に八郎兵衛の赦免を獲得したのちに、多平が作成した「八郎兵衛徒党頭取出奔弟左吉へ御咎其後御免ニ相成迄委細覚」(森家文書・飯田市歴史研究所)には「重縁ノ深キヲ以、遠来心労ヲス」とあり、多平にとっても八郎兵衛の問題は長年の「心労」であった。

幕末期の多平は二〇代前半にして、すでに庄屋として村内秩序の維持・融和を図る立場にあったが、同時に重縁として八郎兵衛の赦免嘆願への協力を求められる立場でもあった。当時の多平にとって千人講騒動は、決して過去の出来事ではなく、それは「心労」に絶えない、優れて現実的な問題であったのである。そして、飯田二分金騒動はこの頃に起きていた。

以上をふまえたうえで、冒頭の回想録に戻れば、まずは多平が晩年近くまで千人講騒動後の八郎兵衛の問題を忘れていなかったことが理解されるだろう。さらにいえば、千人講騒動の処罰をめぐる村内の対立を目の当たりにしていた多平だからこそ、飯田二分金騒動の際に、千人講騒動の二の舞にならないよう処罰への対応を図ろうとしたのではないか、と推察できる。幕末維新期の多平については一揆・騒動に批判的であったとされてきたが、かかる多平の行動の背景を理解するためには、本稿でみてきた上川路村における千人講騒動の経験をふまえる必要があるだろう。冒頭の回想録もまた、上川路村の〃一揆経験〃を抜きに理解することはできないのではないだろうか。

百姓一揆の〈その後〉をふまえた史料解釈

「闘う民衆像」を描いた、かつての階級闘争史・人民闘争史では、百姓一揆の〈その後〉といえば「一揆の伝統」(たとえば、不服従の抵抗の精神)が論じられてきた。だが、今や〈運動〉は自明ではなく、むしろ〈運動〉に冷めた視線が向けられる時代にあって、あらためて村や地域にとっての百姓一揆の意味を考えるならば、より幅広い視野から百姓一揆の〈その後〉を問い直し、村や地域の〃一揆経験〃を捉える必要があるだろう。

それはまた史料解釈においても同じである。近年の百姓一揆研究は必ずしも活発ではないが、それでも保坂智による義民論、須田努の百姓一揆の記憶論、若尾政希の百姓一揆物語論など、百姓一揆に関する多様な史料を駆使した研究が進展している。これらの研究が扱う史料は、義民物語や義民碑、騒動記や百姓一揆物語など〈その後〉の村や地域のなかで生み出された、百姓一揆特有の史料である。これら各種史料のもつ意味や意義を深めるためにも、百姓一揆の〈その後〉の実態分析が今後より重要になってくると思われる。

【主要参考文献】
- 須田努『幕末の世直し 万人の戦争状態』(吉川弘文館、二〇一〇年)
- 林進一郎「百姓一揆という罪科の記憶――宝暦一二年飯田藩千人講騒動の〈その後〉」(『日本史研究』七〇六号、二〇二一年)
- 保坂智『百姓一揆と義民の研究』(吉川弘文館、二〇〇六年)
- 正木敬二『東海と伊那――商品流通と政治・文化交流』(非売品、一九七八年)
- 若尾政希『百姓一揆』(岩波書店、二〇一八年)

★史料へのアクセス

「夢中記」は、長野県飯田市にある飯田市歴史研究所で、原本ではなく、複写されたものが公開されている。同研究所には、森多平関係の史料はもとより、宝暦一二年飯田藩千人講騒動など当該地域で発生した百姓一揆の史料も所蔵されており、あわせて確認することができる。

7 「異国船打払令」と「薪水給与令」からみる藩・地域社会の海防

清水詩織

――「異国船打払令《いこくせんうちはらいれい》」と「薪水給与令《しんすいきゅうよれい》」

【異国船打払令】

イギリス之の船、先年長崎において又狼藉《ろうぜき》し、近年は所々へ小船にて乗り寄せ、薪水、食料を乞い、先年に至り候ては猥《みだり》に上陸いたし、或は廻船の米穀、島方の野牛等奪い取り候段、追々横行の振舞、その上邪宗門に勧め入れ候致し方も相聞《あいきこ》え、旁《かたがた》捨置《すてお》かれ難き事に候、一体イギリスに限らず、南蛮西洋之儀は御制禁邪教の国に候間、以来何れの浦方においても、異国船乗り寄せ候を見受候はゝ、其所に有合の人夫を以って、有無に及ばず一図に打ち払ひ、逃げ延び候はゝ追船に及ばず、その分に差し置き、若《も》し押て上陸いたし候はゝ搦《から》め捕え、又は打ち留め候ても苦しからす候

（『通航一覧』）

【薪水給与令】

異国船渡来の節、無二念打払申すべき旨、文政八年仰せ出され候、然《しか》る処、当時万事御改正にて、享保・寛政の御政事に復され、何事によらす御仁政を

施され度との有難き思し召しに候、右に付ては外国の者にても難風に逢い漂流等にて、食物・薪水を乞い候迄に渡り来り候を、その事情不相分に一図に打払候ては、万国へ対せらる候御処置とも思し召されず候、これにより文化三年異国船渡来の節、取計方の儀に仰せ出され候趣に復し候

（『通航一覧続輯』）

教科書のなかの「異国船打払令」と「薪水給与令」

幕末維新期と称される近世から近代への変革期は、西洋諸国をはじめとする異国船の日本近海への来航がその契機となった。相次ぐ異国船来航事件は、幕府に対外的な危機感を与え、二つの法令が出された。上記の史料は法令の一部を抜き出したものである。

多くの教科書で、「異国船打払令」（以下「打払令」）と「薪水給与令」（以下「給与令」）は取り上げられており、当該期必須の歴史用語でもある。

たとえば、『詳説日本史』（山川出版社）では、「打払令」については、「一八二五（文政八）年、異国船打払令（無二念打払令）を出し、外国船を撃退するよう命じた。従来の「四つの窓口」で結ばれた外交秩序（鎖国）の外側のロシア・イギリスのような武力をともなう列強に対して、幕府は強い警戒心を抱き、新たな外敵として想定したのである」とある。そして「給与令」については「清の劣勢が日本に伝わると、幕府は一八四二（天保一三）年、異国船打払令を緩和していわゆる天保の薪水給与令を出し、漂着した外国船には燃料である薪《まき》や水・食料を与えることにした」とある。

このように、教科書ではそれぞれの法令の出された契機と社会的背景が、当時の対外関係をふまえて叙述されている。

「異国船打払令」の研究

「打払令」は、文政七年（一八二四）に相次いで起こった常陸《ひたち》国大津浜と薩摩国宝島のイギリス船上陸事件を

契機に、文政八年（一八二五）に発布された。この法令は、これまで異国船に対する強硬で無謀な攘《じょう》夷《い》策であるとされてきた。

　しかし、当時、幕府内部では慎重な評議が行われており、日本近海に出現する船が捕鯨船であることをふまえたうえで発布されていたことが明らかにされた。つまり、幕府は、たとえ「打払令」のとおりに異国船を打ち払ったとしても、それが国際問題に発展する可能性がないことを確認したうえで、発令したのである。また、攘夷策という評価は、会沢安《あいざわやすし》の『新論』を根拠としていたが、こちらも『新論』が世に出たのは弘化・嘉永期のことであり、同時代的ではなかったことが明らかにされている。

「薪水給与令」の研究

　天保一三年（一八四二）に出された「給与令」の叙述には、「いわゆる」や「天保の」という枕言葉がつくことが多い。「給与令」をよむと文化三年時の法令に復するとあり、薪水給与令という法令が新しく出されたわけではない。しかし、文化三年令よりも天保一三年令の知名度が圧倒的に高いため、このように表現される。しかし、この法令の立案過程には不明な点も多く、さらなる研究の進展が必要である。

　従来「給与令」発布はアヘン戦争を契機としたと説明されてきたが、近年では、アヘン戦争と「給与令」を直接的に記述することは少ない。これは、アヘン戦争の研究が進み、日本のアヘン戦争情報の受容にはタイムラグがあったことが明らかにされたためである。それによると、アヘン戦争情報そのものは、天保一〇年にすでにもたらされているが、同時期の受容は限定的であり、ペリー来航後にあらためて大きく注目されたことが指摘されている。

　「打払令」と「給与令」の違いは、異国船への強行策・緩和策ではなく、法令が想定した異国船そのものにある。「給与令」は、異国船を「打払令」発布時の捕鯨船ではなく、外国使節として想定した。その背景には、日本人漂流民を送還したモリソン号などの存在があったと考えられる。そして、「給与令」の文中には「仁政」の文字があるように、「給与令」以降、異国船に対しても仁政を施すように決められた。これは、単に薪水・食糧を提供するというだけではなく、これまで近世社会が築いてきた仁政にもとづく対応を、異国船に対しても行う、ということである。

担い手への注目

二つの法令を受けて、当時実際に海防を担った人びとはどのような活動を展開したのだろうか。「打払令」以降、異国船に対する海防体制が全国的に整備された。この海防体制は、幕府の海防政策がそのまま反映されたわけではなく、各地の事情に合わせた方法で、それぞれ構築されている。

具体的には、武士だけでなく、海に面した海付村落を主とする地域社会も含めたかたちで整備された。近世期、本来海防を担うべき武士層は城下町に集住しているうえに、広大な海岸線全体を防備するには、その人数が圧倒的に不足していた。さらには、海防に必要な操船技術や、海流などの海洋情報、遠見といった専門技術の大半は、沿岸部に住まう漁民が有していた。このため、海防を行う場合には、漁民をはじめとする百姓の動員は避けられないものであった。藩や地域社会は、海防を行うことで生じた諸問題にどのように対応し、その結果、彼らをとりまく環境がどのように変化したのだろうか。

「異国船打払令」と藩・地域社会

多くの藩や地域社会で海防体制を構築する契機となったのが、「打払令」である。たとえば、武蔵国岩《いわ》槻《つき》に本拠を置いた譜代小藩の岩槻藩は、安房《あわ》国から上総《かずさ》国の沿岸部に飛地領（房総分領）を有していた。藩では、「打払令」を受けて、房総分領に砲術方の藩士を派遣し、大砲などをはじめとする火器類を準備した。また、絶対的に不足している藩士を補うため、百姓を含めた海防の動員体制を決定している。これら百姓の動員は、村役人を中心に編成された。さらに、異国船を目撃した際には、迅速に老中まで報告できるよう、異国船情報の報告ルートも整備された。

しかし、このような海防体制は、常に兵農分離という近世社会の原則に抵触しかねないという危険性をはらんでいた。

「薪水給与令」と藩・地域社会

「給与令」下において、海防を行う諸藩に求められたのは、単純な薪水給与の対応だけではなかった。領海上で異国船を目撃した場合、諸藩は、その船の来航目的を知り、まず退去するように教諭をしたうえで、従わなかった場合に武力を行使する、という複雑なプロセスを踏むことが求められるようになった。つまり、目撃された異国船が、どこから来てどこへ行くつもりであるかを必ず確かめなければならなくなったのである。

そこで岩槻藩では、まず海防体制をより充実させるため、房総詰の藩士の人数を増やし、百姓の動員人数も増やした。また、一宮藩・大多喜藩をはじめとする近隣諸藩と協力した異国船の情報収集ネットワークを構築した。これは、藩領を越えて広域的に異国船の針路を把握する必要が生じたためである。そこでは、目撃された船がどの国の船であり、何を目的としてどこへ向かっているのか、さらにはどれほどの規模での対応が必要か、情報共有がされるようになった。このことから、海防が藩領内で完結するものではなくなったことがわかる。自藩の海防のためには、その範囲を越えた広い視野をもつ必要が生じたといえる。このネットワークは緻密に構築され機能しており、これらのネットワーク構築ののちにペリー来航を迎えることとなった。

「異国船打払令」と「薪水給与令」が藩・地域社会へもたらしたもの

「打払令」と「給与令」によって海防体制を構築する

ことで、藩や地域社会は、近世的な秩序を越える活動を余儀なくされ、そのことによって逆に近世社会の矛盾を実感した。その経験もまた、近世から近代への大きな社会変容をもたらしたと考えられる。

藩や地域社会は、海防に従事することで幕藩体制や兵農分離といった近世社会の根幹を支える構造の限界や矛盾に気づきはじめ、さらには領域を越えた先に漠然とした国家観を有した。このことの意義は大きいだろう。

社会の変容は、上からもたらされるだけではなく、下からの活動もまた大きな契機となりうる。二つの法令の背景にある、担い手たちの活動にも光をあてることで、この法令のもった意味がより鮮明に浮かび上がるのではないだろうか。

【主要参考文献】

- 岩下哲典『改訂増補版　幕末日本の情報活動――「開国」の情報史』（雄山閣、二〇〇八年）
- 上白石実『十九世紀日本の対外関係――開国という幻想の克服』（吉川弘文館、二〇二一年）
- 清水詩織「天保～嘉永期における譜代藩の海防――『江戸湾海防』と自領海防」（『関東近世史研究』八四号、二〇一九年）
- 新村容子『アヘン戦争の起源――黄爵滋と彼のネットワーク』（汲古書院、二〇一四年）
- 藤田覚『近世後期政治史と対外関係』（東京大学出版会、二〇〇五年）

★資料へのアクセス

「異国船打払令」は、『通航一覧』第八巻（国書刊行会、一九一三年）、四五〇頁。『通航一覧』は、国立国会図書館デジタルコレクションでデジタル画像がインターネット公開されており、閲覧が可能である。

「薪水給与令」は、箭内健次編『通航一覧続輯』第五巻（清文堂、一九七三年）、二四～二八頁。『通航一覧続輯』は、デジタル画像が国立国会図書館の館内、もしくは図書館・個人送信での利用が可能である。

8

松浦武四郎『近世蝦夷人物誌』と歴史資料

檜皮瑞樹

我等此《この》まま此処《ここ》にて有《あり》なば飢と寒との為に死すべし、其よりは子供や親を其難渋《なんじゅう》の見殺しに致さうよりは、若《もし》我等が訴ふの罪によって首刎《はね》らるるとも厭《いと》うまじ、（中略）其カンレキは少しも屈せず、此処へ願ひ出るからは是非聞取下されずば曳取《ひきと》るまじ、十日にても二十日にても此担側を離れずと頭を低《た》れて、若不《もしぶ》重宝《ちょうほう》〔調法〕とあらば我か首を刎給《はねたま》へ、此十二人の者は我が一人の訴え願はんと申せしかば一同附従ひ来りしならんが故咎《とが》は我一人なりと、死を極めし様子にて

（「窮民クワンレキ」『近世蝦夷人物誌』より）

アイヌの歴史と和人資料

古い手書きの古文書に書かれている内容を、そのまま歴史的事実としてよみとけないことは、現在の歴史研究においてすでに自明のことである。このことは、独自の文字文化をもたなかったアイヌ民族の歴史を描く際には切実な問題となる。近世以前のアイヌと和人

との関係史にとっては、アイヌ自身が書き残した文字資料がほぼ存在しないため、和人の書き残した文字資料に依拠せざるをえないという致命的な欠陥と向き合うことが不可欠となる。

　このような、アイヌをめぐる歴史叙述において、和人側の史料に一方的に依拠することの問題点は岩崎奈緒子が早くに指摘している。そして、従来の歴史研究において頻繁に用いられてきた松浦武四郎《まつうらたけしろう》の一連の作品に関しても、歴史資料として用いることの可否についてのさまざまな意見対立が存在する。

松浦武四郎とは？

　松浦武四郎は文化一五年（一八一八）に伊勢国一志郡須川村（現在の三重県松阪市）の商家に生まれ、生涯で六回の蝦夷《えぞ》地探検（調査）を経験した。弘化二年（一八四五）に始まる前半の三回は私的な調査、安政二年（一八五五）以降の三回は箱館奉行所吏員としての調査であった。しかし、前半の蝦夷地渡海に関しても水戸徳川家や藤堂家による支援があったことが指摘されている。また、四回目以降の調査は蝦夷地の再幕領化にともなって実施された松前家からの引継ぎ業務への同行や、箱館奉行所の業務としての蝦夷地踏査であり、生涯を通じての武四郎の蝦夷地調査は、多分に政治的性格をもつものであったことを確認しておく。

『近世蝦夷人物誌』は誰に向けて書かれたのか？

　武四郎は蝦夷地調査の成果を多くの作品に残した。なかでも『近世蝦夷人物誌』（以下、「人物誌」とする）は、松前家や場所請負人によるアイヌへの暴力を批判すると同時に、伴高蹊《ばんこうけい》の『近世崎人伝』を意識して忠孝五常（儒教的素養）や豪気勇傑を備えたとアイヌを詳細に紹介した作品として知られている。一方で、「人物誌」は、同時代には広く刊行されたものではない。箱館奉行から刊行を認められなかったことが知られているが、そもそも箱館奉行に向けて提出することを目的として作成された意見書である。その意味では、為政者という限られた対象に向けて書かれた政治書という性格を強くもつ作品といえる。

武四郎と「人物誌」をめぐる評価

「人物誌」の歴史資料としての評価については、東俊佑が、「人物誌」の叙述から歴史的事実をよみとこうとする新谷行や花崎皋平に対して、堅田精司や筆者を「人物誌」を歴史資料として扱うことに慎重な態度であると評価している。また、北蝦夷地（サハリン島）に関する叙述に限定しながらも、「人物誌」の叙述における不都合な情報の隠蔽や情報の捏造、細かな潤色を指摘する。そのうえで、「人物誌」が歴史資料としての致命的な欠陥をもつという前提に立ちながら、徹底した資料批判による武四郎の他の著作の積極的な活用を試みている。「人物誌」がアイヌ社会内部における支配／被支配の関係をほとんど無視し、アイヌを救済の対象として一括りに描いているという東俊佑の指摘は重要である。

一方で、「人物誌」に象徴される武四郎作品のすべてを歴史資料として否定するのは妥当ではない。その限界と可能性を考えるためにも、「人物誌」というテキストの性格を整理する必要がある。

訴願するアイヌ

「人物誌」には松浦武四郎や幕府役人に対して、松前藩や支配人・番人の非道を訴えるアイヌがたびたび登場する。

北蝦夷地のヲタサンに住む五弦琴の名手とされる「オノワンク」は、運上屋（番人）での使役が苛酷なため五弦琴を楽しむ暇もないこと、その惨状を江戸にいるニシパ（殿様）に伝えてほしいと武四郎に訴える。「タライカ等」（サハリン島北部に住むウィルタやニブフ等）が和人に従わないのは運上屋の処置が悪いことが原因だと武四郎に詳細に話した北蝦夷地コタンケシ村の「カニクシアイノ」、湖を渡る船のなかでアイヌ人口の減少による地域社会の疲弊を武四郎に歎き訴えるアバシリの「コタンケシ」も同様である。

一方で、箱館奉行所の役人であり武四郎の上役であった向山源太夫に直訴する事例もある。相沼内《あいぬまない》村（現在の八雲町）の「シキシマ」は、向山の宿舎の玄関先まで出向き、アイヌが和人装束や和人風俗を用いることを運上屋が阻害していると訴える。ビクニ（美国）の「エコマ」は人口の減少による弊害を和語で認《したた》めた書面をひそかに向山に手渡す。また、武四郎はこの地域が和人も多く居住するため和語を理解するアイヌが多く存在すること、そのため道中で和語を用いて向山へさまざまなことを訴えるアイヌがいたと記している。

直訴するアイヌ

なかでも、シマコマキ（島小牧）の「リクニンリキ」とクトウ（久遠）の「クワンレキ」の訴願では、まるで百姓一揆物語の直訴を想起させるような劇的な場面が描かれる。

「リクニンリキ」は幕府役人の廻浦《かいほ》（巡回・視察）の際に直訴することをあらかじめ計画しており、向山の一行をベンケイ岬まで出迎えたうえで、支配人や番人によるアイヌへの非道を訴える。さらに、武四郎は「リクニンリキ」の台詞として、「如何斗《いかばか》り重き罪に処せらるゝとも願が成りての上なりせば満足、我が一つの生命と場所中の土人等の為とはかへし難《がた》し」と、どのような重罪に処されても訴えがかなうのであれば満足であるとの覚悟を紹介する。

また、「クワンレキ」は番人の目を盗んで向山の座敷に飛び出し、一二人のアイヌとともに涙ながらに直訴を行う。彼も「リクニンリキ」と同様に、斬罪になってもかまわない覚悟の直訴であると発言する（冒頭の引用）。

両者に共通するのは、直訴が命懸けであり、アイヌ社会のためにみずからの命を犠牲にする覚悟であることが強調されている点である。

仁成の体現者としての幕吏

このようなアイヌの訴願・直訴に、幕府役人は耳を傾け、アイヌの惨状を回復しようと努力する存在として描かれる。「クワンレキ」の訴えに対して向山は「いと憐れ」に思い、箱館に戻ってから対処することを約束する。

ほかにも、松前家による支配によって困窮するアイヌに対して、箱館奉行の堀利凞《としひろ》や奉行所役人は、アイヌの惨状に同情し施しを与える描写がたびたび登場する。このような施しは直訴の場面だけでなく、両親への孝を尽すアイヌや、畑作や和人風俗など箱館奉行所による施策を積極的に実行するアイヌを紹介する事例でも同様である。

武四郎が描いたアイヌ像とは?

「人物誌」の特徴として、直訴・訴願するアイヌとその訴えに応える幕府役人という構図が存在する。「人物誌」が批判の対象としたのは松前家や支配人・番人に限定され、箱館奉行に代表される幕府役人は常にアイヌを救済する仁君として描かれた。

一方で、幕府役人に対して松前家や支配人・番人の非道を訴えるアイヌという描写は「人物誌」に特異なものではない。蝦夷地調査に参加した幕府役人の報告書にも、幕府役人の通行に動員されたアイヌが、片言の和語を交えながら「積年之冤苦《えんく》」を訴えたという記述がある。大げさな講談調の表現を差し引けば、訴願するアイヌをまったくのでたらめや創作として捨象することも妥当ではない。

また、「クワンレキ」に象徴される直訴の場面は、近世日本の百姓一揆物語のディテールである「仁政回復のプロット」を想起させる。悪政に苦しむ民とその原因となる代官や豪商(君側の奸)、これに対して仁君が民の訴えを聞き入れ君側の奸を排除することによって仁政が回復するという構図である。

決死の覚悟で直訴を行うアイヌと、その訴えに応える仁君としての幕府役人という図式は、当時の幕府役人に広く共有された理想的な政治理念でもあった。直訴の場面での過剰な表現は百姓一揆物語の影響であるとともに、武四郎が理想とした政治的理念をアイヌの台詞に仮託したものであったといえよう。

「人物誌」はよみ物として大変におもしろく、またよみ手に強く訴えかける作品である。一方で、東が「虚構性の高い文学作品」と評価するように、その記述を歴史的事実としてうのみにすることはできない。「人物誌」は魅力的であり、大きな可能性を秘めた歴史資料（テキスト）である。だからこそ、「人物誌」から何をよみとくのか、そのためにどのようなアプローチ（史料批判）を用いるのか、いいかえればよみ手の力量が問われるテキストでもあるといえよう。

【主要参考文献】

• 東俊佑「松浦武四郎『近世蝦夷人物誌』とカラフトアイヌ」（『北海道博物館研究紀要』七号、二〇二二年三月）
• 岩崎奈緒子「〈歴史〉とアイヌ」（キャロル・グラック、姜尚中ほか編『日本の歴史二五〈日本はどこへ行くのか〉』講談社、二〇〇三年＝講談社学術文庫、二〇一〇年）
• 檜皮瑞樹「訴願と救済――一九世紀のアイヌ・和人関係から」（『史潮』七九号、二〇一六年六月）

★資料へのアクセス

『近世蝦夷人物誌』は一九一二年から一九一四年にかけて、松浦武四郎の嫡孫である松浦孫太によって『世界』（九八〜一一六号）に連載されたことで広く知られることになった。

また、『近世蝦夷人物誌』の自筆本や写本は、松浦武四郎記念館、宇和島伊達文化保存会、石水博物館などに分散して所蔵されている。翻刻版としては、『日本庶民生活史料集成』第四巻・探検・紀行・地誌（北辺篇）（三一書房、一九六九年）のほか、近年では高木崇世芝編著『松浦武四郎近世蝦夷人物誌』（北海道出版企画センター、二〇二一年）がある。また、現代語訳版としては、更科源蔵・吉田豊による『アイヌ人物誌』（農村漁村文化協会、一九八一年、および平凡社ライブラリー、二〇〇二年）がともに絶版となっていたが、二〇一八年に青土社から『アイヌ人物誌・新版』として刊行された。高木『松浦武四郎近世蝦夷人物誌』には詳細な書誌情報がまとめられており参考となる。

9

起請文からよみとく配流キリシタンの改心

大橋幸泰

配流キリシタンの改心起請文

私共おろかなる考にて、何のわきまへも無く、ふらんす人や親共よりの伝にて、切支丹《きりしたん》宗門の外に後世を助かり候《そうろう》道ハ無きものとのミ心得候て、むかしよりの御法度とハ存《ぞんじ》ながら、ひそかに信向(仰)仕《つかまつり》居《おり》候へハ、誠ニ重罪人ニて命助かる道ハ絶てこれ無く候処、勿体《もったい》なくも御上様の御慈悲を以《もって》、此御国へ参り候ハ、此上《このうえ》無く身ノ仕合《しあわせ》にて、日々の御養を戴き、時々の御しキせにて、暑さ寒サを凌き、其上《そのうえ》ニ於《お》いて神様之御道をねんごろに御説聞下され候故、切支丹宗門之惑《まどわ》しき事も相分り、今生後世身楽しく御守下され候神様の御恩の程をも相弁《わきま》へ、誠ニ有難く安心真之道に基キ改心仕候儀、少シも相違御座無く候……。（一八六九年二月付「起請文之事」／萩藩「異宗徒御預一件」山口県文書館蔵）

この史料は、長崎近郊の浦上村で潜伏キリシタンが発覚したのち、最初に萩藩に配流された村民が一八六六九年、藩の説得に応じ改心した証拠として書いた起《き》請文《しょうもん》である。この事件は、幕府が倒れる直前に自ら信仰を公にした浦上村のキリシタンたちを改心させるため、新政府が諸藩に配流したことで知られているが、新政府の思惑どおりにすべてのキリシタンを改心させることはできず、一八七三年、配流された村民はすべて帰村した（ただし、現地で死亡した者などを除く）。彼らの抵抗があったからこそ、以後、キリスト教は黙認状態になったと一般的に考えられている。

しかし、右の起請文はこうした単純な見方を否定する。配流されたキリシタンのなかには、藩の説得に従って改心した者も少なくなかった。この事実をどのように考えたらよいだろうか。従来、キリシタンをめぐる事件では、抵抗を貫く姿のほうに注目が集まる傾向があった。本稿では、改心した人びとのほうに注目して、この事件を検討してみたい。

起請文は本心か

この起請文の大意は以下のとおりである。「私たちは愚かな考えで、これまでフランス人宣教師や親たちの申し伝えに従って、キリシタン以外に後世が助かる道はないものと思ってきた。昔から禁止されているとは知っていながらこれを密かに信仰してきたのは重罪であり、本来命が助かることはないのであるが、今度、上様（天皇か）のご慈悲によって御国（長門国・萩藩）に来ることになったのは幸せなことだった。日々、食べ物や衣類を与えられ、暑さ・寒さを凌ぐことができている。加えて、神様の道を丁寧に教えてくださったので、キリシタンが人びとを惑わすものであることも理解できた。今後、現世・来世で楽しく神様が守ってくださるご恩をわきまえ、ありがたい安心の真の道にもとづき改心する」と、起請文は述べている。

従来、潜伏キリシタンに課された踏絵は、キリシタンでないことを装って不本意ながら行ってきたと解釈されてきた。毎年実施される宗門改《しゅうもんあらため》についても、表面上、檀那寺《だんな》から檀那である旨の証明を得て取り繕っていたとされ、家族に死者が出て、僧侶に弔ってもらう際、別室で経消しの儀礼を行っていたことも知られている。

問題は、これらが潜伏キリシタンにとって不本意であったかどうかである。それを現代の私たちが判断することは、実は難しいのではないだろうか。すべて潜伏キリシタンが熱心な信者であったとすれば、たしかに踏絵や宗門改、僧侶による弔いはみな不本意であっただろう。しかし、信仰心には人によって濃淡があったと考えるほうが自然ではないだろうか。そうだとすれば、キリシタンでないことを証明する行為が彼らにとって不本意であったとは必ずしもいえず、キリシタン以外の宗教活動も彼らにとっては大事な宗教活動であったと考えてもおかしくはない。宗教の重層的な共存が想定されるということである。

配流キリシタンの起請文の話に戻せば、これが彼らの本心でなかった可能性があるとしても、右と同じように、藩の説得を十分納得して起請文に同意した者がいたとしても不思議ではない。いずれにしても、この起請文が本心でなかったか、本心であったかを、この史料だけで判断はできない。ただし、このような起請文を書いたのはどのような心情であったかを示唆する史料がある。それを次に紹介しよう。

キリシタンの属性より生活を優先

冒頭の起請文から半年たった一八六九年八月、改心者たちは別の文書を萩藩に提出し、早く村に帰してほしいと訴えた。その理由は、以下のとおりである。「私たち配流された者のなかには村に老人や子どもを残してきた者も多いが、配流された去年の夏からその家族がどうなっているのか何の音沙汰もなく、生死もわからない。田畑家財などもどのようになっているかも不明で、空腹のことばかり心にかけ朝夕嘆き暮らしている。この先さらにここに滞留することになれば、帰村するまでに田畑や財産は跡形もなく失ってしまうのではないかと心配だ。所帯のことを何もできないのでは、改心しても無駄というものだ」と改心者はいう。改心した以上、早く村に帰してほしいという彼らの願いは、村に残してきた家族のことや田畑のことを心配してのことであったことがわかる。日常生活への回帰が改心の動機であった。

また、第二次配流で松江藩に配流されたキリシタンは、当初、藩の説諭に抵抗していたが、最終的には全員が改心して帰村することになった。その理由は、最初に説諭にあたった「皇学」の心得をもつ者が配流者から罵倒されたので、「実直ノモノ」に替えて「宗徒ノ帰服ヲ第一」に説諭したところ、みな次第に改心するにいたったという（純心女子短期大学長崎地方文化史研究所編『耶蘇教ニ関スル書類』）。「宗徒ノ帰服」とは、やはり日常生活を取り戻すことだと理解できる。

もちろん、信仰者としての本心がどこにあったのかは断言できない。しかし、配流者の改心は、信徒としての帰属意識よりも日常生活への回帰を優先する行為と考えることができるのではないか。

浦上村民の宗教活動

潜伏時代の浦上村民の宗教活動は多様であった。村民の檀那寺は聖徳寺《しょうとくじ》（浄土宗）、村の鎮守は山王社である。山王社には圓福寺《えんぷくじ》という神宮寺があり、そこは神仏習合を実践する場であった。村民は聖徳寺と圓福寺の普請《ふしん》のときには人足や経費を出すなど負担をするとともに、年に二回それぞれ米や麦を献上していたほか、山王社の祭礼の際にも礼物などを奉納していた（長崎歴史博物館所蔵「高谷家由緒書」）。加えて、この村には稚桜《わかざくら》神社と金毘羅神社があった。両者とも明治初年に作成された浦上村山里の絵図（國學院大學図書館所蔵「浦上耶蘇宗徒処置顚末提要」）に明示されている。

いずれにしても村内には複数の宗教施設が存在した。村民の九割が潜伏キリシタンであったが、彼らのほとんどが多様な宗教活動に関わっていたと考えてよい。かつては、潜伏キリシタンはみな熱心な信仰者であったとする暗黙の前提から、これらの神仏信仰は厳禁されているキリシタンの活動をカムフラージュするための偽装だと解釈されてきた。

しかし、これはキリシタンたちの動向をすべて、キリシタンという属性のみで解釈しようとする発想である。彼らにとってキリシタンは重要な属性であったであろうが、それ以外の属性も同時に持ち合わせていたのであり、そちらを優先して物事を考えたり行動したりする場合もあった。キリシタン以外の神仏信仰の宗教活動についても、村民にとってそれに従事する属性をあわせもっていたと考えれば、さまざまな宗教活動が重層的に存在していたのは不思議ではない。

そもそも、近世日本では同一人物が一つの宗教活動に固執することのほうがまれであった。近世人の多くは檀那寺や鎮守の活動のほか、富士講や伊勢参り、寺社参詣や民間信仰・流行神など、複数の宗教活動の実践者であったことが知られている。だとすれば、キリシタンだけがその活動のみに執着していたと考える必要はない。非キリシタンの近世人の宗教活動にキリシタンが加わったのが彼らの宗教活動である、と考えるほうが合理的ではないか。

帰村後の浦上村

諸藩に配流された浦上村民の態度には、あくまで不改心を貫く場合と、諸藩の説得に応じて改心する場合とが混在状態にあったが、最終的には帰村を許される。その理由についてはここでは深く立ち入らないが、すべての配流者を改心させることができず、政府が根負けしたというのが大方のところだろう。一八七二年に改心者が、翌年には不改心者が村に帰ってきた。

村民帰村後の村社会では、しばらく混乱が続いた。不改心者は改心者を罵《ののし》り、近隣者はもちろん親子兄弟であっても両者は断絶状態となった。改心者は早く元の日常生活に復帰することを願って改心を表明したのだが、不改心者からの厳しい批判に直面して、ふたたび改心を撤回した者も多く出た。その一方で、キリスト教とは縁を切り、神仏信仰のほうに傾斜するようになった者もいた。こうして、①大浦天主堂の宣教師の指導を仰いでカトリック教会に属する者、②それとは距離を置いて先祖伝来の信仰を継続する者、③神仏信仰に軸足を置く者、の三者に分裂する。そのしこりは長く後を引いたものと思われる。

ただし明治一〇年代になると、少なくとも表面上は共存状態に戻ったようである。それは、村民が対立するばかりでは村社会の生活を維持できなかったからであろう。ここでも宣教師の指導より日常生活を優先した結果であるといえるのではないか。

民衆史料のよみとき方

過去に生きた民衆の動向や思考を示す史料は残りにくいだけでなく、本心が記されているとは限らない。民衆の動向や思考をよみとくには、被治者の立場から記された史料とともに治者が記した史料も突き合わせて、総合的に考える必要がある。

その際、忘れてはならないのは、どのような立場の者も複数の属性をもっているということである。史料に記されていることはどの属性によるものかを考えることが、何を優先した結果なのかを知るヒントになる。本稿で検討した配流者の改心という行為は、生活者という属性の立場を優先した行為と考える。

【主要参考文献】

●家近良樹『浦上キリシタン流配事件——キリスト教解禁への道』(吉川弘文館、一九九八年)

●大橋幸泰『潜伏キリシタン——江戸時代の禁教政策と民衆』(講談社、二〇一四年＝講談社学術文庫、二〇一九年)

●大橋幸泰「近世日本の邪正観」(『歴史学研究』一〇二八号、二〇二二年)

●大橋幸泰編『近世日本のキリシタンと異文化交流』(勉誠出版、二〇二三年)

★史料へのアクセス

国立公文書館蔵「公文録・明治四年・第七十二巻・辛未七月～一二月・異宗徒」(資料請求番号・公〇〇五二三一〇〇)は国立公文書館デジタルアーカイブズにて閲覧可。純心女子短期大学長崎地方文化史研究所編『耶蘇教ニ関スル書類』(聖母の騎士社、一九九一年)に一部翻刻がある。

山口県文書館蔵「異宗徒御預一件」(請求番号・毛利家文庫・九諸省・二六八)は、『山口県史史料編幕末維新七』(二〇一四年)に一部翻刻がある。

コラム4　「みんなで翻刻」——デジタル時代の資料研究

添田 仁

歴史学におけるシチズンサイエンスの先駆

「みんなで翻刻」(https://honkoku.org/)は、一般の市民も含めて多くの人びとが協力し、歴史的な文字資料の翻刻(現在は使用されない前近代日本のくずし字の活字化)を行う、インターネット上の参加型プラットフォームである(以下画像)。

翻刻作業には、ウェブサイトから誰でも簡単に参加できる。ジャンルごとに分けられたプロジェクトから資料を選び、画面右側に映し出される資料のデジタル画像をみながら、

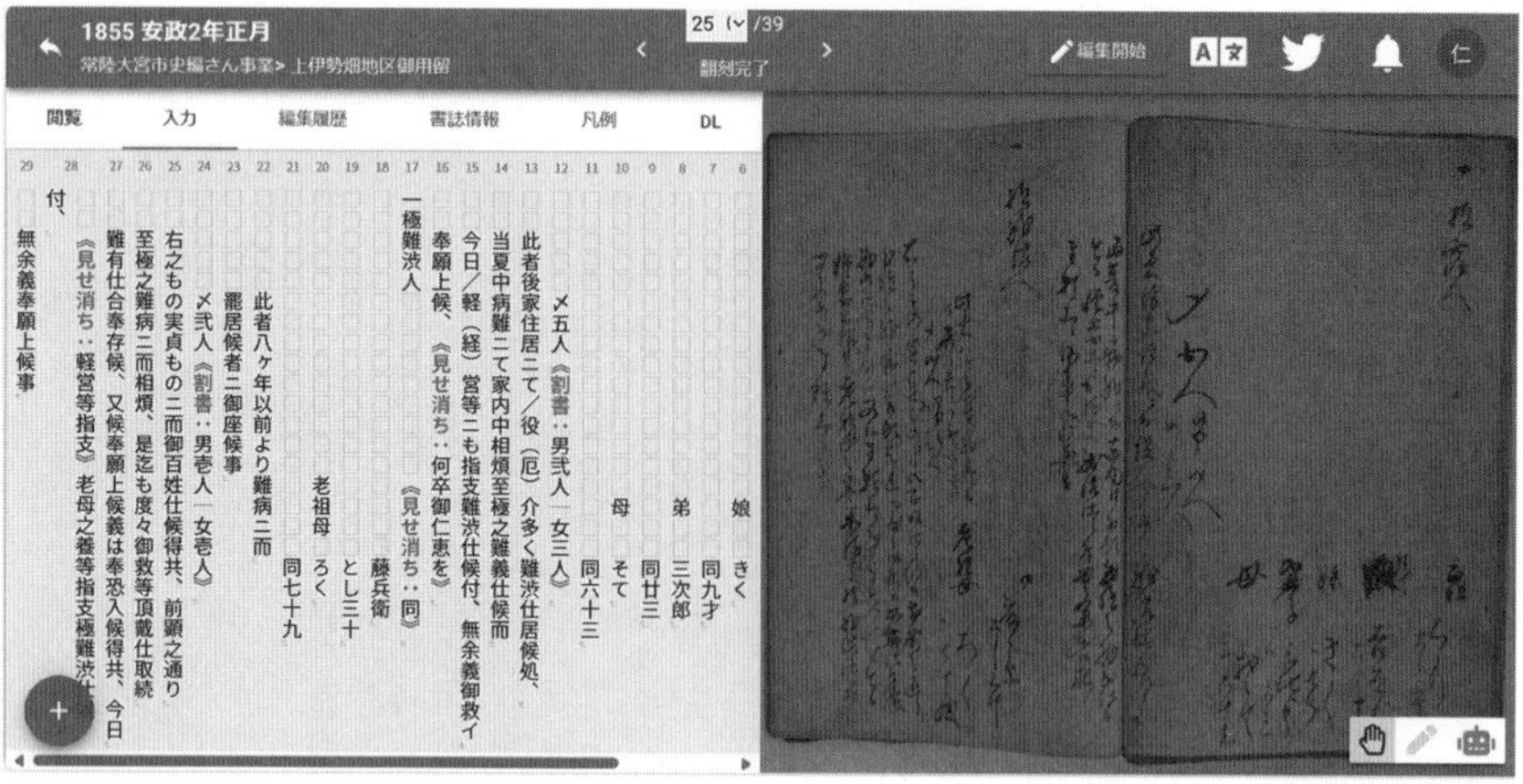

画面左側のエディタに翻刻文を入力すればよい。翻刻した文字数がランキングで公開され、競争心をくすぐる工夫も施されている。また、翻刻文の修正履歴が残り、ユーザー同士で相互に添削できるので、参加者が交流しながらくずし字解読の訓練を受けられる学習の場にもなる。

二〇一七年一月のウェブサイト公開直後から大量のアクセスがあり、予想をはるかに超えるスピードで翻刻が進んだ。二〇一九年七月には、AIによるくずし字認識機能も搭載された。現在、リニューアル後の版では、参加登録者が二七九〇名、翻刻完了画像数が五万二五〇八点、総入力文字数は二七〇〇万字を超える(二〇二三年八月現在)。

一般市民と研究者が協働して行う学術活動のことをシチズンサイエンスという。「みんなで翻刻」は、翻

刻という資料研究の基礎作業が、研究者や郷土史家の「専売特許」ではなく、「素人」でも参加できるという事実を広く示した。歴史学におけるシチズンサイエンスの進展に資するツールの先駆といえる。

共同作業支援システムとしての「みんなで翻刻」

「みんなで翻刻」のシステムを仲間内の共同作業のために、いわばプライベートなツールとして使うこともできる。そう私に教えてくれたのは、開発者の橋本雄太さんである。二〇二一年一月、新型コロナウィルスの感染拡大で、対面での共同研究が大きく制約された状況をみかねての提案であった。

コロナ禍は自治体史の編さん事業にも暗い影を落とした。筆者が編さん委員を務める常陸大宮市史では、地域資料の悉皆《しっかい》調査が中断し、資料所蔵機関での調査や委員会の開催も難しくなった。当時資料集の刊行を控え、翻刻文の共有や校正の作業をどのようにして進めればよいのか、頭を悩ませていた。

橋本さんの提案は、まさに「渡りに船」であった。早速事務局から翻刻対象となる資料画像を提供し、新たに「常陸大宮市史編さん事業」プロジェクトを立ち上げてもらった。システムの仕様は大きく変わらない。他のユーザーが修正や上書きをすると、もとの作業者に通知が届くので、相互添削もスムースである。また、誰が、いつ、何文字読み進めたのか、どの文字でつまずいているのかなど、編集作業の進捗も可視化できる。懸案だった難読文字の読み合わせも、ミーティングアプリで画面を共有して、同時編集の機能を使えば難なく進めることができた。

今後、地域資料の保存や活用に関心を寄せる地元の学生やボランティア、郷土史家等にまでユーザーを拡大してみてもよい。歴史をめぐるリテラシーの問題には注意を要するが、公開済みの古文書や路傍の石文などであれば問題ないだろう。それは膨大な地域資料に関する情報収集とデジタルテキスト化の作業であるが、同時に、土地にゆかりのある市民が空間を超えてつながることができる生涯学習の場にもなるように思う。

【主要参考文献】
- 菅豊・北條勝貴編『パブリック・ヒストリー入門――開かれた歴史学への挑戦』（勉誠出版、二〇一九年）
- 橋本雄太「歴史資料のオープンデータ化とシチズンサイエンスの可能性」（『歴史学研究』一〇二八号、二〇二二年）

コラム5

ネットオークションと古文書

小野塚航一

広がる個人間電子商取引

EC（イーシー）という言葉をご存知だろうか。Electronic Commerce（電子商取引）の頭文字をとった略語で、インターネット上での売買や決済、サービスの契約などを指すIT用語である。取引形態から大きく三つに分類され、消費者個人同士の取引はCtoC（Consumer to Consumer）―ECと呼ばれる。同市場は近年急成長を遂げており、経済産業省の調査によると、二〇二二年の市場規模は前年比六・八％増の二兆三六三〇億円と推計され、二〇一六年の調査開始以来の最高値を記録した。利便性の高いプラットフォームの整備とスマートフォンの普及を背景に、CtoC―EC市場は、今後も拡大していくことが予想されている。

ネットオークションにおける古文書取引

国内で広く知られるCtoC―ECプラットフォームの一つに、Yahoo!オークションがある。同サービスは一九九九年にスタートし、インターネットの浸透とともに拡大、現在ではその規模と影響力からネットオークション業界の最大手となっている。

それゆえ、Yahoo!オークションでは、ほかのネットオークションサービスでほとんどみかけることのない商品が取引されている。その一つが古文書である。図は、株式会社オークファン提供の「オークファンプロPlus」というサービスを利用して収集したデータをもとに、二〇一三年から二〇二二年までのYahoo!オークションにおける年ごとの古文書落札件数の推移を表したグラフである。検索キーワード「古文書」にヒットしたものすべてを集計対象としているため厳密性に欠けるが（商品名に「古文書」とあっても、実際は異なる場合がある）、それでも緩やかな増加傾向にあることはよみとれよう。参考までに同じ検索条件で直近一年間（二〇二二年九月～二〇二三年八月）の取引の詳細をみてみると、出品数六万八三一三件、落札数三万六五八二件、平均落札額は約一万一九〇〇円である。

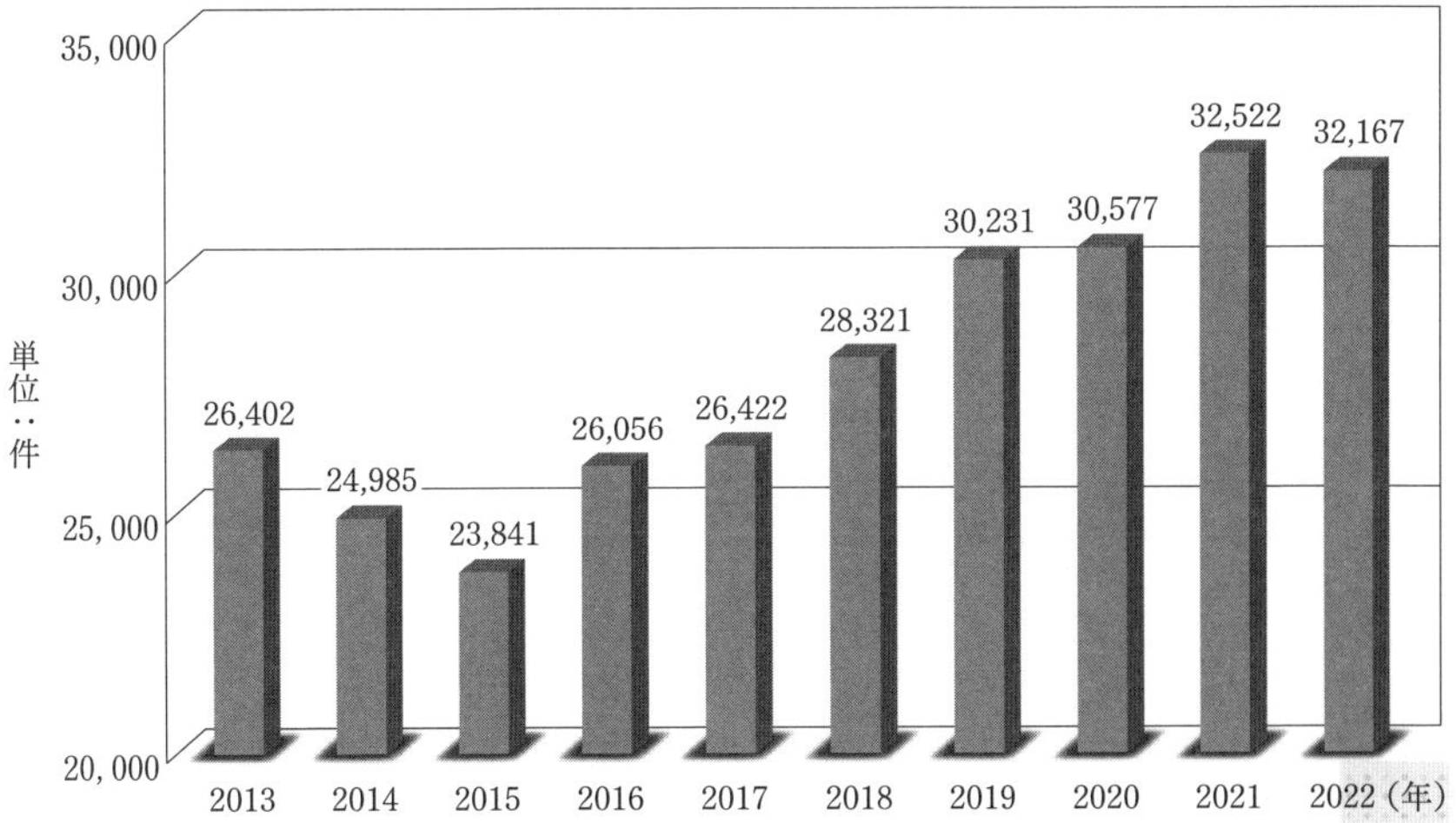

図　Yahoo! オークションにおける古文書落札件数の推移

散逸要因か？ それとも受け皿か？

では、ネットオークションにおける古文書取引の活況を、どのように捉えるべきだろうか。アーカイブズ学や歴史学では、所蔵先からの流出やバラ売りによる史料群の解体といったリスクをもって、「史料散逸の要因」とする見方が強い。しかし、CtoC－ECはリユース市場を土台としており、不要と判断されたモノを必要とする人へつなぐ性質をもっている。であるならば、古書市場と同様に史料の一時的保管や物理的消失を防ぐ機能をみてとることもできよう。廃棄や処分の選択肢を回避する、いわば「史料の受け皿」としての役割をネットオークションは兼ね備えているのである。

ただし、出品された古文書は、落札の有無にかかわらず、その行方を追跡することがきわめて難しい。適切な保存や管理が保証されていない事実を考慮すると、ネットオークションが史料保存に寄与できる範囲は非常に限定的であるといわざるをえない。さまざまな側面があることに留意しつつ、今後もその動向を観察していく必要がある。

【主要参考文献】
・「令和四年度電子商取引に関する市場調査報告書」（経済産業省商務情報政策局情報経済課、二〇二三年八月）（https://www.meti.go.jp/policy/it_policy/statistics/outlook/230831_new_hokokusho.pdf 閲覧日二〇二三年九月一日）

第4章

近代

1

開港場・外国人居留地の歴史をひもとく史料

日本のなかの国際社会と感染症

市川智生

イギリス領事の不平

ご依頼に応じて一八七一年と七二年の領事館業務報告書を送ります。（中略）失礼を承知であなたの要望にひと言申し添えさせてもらいますと、このような報告書をつくらせるのは、領事の職務にしてみれば実に不適切な思いつきです。長大な時間が〔長崎〕県庁との面談に費やされ、〔居留地の〕自治問題に対応し、何の記録も残していない船長と船員のつまらぬ争いを処理して（中略）、ほかにも説明できないくらい仕事が山積みなのです。（FO262/248, No.17, 14 March 1873, Nagasaki, From M. Flowers to Sir H. Parkes）

これは、明治初期の長崎でイギリス領事を務めたフラワーズ（Marcus O. Flowers）が、一八七三年（明治六）に東京のパークス公使（Sir Harry S. Parkes）に宛てた苦情ともいえる一文である。領事がここまで率直に不平を書き残した理由はどこにあったのだろうか。

業務山積の領事業務

表1は、一八七三年に長崎のフラワーズ領事が公使館に宛てた通信である。イギリス領事の業務には自国民の保護や出生・婚姻・死亡の管理などがあり、年に一度の商況報告の作成が最も重要な任務だった。表からは、イギリス系商社からの苦情処理や日本の税関との交渉など、自国民が海外で経済活動を行うための下支えをしていることがわかる。さらに、佐賀の乱、筑前竹槍一揆、「浦上四番崩れ《うらかみよんばんくず》」で追放されていた潜伏キリシタンの帰郷など、内政上のさまざまな事件について報告されており、イギリス外交官が日本をどのように観察・分析していたのかうかがい知ることができる。

開港場・外国人居留地の史料はどこに?

外国人居留地の歴史をひもとくためにはどのような史料が存在するのだろうか。長崎を例にみてみよう。

まずは日本側の記録である。政府レベルでは、「公文録《こうぶんろく》」や「公文類聚《こうぶんるいじゅう》」に代表される公文書、外務省の公的記録である「外務省記録」が存在し、アジア歴史資料センター(JACAR)で閲覧が可能である。地方レベルでは、長崎歴史文化博物館が所蔵する長崎県の行政文書のなかに、長崎奉行所から継承された居留地関係の一次史料が体系的に残されている。では、これらの日本側の記録だけで、開港場の歴史を再現できるだろうか。筆者の答えは否である。外国人居留地で生活する人びとのあり様を知るためには、各国の在外公館の記録が欠かせない。一八七三年の長崎では、オーストリア・ハンガリー帝国、ベルギー、デンマーク、フランス、ドイツ、イギリス、オランダ、ポルトガル、ロシア、スイス、アメリカ合衆国の計一一か国が領事館を設置していた。また、一八七一年(明治四)に日清修好通商条規に調印した清国は、理事官(領事)が日本に派遣されるまでの間、福建および広東の同郷団体が領事館的な業務を担うという特殊な状況にあった。

もちろん、長崎に設置された在外公館のすべてが精緻な記録を残しているとは限らないし、われわれがあ

No.	日付	内容
1	1.4	前年度の公使館への発信数
2	1.13	前年度の公使館からの来信数
3	1.13	昨年下半期の来航船舶一覧
4	1.13	松島炭鉱での労働契約の苦情処理
5	1.22	暗号電信にかかる経費負担の区分に関する照会
6	1.29	業務時間外に荷揚げする場合の手数料につき日本側税関と協議
7	2.5	ボイド商会から関税照会
8	2.14	松島炭鉱での労働契約の苦情処理
9	2.14	グラバー商会の船舶に搭乗している日本人男性についての照会
別送	2.26	1872年の商況報告
10	2.22	佐賀の乱の戦況報告
10A	2.27	ガワー神戸領事から香港駐在の海軍将校への電信転送を報告
11	3.21	追放キリスト教徒の帰還
12	3.21	下り松への上陸施設の設置に関する外国商社からの要望
13	3.29	追放キリスト教徒の帰還
14	4.28	追放キリスト教徒671名の帰還
15	5.3	ケガのため下関に滞留しているイギリス人の処遇
16	5.3	高島炭鉱における労働者の暴動
17	5.14	1871，72年の領事館業務報告
18	5.19	上海の高等領事裁判所での裁判に関する報道について
19	6.24	大北支那日本拡張電信会社が設置した海底ケーブルの保護について
20	6.30	筑前での大規模暴動の発生
21	7.1	長崎県の外国人監獄の設備
22	7.14	追放キリスト教徒1340名がこれまでに帰還
23	7.26	1871～1872年の領事館収支報告
24	7.31	公使館からの文書受領報告
25	8.4	ロングフォード氏の出発
26	8.4	本年上半期の来航船舶一覧
27	8.14	スペイン領事兼任の要請
28	11.25	長崎県令から無許可狩猟の苦情
29	12.13	グラバー商会の破産と地所の差し押さえについて
30	12.19	ボイド商会の技術者から伊万里県の炭鉱に関する苦情

出所：FO262/248, From Nagasaki, 1873

表1　1873年（明治6）における駐長崎イギリス領事館から公使館への発信

らゆる言語の史料をよみとくというのも現実的ではないだろう。実際のところ、質・量ともに最もすぐれているのは、イギリス領事館が残した記録である。

イギリス公使館および領事館が蓄積した記録は、イギリス外務省文書（FO）としてロンドンで体系的に保管されている。研究者がこれにアクセスする場合は、図1に示したように、知りたい情報がどの行政レベルに属する案件なのかを見極めることが重要となる。

日本への協力なのか圧力なのか？

筆者の開港場での感染症対策の研究をもとに、FOからどのようなことがわかるのかみてみよう。最初の事例は、一八七〇年（明治三）の暮れから翌年の初めに横浜で蔓延した天然痘に関するものである。イギリス海軍軍医が公使館に宛てた通信をみてもらいたい。

> 天然痘病院を設立すること、日本人居住地区を地区ごとに分け（中略）戸別検査の実施、強制種痘、罹患者の隔離、衣類を煮沸か焼却の方法で即座に消毒すること、患者および患家の数について週報を作成。
> (FO262/220, No.8, 21 Jan. 1871, Cloud to Sir H. Parkes)

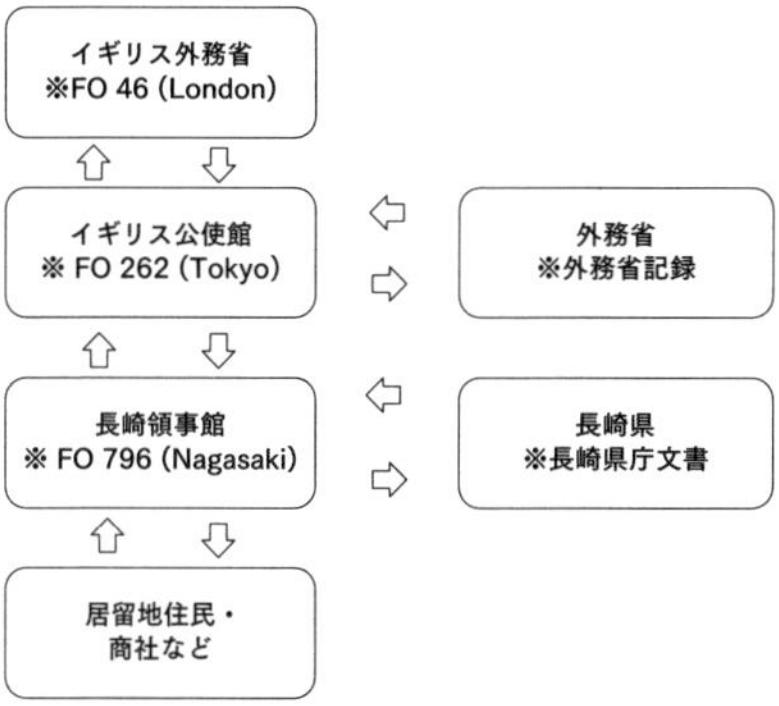

注：※は史料を指す。明治期の長崎県の行政文書は長崎歴史文化博物館が所蔵・公開しているが、史料群に特段の名称は付されていない。ここでは便宜的に「長崎県庁文書」とした。

図1　開港場をめぐる通信（長崎を例として）

隔離病院の設置、予防接種、消毒の実施、感染統計の作成といった、現代のCOVID―19対策とも共通する防疫対策が列挙されている。かつての医学史研究では、こうしたイギリス側の取り組みを、日本側の防疫に協力したと楽観的に説明してきた。しかし、横浜に寄港しているイギリス海軍の軍医が、そもそもなぜ日本人への防疫対策を行ったのだろうか。それは、日本側に任せておいたのでは、感染を防ぐことができないと考えていたからにほかならない。この年の横浜で天然痘対策を協議した会議の場がイギリス領事館であったという事実がそれを象徴している。横浜の防疫行政の実質的な担い手は、日本側（神奈川県）ではなく、イギリス側（領事館）だったのである。

開港場で感染症対策を誰が担うのかは、相手が行政区分に左右されない微生物であるだけにやっかいな問題だった。そして、日本側の史料にイギリス領事館の動向は記録されていない。ここで紹介したような、居留地側が開港場の防疫実務を担うという現象は、長崎でも同様である。一八七〇年代の終わりに、中国沿岸部から日本へアジア・コレラが伝播・蔓延し、その対策が必要とされたのだった。後述する神戸を除いて、居留地の行政権は日本側に返還されていたはずだが、緊急時には、欧米系の領事や居留民による自治的な活動が行われたのである。

国際社会としてのローカルな居留地

外国人居留地に多様な国籍の人びとが居住するということは、彼らに適用される法令もまた多様だということを示している。そのような法的環境のなか、感染症への対応がどのようになされたのだろうか。

一八八六年(明治一九)、関西地方ではアジア・コレラが蔓延した。神戸の中心地区だけでも二〇二〇人が感染し、うち一七四一名が死亡するなど深刻な状況になった。神戸居留地の欧米人社会でもコレラの伝播が危惧され、外国領事による対策会議が開催された。その様子をイギリス領事トループ(James Troup)は、次のような通知を居留民に対して行ったことをプランケット公使(Sir Francis R. Plunkett)に伝えている。

〔日本人従業員がコレラ性疾患に罹ったならば〕ただちに居留地行事局へ通知しなければならない。行事局長の指揮のもとで発生箇所の清掃・消毒を実施する。

(FO262/561, No.26, 2 June 1886, J. Troup to Sir F. Plunkett)

防疫の実務担当が神戸居留地の運営組織である居留地行事局とされていることから、居留地自治の枠内でコレラ対策も実施されたことがわかる。注意が必要なのは、この通知が、イギリス、アメリカ、ドイツ、清国、ベルギー、オランダ、ポルトガルの各国領事の連名で、すべての居留外国人に向けて発せられたことである。居留地の行政は、領事が自国民の住民管理を行うという点で、本来は属人的な原則に貫かれていた。しかし、上記の事例は、感染症対策に実効性をもたせるために、居留地の外国人すべてを対象とした点で、属地主義的な発想にもとづいている。このような感染症への対応にみられる居留地行政の質的変化は、FO

をひもとくことで初めて得られる情報である。

イギリス外務省文書からわかること

開港場というローカルな舞台では、外交上の争点には決してならないような、居留地での生活や社会経済をめぐる雑多な事件が頻繁に発生していた。イギリス領事は、そんな日常をこまごまと記録していたのである。そこに描かれているのは、まぎれもなく、開港場という地域社会で居留外国人と日本人が交錯した歴史であり、近代の日本を理解するためのまたとない情報源といえるだろう。

【主要参考文献】

- 市川智生「開港場神戸における感染症対策と居留地自治」（『歴史科学』二一九号、二〇一五年）
- 市川智生「明治初期の伝染病流行と居留地行政——１８７０・71年横浜の天然痘対策」（『日本歴史』七六二号、二〇一一年）
- 国立国会図書館リサーチ・ナビ：イギリス−外務省外交記録 https://rnavi.ndl.go.jp/jp/politics/post_547.html（二〇二三年八月三一日閲覧）

★史料へのアクセス

イギリス外務省文書（ＦＯ）は、外交史研究や経済史研究などで、盛んに利用されてきた史料である。近年では、参考文献にあげた筆者の論考が示すように、外国人居留地や日本社会のありようを理解するための情報源として活用されることが増えている。

本章で引用したFO262は東京のイギリス公使館に集積された史料群で、各開港場の領事からの通信がその主体である。国内では国立国会図書館、横浜開港資料館などで複製を閲覧できる。

研究を志す方には、ロンドン郊外のKewにあるThe National Archives（ＴＮＡ）に所蔵されている原本を一度は手に取ることをお勧めしたい。重厚な簿冊、筆跡の相違など、原文書でしかうかがえない重みがたしかにそこにはあるからだ。そして、図1で示したように、イギリス領事が各地で日本の知事や税関と「やりあった」痕跡は東京の公使を通してロンドンの外務省に伝達され、日本に関する情報として議会や各省庁に利用される運命にあった。それらの歴史的記録がどのような日本像を形成していったのかを確認することは、もはや原史料をひもとかなければ不可能である。ＴＮＡでは、あなたと同じように、かつてのイギリス帝国の史料を世界中からみに来ている研究者の姿を目にするに違いない。

2 明治期政治家私文書のなかの「書類」

池田さなえ

標題と内容の一致しない史料群

諏訪金澤山ト千頭山《せんずさん》ノ森林交換之件ハ内部ノ取調ハ稍熟《しょうじゅく》シ、今明日上伺《じょうし》スルヿ《こと》ニ伝承セリ。上伺之上ハ自画自賛故、一朝ニ指令可相成《あいなるべく》、然ルトキハ諏訪将来ノ生産上如何ト深ク苦心致シ候。（中略）岩種江〔岩村通俊《いわむらみちとし》・種田《おいた》邁《つとむ》・江崎政忠《えざきまさただ》のこと〕之得意ハ可知候得共《しるべくそうらえども》、諏訪将来ヲ如何ト寝食ヲモ不安候。他ニ訴フル場モナシ。責《せめ》テハ閣下ノ御耳ニモ入レ置キ度宜布御承知可被下候《よろしくごしょうちくださるべくそうろう》。

（「佐渡生野鉱山払下一件」より）

この史料は、明治の政治家・品川弥二郎が残した「佐渡生野鉱山払下一件」と題する書類群の中に含まれる書簡の一部である。史料の標題は、品川もしくはその関係者が付したものと思われる。書簡の年代は明治二九年（一八九六）四月四日、発信者は元宮内省御料局静岡支庁長の桑名茂三郎、受信者は長州出身の政治家・品川弥二郎である。この書簡は、引用部分を一読して明らかなように、諏訪（長野県）や「千頭」（静岡県）

といった地域の山林の交換について書かれたものである。このうち「諏訪金澤山」は皇室所有の山林（「御料林」）として管理されていた。この史料が収められている史料群の標題「佐渡生野鉱山」とは一見して無関係である。この書簡が御料林に関する記述で終始しているだけではなく、当該史料群のなかに収められている三四点の史料のうち、四分の三超の史料が「佐渡生野鉱山」とは一見無関係な御料林に関する内容となっている。それならばなぜ、この史料群は「佐渡生野鉱山払下一件」という標題が付されたのであろうか。

近代日本政治史における政治家私文書

明治政治史の花形は政治過程論であったといって過言ではない。政治家の残した膨大な私文書、とりわけ書簡を組み合わせ、当該期のさまざまな問題に対する政治過程が生き生きと、精緻に描き出される様は、多くの初学者を魅了してきた。政治家書簡の一部は翻刻・公刊されることにより広く利用され、政治史研究を飛躍的に進展させた。

一方で、政治家私文書のなかには書簡のほかにも膨大な「書類」が含まれている場合がある。そしてそのなかには公文書の一部などが含まれていることもある。こうした書類はたいてい何らかの標題が付され、一括（一綴）されている。これらの書類を研究に利用しようとする場合、まずそれらを誰が、どのような目的・手順で一括（一綴）したのかを確定する必要がある。このような作業は近代史料学と呼ばれ、これまで主に公文書を使った研究で実践されてきた。

しかし明治政治史研究では、まず何より当事者たちの生の「声」である書簡の解析に意が注がれ、当事者たちの意図をよみとるのに時間がかかる書類群の分析は後回しになりがちであった。それゆえにか、こうした書類群は翻刻・公刊の対象からも外れ、ほとんど利用されていない。

政治家私文書中の「書類」が放つ謎と可能性

しかし、書類群もまた明治の政治家たちが何らかの意図をもってまとめ、残したものである。冒頭の史料を思い出してほしい。この史料を残した品川弥二郎は、明治の政治家で、高校日本史では主に内務大臣として「選挙干渉をした人」として名の知られる人物である。その品川が、皇室財産や鉱山、山林などとどのような関わりがあったのかは、書簡を中心に組み立てられてきたこれまでの政治史研究では十分みえてこなかった。政治家私文書に含まれる「書類」は、このように時としてこれまでの政治史研究ではみえにくかった政治家の活動や人間関係、政治課題の存在をわれわれに気づかせてくれることもある。

「佐渡生野鉱山」とは

明治一八年（一八八五）一二月、皇室所有の不動産のうち、山林や原野など事業を行い収益を得る目的で設置された御料地を管理する部局として、宮内省内に御料局が設置された。この時点では御料地はほとんどなく、その後全国の官林・官有山林原野等から優良な部分が御料地として漸次宮内省に編入された。佐渡生野鉱山とは、このような流れのなかで、明治二二年四月に宮内省に編入された佐渡・生野御料鉱山とその付属施設を指す。御料局は現業部局である。本局に勤める事務方の官僚のほかは、ほとんどが旧幕藩制以来の経験豊富な技術者か、当時最先端の鉱山学や林学を学んだ技術官僚からなる組織であった。彼らは、潤沢な資金で最新の学識や技術を試せる理想的な職場として、御料局勤めに誇りをもっていた。そしてそのような職場は、明治一七年以降官有鉱山払下げが進むなかで徐々に少なくなってもいた。

「佐渡生野鉱山払下」とは

佐渡と生野の御料鉱山は、編入から一〇年にも満たない明治二九年（一八九六）に三菱合資会社に払下げられた。一見場当たり的な対応のようでもあるが、その裏には技術官僚、御料局、そして宮内省や政府をも巻き込んだ深刻な路線対立があった。実は、ここに深く関わっていたのが、前述の品川弥二郎だったのである。

明治二二年五月一三日に御料局長（当時は御料局長官と呼んでいた）に就任した品川は、技術官僚たちにとっては理想的な上官であった。彼自身、ドイツで最新の鉱山学の動向を見聞して帰国した直後であり、御料鉱山を拡張し、採鉱・冶金技術を改良し、日本最大の非鉄金属鉱山にしようともくろんでいた。そのために技術官僚には最大限の裁量を与え、自身は宮内省内での予算獲得に奔走した。

しかし、彼の後任として明治二四年に御料局にやってきた岩村通俊は、これとは真逆の経営合理化路線を標榜し、就任直後に御料鉱山の処分を口にするような人物であった。岩村は御料鉱山の予算を削り、技術官僚たちは彼に強い不満を抱きはじめる。そして技術官僚らは、御料局を離れたかつての上官・品川に、密かに岩村局長の非を訴えるようになる。彼らの不満は、明治二八年末から二九年初頭にかけて、御料局・宮内省が御料鉱山払下げの方針を固めたことで爆発する。

諏訪金澤山御料林問題

一方、冒頭の史料に登場する「諏訪金澤山」とは、長野県諏訪郡に置かれた御料林であり、この書簡の書かれた頃には御料局静岡支庁の管内であった。冒頭の史料では、その支庁長免職後の桑名茂三郎が、当時岩村御料局長のもとで秘密裡に進められていた金澤山御料林と静岡県千頭の民有林との交換の不当性を品川に訴えている。どうやら彼は、ここに御料局と縁故者との癒着の影をみていたようである。桑名はこのほかにもさまざまな事例をあげて岩村の非を訴えている。それが、「佐渡生野鉱山払下一件」に残る二八点の御料林関係書類である。御料局を離れた品川に現御料局長のやり方の非を訴えるという構図は御料鉱山と共通する。おもしろいのは、この当時御料局内の技術官僚たちがあちこちから同時多発的に、同様の訴えを品川に対して起こしていたことが他の書類群からわかることである。

「佐渡生野鉱山払下一件」という標題の謎

品川はみずから手塩にかけて育てた技術官僚の訴えを聞き入れ、何としてでも御料鉱山の払下げを阻止しようと、政界中枢にいた同郷の有力者たちにはたらきかけた。そのなかで、当時首相であった伊藤博文や、宮内省内蔵頭《くらのかみ》（皇室財産のうち動産を扱う内蔵寮《くらりょう》の長）であった白根専一に宛てた書簡のなかで用いたレトリックが注目される。岩村御料局長のやり方には、御料鉱山に限らず一事が万事不審の廉《かど》がある。その証拠に、今私の手許には御料林に関するいくつかの不祥事の報告もあがっている。いちいち密告することも憚《はばか》られるが、この事実をもって御料鉱山払下げを見直してほしい、というものである。品川がここでほのめかした御料林に関する不祥事の報告とは、紛れもなく「佐渡生野鉱山払下一件」に収められた二八点におよぶ御料林関係の書類である。全体の四分の三を御料林関係の書類が占めているにもかかわらず「佐渡生野鉱山払下一件」という標題が付されているのは、これがそもそも御料鉱山払下げを推進しようとする岩村御料局長の当事者としての不適格性を示し、払下げを阻止する目的でまとめられたことに起因すると考えられる。

このように、政治家私文書に含まれる書類群を史料学的によみといていくと、書簡だけではみえてこなかった政治家の政治活動や、当時存在した政治課題や人的関係までもが浮かび上がってくる。そこでわかった事実が、これまでの通説的な見方を見直すきっかけになる。政治家私文書中の書類の活用には、大きな可能性が秘められているのである。

【主要参考文献】

- 池田さなえ『皇室財産の政治史——明治二〇年代の御料地「処分」

と宮中・府中」（人文書院、二〇一九年）
•佐々木隆「近代私文書論序説」（『日本歴史』六二八号、二〇〇〇年）
•佐々木隆「近代文書と政治史研究」（石上英一編『日本の時代史30　歴史と素材』吉川弘文館、二〇〇四年）
•中野目徹『近代史料学の射程――明治太政官文書研究序説』（弘文堂、二〇〇〇年）
•西川誠「参事院の創設――明治一四年政変後の太政官における公文書処理」（『書陵部紀要』四八号、一九九六年）
•西川誠「カガミの成立」（『日本歴史』六二八号、二〇〇〇年）

★史料へのアクセス

「佐渡生野鉱山払下一件」は、国立国会図書館憲政資料室所蔵「品川弥二郎関係文書（その1）書類の部」に含まれている。同室WEBサイトでは当該史料群の目録が公開されているほか、旧蔵者に関する関連史料・文献の紹介も充実している。同室は、品川弥二郎のみならず伊藤博文、山県有朋、井上馨、黒田清隆といった明治の政治家の家に残った私文書を収集・整理・保管して公開に供している。未刊行史料群のみならず、すでに刊行されている史料群にも未刊行の書簡・書類が多数含まれている点に注目したい。

3 地域に残された歴史資料と評伝から近代日本をみる

三村昌司

「地方名望家」の評伝

美嚢《みのう》郡に於ける土居、小河《おがわ》氏と共に資産家として、常に公共の観念に富んで居るものは玉置福蔵《たまおきふくぞう》氏である。氏は慶応三年を以《もっ》て生れ、明治二十六年町会議員に挙げられたるを初めとし、郡会、郡参事会員等に挙げられ、三十九年三木町長に選ばれ、同地の発達に腐心《ふしん》する処多く、嘗《かつ》て同地の特産金物の発展策として、粗製濫売《そせいらんばい》を矯正せんが為に金物同業組合を組織し、或《あるい》は金物保護協会を設けて技術の奨励を謀《はか》り、又は物産陳列所を設くる等、努力至らざる莫《な》く、一面小河秀太郎《ひでたろう》と共に三木銀行を創立し引《ひき》続《つづき》取締として経営を主宰し、能《よ》く今日の発達を来たし、或は三木電灯の重役として創業に尽瘁《じんすい》したるが如き、同地方の代表的人物たるに恥ぢぬ

（『現代兵庫県人物史』）

この史料は、一九一一年刊の田住豊四郎編『現代兵庫県人物史』（以下『人物史』と略す）に載っている玉置福蔵（一八六七～一九三三年）という人物の紹介である。玉

置は、史料にもあるように兵庫県美嚢郡有数の「資産家」で、三木町長などの公職を歴任し、また会社経営で地域の振興に力を尽くした当地の「代表的人物」であった。こういった人びとは、歴史学の専門用語で「地方名望家《めいぼうか》」という。地方名望家は戦前日本の地域社会において政治・経済・文化面で重要な地位を占めており、長らく歴史研究の分析対象であった。彼らや彼らが生きた地域の歴史を分析するときに用いられる歴史資料の一つが、『人物史』のような評伝である。戦前には、日本各地でさまざまな評伝が刊行されていた。

評伝は、編者の主観が入るので注意が必要な歴史資料だが、地域に残された歴史資料とあわせてみていくことで、地方名望家や地域の歴史にとどまらない視点を私たちに与えてくれる。そのことを本項では考えてみたい。

玉置家文書とは

本項では地域に残された歴史資料として玉置家文書を用いる。玉置家文書は、兵庫県三木市の玉置家に蓄積されていた歴史資料である。二〇〇一年、玉置家の建物が内部に残っていた文書や建具などとともに三木市に寄贈され、翌年国登録有形文化財となった。その後改築され、現在「旧玉置家住宅」として市民のコミュニティスペースになっている。

寄贈された文書は、三木市・同市市民・神戸大学の三者の連携によって整理が進められ、目録が刊行された。時期は近世から戦後にいたるものが中心で、数は一万点を超える。またその種類は、帳簿・一紙文書・書簡・ハガキ・書籍など多様である。

玉置福蔵と三木町

本項の舞台となる三木町は兵庫県美嚢郡に属し、織豊期《しょくほうき》に別所長治《べっしょながはる》が豊臣秀吉の攻撃に対し籠城《ろうじょう》した三木合戦で知られ、江戸時代には金物業で栄えた。この三木町で明治後半から地域の有力者の一人となったのが玉置福蔵である。福蔵は『大阪毎日新聞』一九一五年六月二三日付の記事で「三木の三人衆」の一人と称されている。ちなみに「三人衆」のほかの二人は冒頭の史料にも出てくる小河秀太郎と、宮崎新蔵という人物であった。

福蔵は、三木町近隣の御坂《みさか》村から玉置家に養子に入った。玉置家文書に残された銀貸付に関する帳簿などをみると、義父の玉置大器《たいき》は金融業によって一代で資産を築いたようである。福蔵は一八八八年（明治二一）頃家を継ぎ、その後三木福井町伍長《ごちょう》となったのを皮切りに町長や議員といった公職を相次いで務めた。

近代以降の三木の金物業

江戸時代に栄えた三木町の金物業は、一八八〇年代に洋鉄の輸入が増えても、性質の異なる洋鉄向けの冶金法を追究せず、また安価な洋鉄製品を和鉄製品と同額で販売したことなどから信用を失い生産額が低迷した。また一八八〇年代半ばは、松方正義《まつかたまさよし》大蔵大臣が進めたデフレ政策で日本全体が経済の低迷に苦しんでおり、そのことも三木町の金物業に影響を与えた。残念ながら日清戦争以前の金物生産額は兵庫県が出している統計書（『兵庫県統計書』）には掲載されておらず不明である。そこで生産額ではなく販売額がわかる桑田優の研究を参照すると、一八八〇年の販売額は二八万八〇二三円だったのが、一八八五年には二万二九五〇円に落ち込んでいた。

しかし一八九五年に姫路歩兵隊からのシャベル注文がきっかけとなって復調の兆しをみせる。さらに一九〇四～〇五年の日露戦争期には、軍事用のシャベル・スコップの需要が増し、業績が回復していった。三木町を含む美嚢郡の生産額は、一八九五年に二九万九五〇〇円だったが、日露戦争後の一九〇六年には四九万五一三六円となり、以後順調に数字を伸ばし、『人物史』が刊行された一九一一年には八六万三四五〇円に達した。

玉置家文書からみる玉置福蔵の実像

ここであらためて冒頭の史料をみてみよう。史料では、玉置がさまざまな公職についていたことを記したあと、金物業・銀行・電灯会社という三つの産業振興に関わったことが述べられる。では、実際の彼の産業振興への関わり方はどのようなものだっただろうか。ここで玉置家文書を利用してみる。ただし、紙幅と史料の関係から金物業を取り上げる。

その前に『人物史』で取り上げられている三木町関係者を拾ってみると、「三木の三人衆」以外は掲載されていない。もう少し広げて美嚢郡の人物まで含むと数人掲載されているが、金物業での功績が語られるのは、玉置福蔵だけであった。

次に玉置と金物業の関係をみてみよう。史料では「金物同業組合」「金物保護協会」「物産陳列所」があげられている。このうち「金物同業組合」は三木金物組合商会のことを指すと思われ、ほかの二つと違って関係した人物の動向が玉置家文書などからわかる。

三木金物組合商会は、一八九五年に石田又平《またへい》という人物を代表者に設立され、前に述べた日露戦争時のショベル・スコップの軍需品納入で業績を上げた。福蔵は一九〇五年の時点で取締役となっており、同時期の社長は「三木の三人衆」の一人、小河秀太郎であった。つまり、玉置以外にも石田・小河もこの会社の設立や拡大に関係していた。

また史料に出てこない会社に、三木金物株式会社がある。同社は一八九七年四月設立で、玉置は監査役であった。玉置家文書に同社の関係史料がないか探ると、設立前の二月に玉置は創立委員を辞めていたことがわかった。五月には監査役も辞しており、あるいは玉置は会社の方針に不満があったのかもしれない。同社は設立後不調だったが、一九〇二年に北村久吉が社長になると業績を伸ばし、三木町で最有力の金物会社になったという。

「ずれ」をよみとく

玉置家文書を用いつつ評伝の内容を検討してわかったことは、玉置以外にも金物業の振興に貢献した人物がいたこと、玉置は関係する金物会社を選択していた、という二つのことであった。しかし『人物史』では、美嚢郡関係者のうち玉置以外に金物業への貢献は語られず、彼一人にその名望が集約されていた。つまり、玉置の実際の「行動」と描かれた彼の「名望」には、「ずれ」が生じているのである。では、この「ずれ」は何を意味しているのだろうか。

日本は、日清戦争と前後して産業革命期を迎えた。恐慌をはさみながらも産業革命によって成長していく日本経済のなかで、三木の金物業も発展したと考えられる。つまり、金物業の発展の背景について、先には日清・日露戦争による需要増加をあげたが、より大きな背景として、産業革命による日本経済の発展があったのである。日露戦争が終わったあとも、反動で生産量が減少せず伸びていることはその証拠である。

にもかかわらず『人物史』は、三木における金物業発展の理由を資本主義による経済成長ではなく、玉置福蔵という個人の努力に求めた。ではなぜ個人に発展の理由を求めたのか。それは、近世から近代にかけて社会のあり方が大きく変わったことと関係がある。

日本の近世は、集団を基本とする社会だった。そのことは、幕府や大名が年貢を個人ではなく村という集団に課した村請制というシステムによく表れている。村請制では、ある個人が病気や怪我のために年貢が払えなくなっても、村全体に課される年貢の額は変わらないので、好むと好まざるとにかかわらず村のなかの誰かが肩代わりしなければならなかった。そして集団を維持するために、その構成員は世襲することが基本であった。歴史研究では、この村のような集団を身分集団と呼ぶ。

明治に入ると地租改正が行われて村請制が解体され、税金は個人が払うことになると肩代わりのシステムも失われた。かといって明治時代の公的救済はきわめて不十分だったため、零落を押しとどめるセーフティネットは非常に弱いものになってしまった。

一方で身分集団がなくなったので、人びとは「個人のがんばり」によって自身の社会的上昇を遂げたり、社会を変化させたりすることができると思えるようになった（実際にできるかどうかは別として）。とはいえこの考え方は、失敗した人間に「努力不足」「怠け者」という烙印や「自己責任」を押しつける冷徹さと裏表のものだった。

地域に残された歴史資料の可能性

ここまで述べた日本の近世から近代への社会の変化をふまえると、『人物史』における玉置の評伝に表れた「ずれ」は、次のように説明できる。すなわち地域経済の成長という変化を「個人のがんばり」で説明するために、玉置の行動を実際と異なったかたちで「変化」に合わせていった結果だということができるのではないだろうか。

ここまで述べてきた歴史像は、『人物史』の記述と玉置家文書のような地域に残された歴史資料によって導き出すことができた。このように地域に残された歴史資料は、地域の歴史を描くだけにとどまらず、時代そのものを描くポテンシャルも秘めているのである。

【主要参考文献】

- 桑田優『伝統産業の成立と発展——播州三木金物の事例』（思文閣出版、二〇一〇年）
- 松沢裕作『生きづらい明治社会——不安と競争の時代』（岩波ジュニア新書、二〇一八年）
- 三村昌司『日本近代社会形成史——議場・政党・名望家』（東京大学出版会、二〇二一年）

★史料へのアクセス

『現代兵庫県人物史』は、国立国会図書館デジタルコレクションで閲覧可能である。同コレクションは二〇二二年にリニューアルされ、約二四七万点の全文検索が可能になり利便性が飛躍的に高まった。また、玉置家文書は本文で述べたように兵庫県三木市の旧玉置家住宅に所蔵されており、その内容は三木市文化遺産活性化実行委員会・神戸大学大学院人文学研究科地域連携センター編『玉置家文書目録——古民家の史料調査研究報告書』上・下（三木市文化遺産活性化実行委員会、二〇一四年・二〇一六年）で知ることができる。

4 新聞史料からみる民衆運動

藤田貴士

銅像襲撃のインパクト

▲楠社内へ繰り込み、其以前に境内伊藤侯銅像附近に集合しゐたる五六十名の者に力を戮《あわ》せ柵の鎖を足へ巻き付けエイ〳〵声にて曳き倒さんとせしがビクともせざれば其中の一人は大声にて「手伝へ〳〵国民なら手伝はぬかッ」と吐鳴り立しに我も〳〵と鯨波《とき》の声を揚げ見る〳〵曳き仆《たお》せし像台へ三四人の者立ち現はれて「萬歳」を唱へしかば群衆も之に和し一時同社拝殿も揺ぐ許《ばか》り物凄まじき有様なりし夫《それ》より数百名の者が表門へ曳出し万歳々々を唱へながら▲相生町の派出所　相生町五丁目へ曳き来る

（『神戸又新日報』一九〇五年九月九日付「銅像難　一昨夜の大騒擾」）

神戸の湊川《みなとがわ》神社境内に座する伊藤博文の銅像に対し、一群が鎖を巻き付け引き倒そうとしたものの、銅像はビクともしない。そこに威勢のよい怒声が投げかけられるや、我先にと一斉に加勢した剛力で、とうとう銅像が引き倒される。現場の高揚は万歳の声とな

り、群衆も一体化し数百名に膨れ上がる。倒れた銅像を表門から引き出して市街に繰り出す。

銅像襲撃の一部始終を報じた当時の新聞記事からの引用であるが、かくも無残に、かつ異様な高揚感をともない、元老の銅像が民衆自身の手によって引き倒されたのはなぜなのか。

銅像襲撃の経緯

本史料は、一九〇五年九月の日比谷焼討事件に端を発する都市民衆騒擾が地方都市へと波及するなか、神戸で発生した日露講和反対騒擾の一コマを報じた新聞記事である。日露戦争の終結をめぐり、賠償金放棄といった講和内容に反対を掲げる「世論」が拡散される世相において、神戸でも講和反対を唱える演説会が開催された。会の終了後、その余韻を引きずった聴衆が会場近隣の湊川神社に流れ込み、かねてより銅像襲撃をもくろみ集結していた一群に合流したことで、民衆の直接行動は先述した経過をたどったわけである。

歴史教科書／歴史研究における日露講和反対騒擾

もとより日露講和反対騒擾とは、どのような事件であったのか。高校の「歴史総合」では帝国主義時代のさなかに生じたのが日露戦争であり、その国民統合として日比谷焼討事件を取り上げるといった記載がなされる。事件の背景に「対外硬派」という政治勢力が介在したとする従来の研究に対し、近年は若年男性労働者の暴力として展開された点が強調される。

もっとも、これらの歴史研究は、帝都東京の事例のみを論じ、日露講和反対騒擾＝日比谷焼討事件との認識ゆえに、地方都市における民衆騒擾への論及が不十分なのである。この点、銅像襲撃という特異な行動がみられた神戸の民衆運動は恰好の歴史素材となる。

民衆運動が生起する社会的要因

当時の社会を振り返れば、日露戦争下で銃後の生活を民衆は強いられていた。戦死者の葬儀も繰り返される暗鬱とした世相であり、多分にストレスフルな状況であった。ゆえに時折催された提灯行列は、銃後を生きる民衆のガス抜き的な祝祭化という一面もあった。

　一九〇五年八月下旬にはペストが再来、事態はより深刻となる。「黒死病の恐怖」が市内に渦巻き、民衆の間に「ペスト・ノイローゼ」という感染症への恐怖が再燃する。「第二次ペスト流行」の端緒でもあり、感染者の急増にともない健康診断や交通遮断が実施されるなど、神戸は社会混迷の只中にあった。「市内の騒擾にさしも連日新患者を続発」との報道は、まさに民衆運動とペストとの関連を暗示させるものである（『神戸又新日報』一九〇五年九月一一日付「ペストの其後」）。

　新聞社による世論喚起というべき政治キャンペーンもあった。神戸では地元有力紙『神戸又新日報』『神戸新聞』が講和反対の論陣を張り、「屈辱」や「悲憤」などのセンセーショナルな文言を散りばめた読者欄を設け、「憤慨投書」を連日掲載している。民衆に渦巻く生活不安の原因を政治腐敗に還元させる報道が喧伝され、講和反対の世論が異様な熱気を生む。三つの社会的要因が折り重なり、民衆運動が生起したのである。

民衆運動の論理

　講和反対は新聞社の世論喚起のみならず、民衆の自律的な論理から生み出されたものである。銅像襲撃という行動の背景を探る糸口は「憤慨投書」にある。

　投書の大半は講和反対を声高に唱えるのみで、理由の判然としない内容が多い。政府や元老、諸外国に向けた「憤慨」のオンパレードであり、感情の高ぶりをストレートに表現することで民心を鼓舞している。また東京や大阪で市民大会が開催されたとの報道を受け、神戸で実現しないことへの民衆的不満も示されていた。後塵を拝した焦燥感や地域的対抗心から「三十万の市民よ」と神戸市民に決起を促すものである。

　さらに、「楠氏の霊宣《のたま》はく、乃公《だいこう》の頭に嗚呼《ああ》を付けたが今度の講和條件こそ嗚呼である嗚呼は譲らう（嗚呼生）」との投書は、楠氏＝楠木正成《くすのきまさしげ》に触れて「嗚呼は譲らう」と講和反対の立場を皮肉的に提起している点が興味深い。冒頭で触れた湊川神社は、楠木正成を主祭神としており、何より神戸市民に「楠公《なんこう》さん」との愛称で親しまれた場所であった。

この湊川神社に座していたのが、元老伊藤博文の銅像である。日露講和の元凶たる立場に加え、伊藤には「明治好色一代男大勲位伊藤侯爵」(『滑稽新聞』一九〇三年八月二〇日付)といった嘲笑が寄せられているように、品行の悪い好色家として民衆には認識されていた。

ゆえに、「市民諸士大名誉の講和条約締結者現内閣の顧問役伊藤侯の銅像が楠公社内に祀りあるを幸ひ白張提燈行列を行ひウラーを三唱し謝意を表しては如何(一市民)」との投書もある。銅像襲撃を予期し煽動する言説であり、政治家・銅像を揶揄する民衆意識の証左である。忠臣＝楠木正成への敬愛／元老＝伊藤博文への嫌悪という民衆にとって対照的な人物評が内在する一方で、同床異夢たる両者が湊川神社に安置されている。伊藤を排除すべく銅像を襲撃する独自の民衆的論理があり、ナショナリズムの一端が現れている。

民衆運動の様相

神戸の民衆運動は、派出所襲撃や一般商店を巻き込んだ暴動でもあり、一九〇五年九月七日から九日までの三日間で終焉を迎える。それでも銅像が引き倒された翌朝の市内は、噂話で持ち切りであった。冒頭の新聞記事は、銅像を一目みるべく、境内には好奇心に駆られた数多の民衆が押し寄せたことも報じている。

実は高揚感と一体感こそ、民衆運動の本質である。銅像を引き倒した一群を取り囲み、数多くの傍観者が脇を固めることでこの運動は展開した。傍観者の関心を引き寄せる銅像は恰好の動員装置となり、押し寄せた群衆のなかには「掛け声勇ましく」とか「男に劣らぬ勢ひ」と報じられた女性の存在も見出せる。ジェンダー・バイアスをともなう筆致であるが、群衆と一体化してこそ民衆運動は躍動化する。まさに安丸良夫のいう「オージー的な祭り」となったわけである。銅像が回収されるや、祝祭を終えたごとく民衆運動も終焉を迎えるが、その過程では飲食店での強要や強奪、警察官との角逐といった略奪や暴力も散見された。

民衆運動を報じた新聞報道さえ、祝祭化の気運を引きずっている。冒頭に掲げた新聞記事は多分に戯画化され、センセーショナルな伝聞に様変わりしている。浮足立ったような報道姿勢から、現場の熱気が臨場感としてダイレクトに伝わる。メディアの語りというバイアスが垣間みえるとともに、時代の空気が反映されていることも事実である。民衆運動の祝祭化といった経験は、新聞史料という媒体が雄弁に物語っている。

民衆運動をめぐる社会の反応

他方、社説欄は銅像襲撃という行動をもっぱら批判する内容である。市民大会は「国民公噴」を軸に開催されるべきであり、「お祭騒」ではないと強調する。そして銅像襲撃を想起し、暴動を回避すべく民心をいさめるべきと主張する（『神戸新聞』一九〇五年九月九日付「神戸市民大会」）。批判の矛先は官憲にも向けられ、別の論説では日比谷焼討事件の二の舞を危惧しつつ、警察の過酷な取り締りも牽制している（『神戸新聞』一九〇五年九月七日付「神戸市民大会と警察」）。民衆と官憲の双方に過度に熱狂しない旨を警告する筆致は、民衆運動への時評として、一面では正鵠を射ている。略奪や暴力が生じるなか、放火の風聞に接し右往左往した住民が存在するなど、市内が混迷を深めたことも事実なのである。ここに熱狂と暴動をともないつつ展開した民衆運動が、戦時社会における刹那的な解放願望の発露にすぎなかったという歴史の現実も浮き彫りとなる。

新聞史料の有効性

民衆運動史研究では、発生要因・参加主体・運動論理の三点を明らかにする必要がある。それが可能な史料を発掘し、民衆運動の様態を的確によみとくのが要点となる。本稿の場合、社会的要因・傍観者をともなった群衆・湊川神社からの銅像排除の三点である。

史料として注目されるのが、①官憲調査、②裁判記録、③当事者の記録、④新聞史料の四つである。このうち、①③は当局／当事者といった双方の立場をダイレクトに反映しているため、両者の「暗部」（①は苛酷な弾圧、③は略奪や暴力）をよみとるのが難しい。

②の場合は、被告人はもとより、警察官、検察官、弁護士、裁判官など複数の立場から検証した史料であり、民衆運動の検証において有用である（本書の第5章3参照）。もっとも、①③と同様に、当時の状況や社会の反応をリアルタイムに知ることが難しい。この点、④は記者の偏見や報道の恣意性などバイアスがともなうものの、本稿でみたように、民衆運動の現状を即座に報道している特質に加え、読者欄や社説欄から社会の反応も看取できるという利点もある。民衆運動をさまざまな角度や視点からよみとける史料である。

むろん、四つの史料を渉猟すれば、民衆運動の様態をより精緻に解明できる。とはいえ、地方都市の民衆運動ともなれば、すべて残っているほうが稀である。④には①②③の抄録が紙面化されることもあり、他の史料的要素をあわせもつ複眼的な史料である。ゆえに歴史研究において新聞史料は、有効なツールなのである。

【主要参考文献】

- 有山輝雄『近代日本ジャーナリズムの構造――大阪朝日新聞白虹事件前後』（東京出版、一九九五年）
- 安保則夫『ミナト神戸　コレラ・ペスト・スラム――社会的差別形成史の研究』（学芸出版社、一九八九年）
- 藤田貴士「近代日本における都市民衆運動の胎動――地方都市神戸の日露講和反対騒擾を事例として」（伊藤俊介・小川原宏幸・愼蒼宇編『「下から」歴史像を再考する――全体性構築のための東アジア近現代史』有志舎、二〇二二年）
- 藤野裕子『都市と暴動の民衆史――東京・一九〇五～一九二三年』（有志舎、二〇一五年）
- 宮地正人『日露戦後政治史の研究』（東京大学出版会、一九七三年）
- 安丸良夫『日本の近代化と民衆思想』（青木書店、一九七四年＝平凡社ライブラリー、一九九九年）

★史料へのアクセス

『神戸又新日報』（一八八四年創刊）、『神戸新聞』（一八九八年創刊）は、現存する記事が神戸市立中央図書館に保存されている（『又新』の原本も所蔵）。マイクロフィルム化され、同館や神戸市文書館、国立国会図書館などでも閲覧できる。『又新』はデジタル化もされており、神戸大学附属図書館や神戸市立中央図書館で公開されている。なお、銅像襲撃事件の詳細は、藤田前掲論文参照。

5 桂新党をどう捉えるか

——書簡史料のよみ方

千葉 功

桂の「決心」

〔小生は〕一意専心真直線に進行するの外《ほか》手段無之《これなき》事と決心 仕《つかまつり》 居《おり》申《もうし》 候《そうろう》。突貫其《その》効奏《そう》し候得《そうらえば》は天下之《の》幸福なるは勿論《もちろん》に候得共《そうらえども》、若《も》し突貫事を破るも亦《また》国家之《の》不幸とも不相考 候《あいかんがえずそうろう》。唯々其《その》時こそ預而《かねて》御内話 仕《つかまつり》 置 候《そうろう》 善後之所置〔処〕を取るの時機を早め可申 候《もうすべくそうろう》。

（一九一三年一月一二日付山県有朋宛桂太郎書簡）

これは、時の総理大臣桂太郎が、元老であり今まで自分を引き立ててきた山県有朋《やまがたありとも》に宛てて書いた書簡の一節である。桂は「〔自分は〕一意専心、直線に進むほか手段はないと決心している。その突貫が効果を発揮したならば天下の幸福であるのはもちろんであるが、もしもうまくいかなくても国家の不幸とは考えない。ただそのときこそ、かねてあなたへ内話しておいた善後処置をとる時期を早めなければならない」と、山県に自己の意見を開陳している。ほかの史料をあわせてみてみると、史料にある直線に進む＝中央突貫とは衆議院解散を、善後処置とは桂自身による政党組織を意味すると推測される。

本史料が作成された背景──大正政変

この書簡が書かれたとき、政界は騒然としていた。

前年の一九一二(大正元)年一二月、ときの第二次西《さい》園寺公望《おんじきんもち》内閣は、陸軍の求める二個師団増設を財政上不可能として閣議で否決した。上原勇作陸軍大臣は単独辞職したが、後任難のため内閣も総辞職となった。世にいう「陸軍のスト」である。さらにそのあと、陸軍出身の桂が一二月二一日に第三次内閣を組織したことから、メディアにおける陸軍攻撃の機運は交詢社に飛び火し、閥族打破・憲政擁護を旗印とする憲政擁護運動が展開することになった。

第三〇通常議会が一二月二四日に召集、二七日に開会となったが、貴衆両院の議長を選出しただけで、すぐに翌年一月二〇日まで年末年始の休会に突入した。

しかし、一月二一日に議会が再開するとして議員配置に変化がない以上、特に衆議院では桂内閣にとって猛烈な逆風の吹くことが予想された。桂にとって衆議院に関しては、停会するのか、それとも解散するのかの選択肢があった。そして、その選択肢と密接に関連して、政党に関しては従来の立憲政友会との提携関係(「桂園《けいえん》体制」)を続けるのか、それとも自前の政党(桂新党)を組織するのかという選択肢があった。議会の年末年始休会明けが目前にせまるなかの一月一二日に書かれたのが本書簡である。

山県の視点によると

山県が後年回想した「大正政変記」によると、山県は桂からの書簡を翌一三日に受け取ったという。また、この日には杉山茂丸が桂の旨を含んで、小田原の古稀庵《こきあん》(山県の別荘)に来訪して、政友会や立憲国民党の近状を報じた。その談話の際、杉山は桂に対して、政友会を「握取《あくしゅ》」するか、そうでなければこれを打破して別に政党を樹立することを献策した。しかしながら、桂自身すでに早くから政党組織の意志があることを杉山に告げたというのが、杉山の話であった。

よって山県は、桂には新党組織の意志があることがますます明白になったと受け取った。ただし、山県は桂の書簡から「此《こ》ノ事タルヤ元ヨリ急速ニ行フニアラズシテ、議会解散ノ已《や》ムナキニ至リ、始メテ実行スルモノト思料《しりょう》セリ」（山県有朋「大正政変記」）という。すなわち、政党を組織するにしても、あくまで衆議院解散のやむなきにいたったうえで実行するものとしていた。このように、山県の視点によると、桂の政党組織は政友会や国民党切り崩しのための窮余の一策と受け止められていた。

しかし、冒頭の桂の書簡を虚心坦懐によむと、政党組織を前倒しして実施したがる桂の思いも伝わってくる。つまり、山県の受け止め方には、政党組織を嫌う山県自身の希望的観測が多分にこめられていると思われるのである。

研究者の捉え方の変化

かつて山本四郎のような古典的研究では、憲政擁護運動の動きを重視するあまり、山県の視点と同様に、桂新党は窮余の政党切り崩し策という捉え方がされてきた。そのような捉え方が変わってきたのは、一九九〇年前後のことである。

季武嘉也は、それまで利用されることのなかった野田卯太郎日記から政友会所属の野田が桂新党構想を躍起になって阻止しようとする姿を明らかにしたうえで、たんなる窮余の策ではなく、桂が「強い国策」の実行のため「国民と合致」した「強力な大政党」を目指していたと結論づけたように、発想の一大転換が行われた。

また、ほぼ同時期に櫻井良樹が、桂は辛亥革命以後の第二次西園寺内閣の外交政策に対して強い不満を抱いた結果、強力な一大政党を組織して国民全体の力を新党に結集することによって内外政策にあたろうと考えたという、これまた斬新な視角を提示した。

このように、桂が新党結成に積極的であったことは自明のこととして、それでは桂が新党に何を期待していたのかの分析に移るようになったのである。

その後も下重直樹は、若槻礼次郎《わかつきれいじろう》・浜口雄幸《はまぐちおさち》など大蔵官僚を中核とした桂系官僚の政党化現象に着目することで、櫻井の重視する外交問題ではなく経済＝財政問題から桂新党を分析するという新たな研究潮流を生み出した。

また千葉は、桂新党が当初衆議院だけでなく、貴族院や政府官僚組織にまたがる政党組織「立憲統一党」として構想され、この強力な政党組織によって、外交政策としては満洲権益の期限延長ないし日露による満蒙分割を、財政政策としては陸軍拡張・海軍拡張・減税のすべてを凍結する徹底的緊縮財政を、それぞれ行おうとしていたことを明らかにした。

以上みてきたような研究の進展は教科書にも反映され、近年の高校の日本史教科書には桂が政党組織に積極的であったように叙述されるようになっている。

山県の返信をよんでみると

さて、政党組織に対する桂と山県の温度差をふまえて、山県の桂宛て返信をよんでみると、そのニュアンスがより明確に浮かび上がってくる。

山県は一月一四日付で桂へ返信を送っている。この書簡によると山県は、中央突貫のほか活路がない情勢に立ちいたり、桂が断然たる決心をしたことを拝承して、国家のため遺憾ないとほめている。そして突貫後の政策として、政府は公明正大の主義を国民一般に貫徹させる方法を講じるのが最も緊要だという。そのうえで、他の善後策（政党組織を指すと思われる）など種々手段・方法を講究・実施するのはもちろんだけれど、一般人民が誘惑報道された「誤聞」を「覚破警醒《かくはけいせい》」させることが第一だと信じると山県は強調する。

この返信をみてみると、政府が公明正大の主義を国民一般に貫徹させる方法、いいかえると一般人民の「誤聞」を覚醒させる方法が具体的に何を指しているかは判然としないが、少なくともそれよりも政党組織の順位が下であることは明確にわかる。一見、桂と山県という政策志向が近い政治家同士の書簡のやりとりであっても、文章をたんねんによむと、その差異もみえてくるのである。

日本近代史研究にとっての書簡史料

当時、政治家にとっての政治活動の基本は、直接会うことであった。当時の政治家は今でいう山手線の東半分に居住していることが多く、物理的な距離は近かった。ただし、対面で何を話したかは、会議と違って議事録をとるなどありえない以上、後世にたまたま重要な会談だとして回想されて記述される以外、記録は残らない。

その対面会談を補完、ないし内容をうかがわせるものとして、書簡史料がある。政治家は書簡を書くことによって、対面で会談した内容の確認を行うとともに、対面後の新情報を知らせあったりする。もちろん、遠隔地の人に対しては、対面抜きに書簡のやりとりだけが行われる。つまり、書簡を書くことイコール政治活動であるかのごとく、政治家はせっせせっせと書簡を書いたのである。

特に親密な間柄であればあるほど、書簡のやりとりは頻繁になる。たとえば、桂から山県に宛てられた書簡が八六通、山県から桂に宛てられた書簡が二四一通、現在残っている（桂から山県への書簡も、本来は二〇〇通を超えていたと推測される）。この書簡のやりとりをよみとき組み立てて、当時の政治状況を復元することが、日本近代史研究の基本となる。

ただし、書簡史料はくずし字で書かれていることがほとんどであるうえ、翻刻・活字化されたものはごく一部にとどまっている。よって、一般読者はもとより研究者も今まで読解・利用してこなかった書簡史料がまだたくさん残っている。すなわち、研究のための沃野は広大に広がっているのである。

【主要参考文献】

・山本四郎『大正政変の基礎的研究』（御茶の水書房、一九七〇年）

だきたい。

- 櫻井良樹『大正政治史の出発――立憲同志会の成立とその周辺』(山川出版社、一九九七年)
- 季武嘉也『大正期の政治構造』(吉川弘文館、一九九八年)
- 下重直樹「日露戦後財政と桂新党――桂系官僚と財界の動向を中心に」(『日本歴史』七一〇号、二〇〇七年)
- 千葉功『桂太郎――外に帝国主義、内に立憲主義』(中央公論新社、二〇一二年)

★史料へのアクセス

書簡史料は通常、書簡の受取人の家に伝わる(まれに、差出人が書簡の草稿や写しを残すことで、差出人の家に伝わることもある)。今回冒頭に取り上げた書簡も、受取人である山県有朋の家に伝わった史料群(「山県有朋関係文書」)のなかに残されており、現在は国立国会図書館憲政資料室の所蔵となっている。憲政資料室の史料は、国会図書館の利用資格(満一八歳以上)の人であれば誰でも閲覧や複写することが可能である。

また、この山県宛ての桂書簡は翻刻・活字化されているので、通常の図書館で利用することができる(尚友倶楽部山縣有朋関係文書編纂委員会編『山縣有朋関係文書』第一~三巻、山川出版社、二〇〇五~八年。千葉功編『桂太郎発書翰集』東京大学出版会、二〇一一年)。さらに、桂宛ての山県書簡のほうも翻刻・活字化されている(千葉功編『桂太郎関係文書』東京大学出版会、二〇一〇年)。そういう意味で、桂と山県との書簡のやりとりについては、比較的アクセスしやすい環境にあるといえる。ぜひ活用していた

6 史料としてのマニュアル

藤原辰史

家事マニュアルの世界観

すべての作業道具は、非の打ち所がないような、利用しやすいかたちで整理されていなくてはならない。そして、そのほかの家財道具一式も道具の目的に合わせて配置されていなくてはならない。
(エルナ・マイヤー『新しい家事』フランキッシェ出版、一九二七年)

なんの変哲もない、家事の指南である。史料的価値は特にない、と思われても仕方がないだろう。「整理整頓」というメッセージ以上によみとることの難しい文章のように思える。ところが、さまざまな文脈を意識してこの一文を玩味すれば、たちどころに時代の雰囲気を理解する一助となるだろう。

というのも、本書は、第一次世界大戦後、皇帝が退位してドイツ帝国が崩壊したあとに生まれたヴァイマル共和国でベストセラーとなった家事マニュアルであり、引用はその十か条の四番目であり、「住まいを作業場に改善すること」というセクションに分類されている言葉であるからだ。現在の私たちの暮らしに直結する家事の合理化が本格化する時代の幕開けが、本書によって宣言されている、といっても過言ではないだろう。

女性の地位向上と家事マニュアル

著者のエルナ・マイヤー（旧姓ポラック）は、一九一三年にベルリン大学で経済学の博士号をとった女性である。官僚の家計簿を分析した内容もさることながら、女性の博士は家父長制の色濃く残るドイツではとてもめずらしく、おそらく女性だったことも一因となり、アカデミックの世界に残ることはできなかった。

そのマイヤーが活路を見出したのが、家事アドバイザーとしての仕事だった。女性が自由な時間を確保できる社会を目指して、雑誌を刊行し、家事の合理化に身を捧げた。

女性たちは、ヴァイマル共和国で選挙権を認められたが、奉公人を雇うことが労働者の権利を守る観点からできなくなり、兼業主婦であれ専業主婦であれ、家事をせざるをえなくなった。そんな女性たちがターゲットだった。彼女たちが疲労することなく家事ができるように、そして幸せな結婚生活が営めるように、マイヤーは啓蒙活動に勤《いそ》しんだ。その最大の成果が『新しい家事』というマニュアル本なのである。

テイラー主義の影

この本の意味を考えるには、おおよそ三つの背景を知らなければならない。一つ目が、先ほど述べた女性の立場の変動であるが、二つ目はアメリカニズムである。当時、アメリカの財力に支えられていたドイツには、その文化が怒濤のごとく流入していた。そのなかの一つがテイラー主義であった。テイラー主義とは、一九世紀末にフレデリック・テイラーが開発した経営管理方式である。労働者をストップウォッチによって監視し、休憩と労働をきちんと区別したうえで、機械のように正確にかつ効率的に仕事ができるように訓練する方法のことである。これを家事に導入すれば、もっと効率的になり、自由な時間をもてるのではないか、というのが当時アメリカで流行していた家政学のもくろみであった。マイヤーは家政学を用いて家事をもっと合理化しようと考えたのである。「作業」「目的」「配置」といういささか家庭に馴染まない言葉が目立つのも、そうした背景があるのだ。

家庭内を作業場とする——現在の言葉のニュアンスではとても受け入れられないだろうが、当時としてはむしろ時代を先取りするような言葉だった。

マニュアルの思想

三つ目は「女性の国民化」である。マイヤーは、大学で学んださまざまな経済研究の成果をマニュアルの記述に活かし、それをもとに読者に向けて、あなたは国民として有用な人材であると訴えた。たとえば、石炭の消費量は、一位が鉄工所で二位が家庭の台所なのだから女性の責任は重い、国家のために燃料を無駄にしてはいけないので、かまどに溜《た》まる灰の掃除を徹底せよ、と訴えたのだった。あるいは、毎日、台所のシンクには大量の油が流れているのだから、それをできるだけ少なくせよとアドバイスもした。こうした節約主義は、最終的には労働力の節約にもおよんだ。家事労働の疲労を軽減するために、日々の運動、休憩の方法、りんごの皮剝きの姿勢までも論ずることを怠《おこた》らなかった。

なぜここまで節約を訴えたのか。それは、第一次世界大戦期の食料と燃料の不足があげられる。当時のドイツ帝国は、イギリスの経済封鎖とドイツの農業政策の失敗により、前代未聞の飢餓に陥った。七六万人ともいわれる女性たちや子どもたちが飢えゆえに亡くなった。二〇代で彼女が感じた破局はどんなものだったのかが直接わかる史料は残されていないが、『新しい家事』で強調される節約の徹底ぶりから、うかがい知ることができよう。

マニュアルとは何か

以上のように、マニュアルは、時代の空気をよむうえでとても重要な一次史料である。ためしに、本屋のビジネス書の置かれている棚に行ってみよう。そこにはたくさんのマニュアルが並んでいる。どうやれば仕事を成功させられるか。どうやったら経営がうまくいくのか。どうやったらいい上司になれるのか。会社員たちの悩みに直結するタイトルばかりだ。ほかの本棚をのぞいてみても、マニュアルは多い。スピーチの仕方、手紙の書き方、株投資の仕方、勉強の仕方、家事の仕方、魚釣りの仕方。そう思えば、スポーツだって、料理だってみんなマニュアル本が多数制作されている。

慣れていないことをしなければならないときに、マニュアルは頼りになる。しばしば絵や写真をともなって、手順が細かく書いてあり、それに従えば、あらかじめリスクを避けることができるし、同じ目的を有している集団で共有すれば、ミスも少なくなる。書き手はだいたい、その道のスペシャリストである。読者は著者を信頼し、自分で右往左往し時間を費やして学ぶよりも、短時間でその方法を学ぼうと努力する。

だがおそらく、マニュアルの読書は、自分を変えていこうとする前向きな理由だけではあるまい。マイヤーの『新しい家事』は、読者の行き場のない不安に見事にフィットしたものだった。社会の流動が激しくなり、母親たちから離れて暮らす女性たちは、家事の方法を自分たちで学ばねばならなかった。また、新しい家事道具が次々に販売され、その使い方を理解するのも一苦労だった。それが家庭のステイタスと直結していたことも容易に想像できるだろう。家事マニュアルはその意味で、人びとの他人にはいえない悩みを解消するような役割も果たしていたに違いない。

マニュアルの社会史

マニュアルは時代を超えて多くの人たちを助けてき

た。服部伸編『「マニュアル」の社会史』には、上記の事例のみならず、ドイツのホメオパシー治療マニュアル、日本の天然痘対策マニュアル、大正期日本の学校歯磨教練マニュアル、隣組マニュアル、アメリカで刊行された女性たちをエンカレッジするマニュアルなど、多くの事例があげられているので参考にするとよいだろう。

だが、それだけではない。編者の服部は、「マニュアルの分析からは、人びとが、知らぬ間に、他者によって操作される危険性が浮かび上がってくる」とも述べている。たしかに、マイヤーも女性たちを労働者のように律しようとする意図が強く、それゆえに女性たちの家事を味気ない機械的なものにする危険性と隣り合わせであった。それどころか、家事の科学技術への依存をもたらし、それがかえって家事仕事を増やしていくという、『お母さんは忙しくなるばかり』の著者コーワンの指摘も頭をよぎる。実際のところ、マイヤーのような家事マニュアルは大量に出版され、購入されていたが、ナチ時代に移行したあとも、このような類の本の出版は勢いを失わなかった。節約をする主婦が讃えられ、そのような女性をモデルとして女性を訓練するシステムができるなど、ナチズムの女性のコントロールとも密接に関わっていた。

もちろん、マニュアルは決して人間の機械化を助けるだけではない。前掲書に収められた宝月理恵の「幸福なる理想の洗面台──大正から昭和初期の学校歯磨教練マニュアル」では、子どもたちに楽しく歯磨きをさせるために、「号令によらずして音楽、例へばピアノ、オルガン、ハーモニカ等或は蓄音機により一定のリズムを以《も》つて指導」するよう記されたマニュアルを紹介している。学校での歯磨体操によって身体の規律化が単純に進んでいくというよりは、音楽が加わることで、本来の目的からずれる可能性もあったという宝月のコメントは興味深い。

マニュアルのアレンジ

マニュアルをよみこめば、次に来るのはアレンジである。マニュアルは単純な身体の規律訓練を表す史料ではない。自分の行為を洗練させる踏み台でもあった。私は、近代ドイツの料理本を収集するためドイツ各地の古本屋をめぐったが、本のなかにはメモ書きや書き込みなどが多くあった。マニュアルに使われるのではなく使おうとしていたことを表す痕跡である。とするならば、マニュアルは、権力の発動の道具としてだけではなく、人間の身体と国家や市場がぶつかる「場」として捉えるのがよいのかもしれない。

【主要参考文献】

- Erna Mayer, *Der Neue Haushalt: Ein Wegweiser zu wirtschaftlicher Hausführung*, Frank'sche Verlagshandlung, 1926.
- コーワン、ルース・シュウォーツ『お母さんは忙しくなるばかり――家事と労働とテクノロジーの社会史』(高橋雄造訳、法政大学出版局、二〇一〇年)
- 服部伸編『「マニュアル」の社会史――身体・環境・技術』(人文書院、二〇一四年)
- 藤原辰史『ナチスのキッチン――「食べること」の環境史』(共和国、二〇一六年)
- 宝月理恵「幸福なる理想の洗面台――大正から昭和初期の学校歯磨教練マニュアル」(服部編『「マニュアル」の社会史』人文書院、二〇一四年)

★史料へのアクセス

マイヤーの『新しい家事』はベストセラーであったため、ドイツの図書館では比較的簡単にみつかる。また、この手のマニュアルは、ドイツに限らず日本でも、図書館よりも古書店で探すと意外に早くアクセスできる。日本で入手するためには、日本の大学図書館では、京都大学の桂図書館と経済学部図書館、名古屋大学の経済学図書館、大阪公立大学中百舌鳥図書館の三つの図書館に所蔵されている。

7

女性公民権の訃報を知らせる

史料から考える「女性の参政権」

井上直子

黒枠のハガキと返信の手紙

謹啓　予《あらかじ》め一方ならぬ御配慮に預り居《お》り候《そうろう》婦人公民権案の儀は、遺憾乍《いかんなが》ら遂に昨三月五日午後六時衆議院本会議に於《おい》て否決の悲運に逢着《ほうちゃく》仕《つかまつり》候《そうろう》。全力を挙けての戦ひに惨敗せる今は一同泪《なみだ》を呑んで一に向後の善戦を決心致し居る次第、茲《ここ》に従来の深厚なる御同情に感謝すると共に将来の御声援を希願し奉《たてまつ》り候次第に御座《ござ》候《そうろう》。

昭和四年　三月六日

婦選獲得同盟

（市川房枝記念会女性と政治センター所蔵、請求番号六四八、のち市川房枝編集・解説『日本婦人問題資料集成　第2巻　政治』収録）

これは、婦選獲得同盟が当時の代議士全員に宛てたハガキの全文である。第五六回帝国議会衆議院本会議（会期：一九二八年一二月二六日〜一九二九年三月二五日）に提出された市制町村制中改正法律案（いわゆる女性公民権の獲得を求める婦人公民権法案）が否決されたことを受けて出されたもので、ハガキには真っ黒な縁取りがほどこされている。

内容は以下のとおりである。

かねてより女性公民権法案についてひとかたならぬご配慮をいただいていたが、遺憾なことにとうとう昨日の三月五日午後六時、衆議院本会議で否決の悲運に遭った。全力をあげての戦いに惨敗した今、婦選獲得同盟一同涙をのんで、ひとえに今後の善戦を決心しているところである。ここにこれまでの深いご同情に感謝するとともに今後のご声援を願っている。

このハガキが出された一九二〇年代から三〇年代にかけて、女性の参政権を求める法案の提出が続いた。田中義一政友会内閣下の第五六議会では、法案を提出した政友会、民政党有志と、時期尚早と否定的な政府が対立し、女性公民権法案は衆議院通過とならなかった。

教科書で書かれる女性参政権

女性参政権について、「歴史総合」の教科書には、第二次世界大戦後の一九四五年、日本で「女性の参政権」が実現したと書かれている。女性の参政権が実現していなかった時期にページを戻すと、一九二〇年代の日本の社会運動について取り上げる節で、平塚らいてう、市川房枝が一九二〇年に新婦人協会、また一九二四年に婦人参政権獲得期成同盟会を結成して女性の参政権を求めたとある。女性の政治集会への参加を禁じた治安警察法の条文廃止については一九二二年に達成されたことも書かれている。

さらにページをさかのぼると、第一次世界大戦と大衆社会を取り上げる節で、第一次世界大戦前後の欧米において女性の参政権を求める運動があり、第一次世界大戦後に実現した国々もあったことが記される。

婦人参政権獲得期成同盟会は、結成の翌年、先のハガキの差出人名である「婦選獲得同盟」に名称を変更し、一九四二年まで活動を続けた。よって本稿ではこの名称を用いる。

日本で女性の参政権を実現させる条件

では、「歴史総合」の教科書が指す「女性の参政権」とはどのようなものだろうか。

本稿で取り上げる史料が作成された日本の場合、地方政治に参加するための公民権、国政に参加するための参政権、そして女性の場合は政治結社を組織するための結社権の合計三つの権利をすべて獲得する必要があった。そこで、婦選獲得同盟らは、三つの権利を求めそれぞれ請願を提出し、議員に各法の改正をするようはたらきかけるなど運動を展開した。

以上の法改正が実現すると、日本の「内地」に一定期間居住しているなどの要件を満たした者には性差を問わず政治参加の権利が認められる。そして、「外地」すなわち植民地である朝鮮、台湾に居住する者や特定の住所をもたない、もてない者、公的に経済支援を受けている者などは権利の埒外に置かれ続けることとなる。したがって、日本における「女性の参政権」はあくまで日本「内地」の女性の参政権を対象としたもので、この女性の内実も当時問われなかった。本稿では日本の事例のみとなってしまうが、参政権の歴史は、国政、地方政治へ参加可能な人は誰かをめぐる、包摂と排除の歴史として世界史の視点から捉えることができる。

婦人公民権法案の死亡通知書

以上をふまえ、史料に戻る。史料をよみ進めると、形式・内容ともに「婦人公民権」の訃報であることがわかる。

そもそも黒い縁取りをほどこした黒枠のハガキは、訃報、弔事・法事のみに用いるものである。そして訃報には、故人とその年齢、死亡日時、生前の感謝、通夜や葬儀・告別式の日時、喪主・遺族の氏名といった情報が記される。ハガキには、故人のかわりに「婦人公民権」、死亡日時・死因のかわりに「三月五日午後六時衆議院本会議に於て否決の悲運に逢着仕候」、生前の感謝のかわりに女性の参政権に対する「御同情」への感謝と将来の声援への希望をそれぞれあてはめている。

このハガキを受け取った議員からの返書も残されている。川島正二郎衆議院議員は、返信の手紙に、「黒わくの葉書拝見　貴嬢等の不真面目驚くの外なし」と書き出している。女性参政権が議会でややともすれば「余興扱」いされるのは、こうした訃報のハガキを送りつけるような「不真面目」さが原因と推測し、猛省して真摯な態度をとるよう説いた。

この川島の返書は、婦選獲得同盟が不真面目ゆえに、議会で女性参政権を審議する意義がないとみなされているかのようにもよめる。このような返書からも、当時の女性参政権や女性運動家に対するまなざしの一端をうかがい知ることができる。

では、なぜ婦選獲得同盟は訃報のハガキを出したのだろうか。

帝国議会の仕組み

まず、議会における法案の提出とその否決について確認してみたい。否決とは、これ以上審議する価値がないと法案そのものを否定する議会の意思を示したものである。そもそも法案を提出するには本議会や委員会で提案理由を説明する提出者、そして二〇人以上の賛成者を集めねばならない。衆議院で可決されても、その後、貴族院で否決される可能性も十分あるが、まずは衆議院を通過させることが法改正の重要な関門だった。なお、本会議の前段階である委員会で採決されず、あるいは委員会で可決されても本会議に上程されない場合は審議未了となるため、本会議に上程させること自体も容易ではない。

その関門が閉じられ、政治参加の権利の一部である公民権が否定された。このことを婦選獲得同盟は重要視し、あえて「訃報」として婦人公民権法案の否決を通知することで、唯一議会に法案を提出・審議することができる議員にその意味を問うたといえる。

黒枠ハガキに込めた思い

次に、同じ時期の史料の一つとして婦選獲得同盟の機関誌『婦選』(復刻版)を繰ると、一九二九年三月一五日付刊行の三巻三号三頁に同じハガキが掲載されている。

記事は、上段に黒枠ハガキ、下段にハガキに対するコメントを付している。下段のコメントには、「敗軍、では将も卒も兵を語りやうもない。しかも、どうにも片づきかねる心持、それが上のようなハガキに変形して早速議員の手に飛んだ」「黒ワクに表現した皆の心はまだまだこれ位では片づきさうにもない」とある。

当事者が書いた記事から、黒枠のハガキが、議員に対する抗議とともに、婦選獲得同盟自身の失意や悔しさを込めた一通だったことがわかる。そして機関誌に掲載することで会員とその感情を共有しようとしたと考えられる。

女性参政権をめぐる研究の広がり

本稿で取り上げた日本の女性参政権運動について、先行研究は女性の政治的権利の獲得過程を実証的に解明してきた。日本近代史で十分取り上げられない女性の歴史を発掘し叙述するなかで、女性参政権は男女差別の問題を考えるうえで欠かせないテーマの一つであった。女性史、そして政治史・法制史の観点から女性参政権の歴史研究が進められた。

ジェンダー概念の導入以降は、ジェンダーの構築性や運動のもつ表象性に注目した女性参政権運動研究がなされるようになっている。たとえば佐藤繭香は、イギリスの穏健派とされる女性参政権運動者(サフラジスト)が用いたバザーやファッションといった運動手法や団結方法を分析対象としている。植民地と宗主国それぞれの女性参政権運動について検討した林田敏子の論考もある。関連して、リン・ハントは、当時の大衆小説などを分析し、「人権」という概念がフランスにおいて定着する要因の一つに共感という感情があったとし、さらに女性や奴隷、黒人といった特定の集団に対して権利を付与すべきとの議論も呼び起こしていったことを述べている。同時に、自身から遠く共感をもてないために脅威となる人びとに対する暴力が正当化されるジレンマがあることも指摘した。

　本稿で紹介した史料はハガキ一点だが、日本については市川らが残した史料、そして帝国議会議事録や新聞雑誌資料などを組み合わせながら、女性参政権に限らず、当時人びとが置かれた立場やジェンダーのありようを多角的に考えることができる。

【主要参考文献】

•鹿野政直「市川房枝　婦選へと貫く意志」（同『鹿野政直思想史論集　二巻』岩波書店、二〇〇七年）

•佐藤繭香『イギリス女性参政権運動とプロパガンダ――エドワード朝の視覚表象と女性像』（彩流社、二〇一七年）

•白石玲子「一九二〇～一九三〇年代日本における婦人関係立法についての一考察――婦人の政治的権利容認の立法的意図をめぐって」（『阪大法学』一一〇号、一九七九年、のち同『日本近現代法と女性・家族』［フォーラム・A、二〇二二年］所収）

•舘かおる「女性の参政権とジェンダー」（原ひろ子編『ライブラリ相関社会科学2ジェンダー』新世社、一九九四年）

•林田敏子「女性と参政権運動」（荒川正晴ほか編『岩波講座世界歴史　二〇巻』岩波書店、二〇二二年）

•ハント、リン『人権を創造する』（松浦義弘訳、岩波書店、二〇一一年、初出は二〇〇七年）

★史料へのアクセス

　黒枠のハガキと川島の返書は、いずれも市川房枝記念会女性と政治センターに所蔵されている。展示室（月曜から金曜の一〇～一六時）では史料をみながら日本の女性参政権獲得運動の歴史を学ぶことができる。資料は閉架のため閲覧には予約が必要である。

　資料はすでに「婦人参政関係史資料Ⅰ」と題してマイクロフィルム化、さらに追加資料を加え「市川房枝資料　1905-1946」として丸善雄松堂よりオンライン化され、図書館等に所蔵もある。オンライン版は検索できるため資料探しが容易である。

　翻刻した資料集もある。黒枠のハガキと川島の返書が収録された『日本婦人問題資料集成』（ドメス出版、一九七七～八一年）は全一〇巻で、市川ら当事者も編者に加わった資料集である。研究者によって編さんされた資料集としては鈴木裕子編集・解説『日本女性運動資料集成』（全一〇巻・別巻一、不二出版、一九九三～九八年）がある。いずれもテーマごとに資料を選び編さんしている。女性参政権については、前者では二巻、後者では一巻から三巻で取り上げている。各巻で女性、ジェンダーに関わる日本史資料を幅広く収録している。

8 帝国日本の肥やしと餌

農林省技手の日誌をひもとく

板垣貴志

ある若き農林省技手の嘆き

満鉄《まんてつ》委託、大豆粕《だいずかす》給与、牡犢《おすとく》発育試験牛を見る、大豆粕を給与せるものは然《しか》らざるものに比し、遥かに発育よく、給与されざるものの気の毒な程の発育を実際に見る、尚《なお》、給与区の被毛の黒く、光沢あり、非給与区の被毛の褐色勝ちにして、両者の区別、判然《はんぜん》たるを見る、大豆粕は毛を黒くする、黒い毛のものは喜ばれず、従って農民は大豆粕を給与せず、此に反駁《はんばく》する有利な説を誰か満鉄の為、否、国家の為に見出すものはなきか（上坂《うえさか》章次《しょうじ》「中国山脈縦断和牛調査日誌」全国和牛登録協会保管資料　二〇一一）

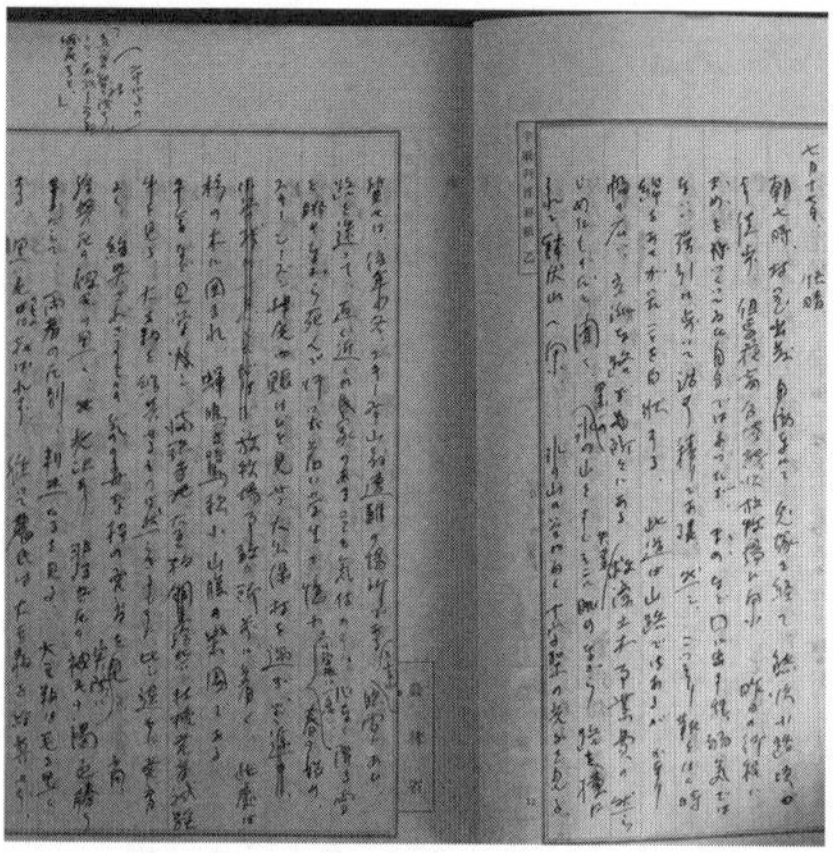

図1　「中国山脈縦断和牛調査日誌」　提供：全国和牛登録協会

一九三三年（昭和八）七月。日本農村は、未曾有の不況にあえいでいた。昭和恐慌である。大学を卒業したばかりの農林省技手上坂章次（二四歳）は、満鉄（南満洲鉄道株式会社）主催の「中国山脈縦断和牛調査団」に参加していた。この日誌は、半月におよぶ調査団の兵庫県から広島県にいたる全行程を、つぶさに記録した貴重なものである。引用部分では、上坂自身の故郷でもある兵庫県の但馬《たじま》種畜《しゅちく》分場での嘆きを、達筆なペン字で記録にとどめている。恐慌の時代のなかで、若きエリート農林省技手の抱く「国家の為」になすべきおのれの使命とは、「満鉄」「大豆粕」「試験牛」の語を結びつけ想起されるものであった。日誌を書いた上坂は、のちに京都大学農学部畜産学研究室の教授を務め、全国和牛登録協会の二代目会長となる。

私は、二〇一七年に全国和牛登録協会に膨大な史料群が残されていることを発見し、六年をかけて整理した。この日誌も新たに発見された史料の一つである。本稿では、この技手の嘆きの背景を明らかにしつつ、近年の昭和恐慌研究の一側面を紹介したい。

化学肥料硫安《りゅうあん》の普及

近代日本農業は、肥料の大量投入による多肥型農業であったと性格づけられている。とりわけ近代の対外戦争による満洲の権益確保によって、「大豆粕」が肥料として国内に大量に流通するようになったことが指摘されている。これは、満鉄にとってきわめて重要な収入源であった。

購入肥料（金肥《きんぴ》）消費の変遷は、（1）近世期から日清戦前期までの干鰯《ほしか》・鯡〆粕《にしんしめかす》など「魚肥中心の段階」、（2）日清戦後から輸入が本格化した大豆粕と、同時期新たに製造を開始した過燐酸石灰《かりんさんせっかい》の両者が組み合わされて使用された「大豆粕・過燐酸石灰の段階」、（3）一九三〇年代以降、硫酸アンモニア（硫安）の国産開始により大豆粕が硫安に代替された「硫安・過燐酸石灰段階」の三期に区分されている。肥料を不可欠とした日本農業にとって、一九三〇年代は、化学肥料硫安が広範に普及した時期であった。輸出額の大部分を大豆粕に依存していた満洲貿易経済は、硫安の誕生によって重大な影響をこうむることになったのである。

満鉄による大豆粕飼料化運動

満鉄では、その打開策として一九三〇年（昭和五）より大豆粕の飼料化対策を推進していく。同社は、一九三一年（昭和六）千葉市に千葉飼料研究所を設け、農林省畜産試験場や地方の主な種畜場に大豆粕の給与試験を委託する。翌一九三二年（昭和七）からは、中国地方各県に委託して、和牛の発育試験を開始し、本格的に濃厚飼料の配合改善に乗り出していく。

近世以来の伝統的な和牛は、粗食に耐えうる資質を美点としており、餌には、稲わら、野草にわずかな米ぬかや麩《ふすま》（麦の皮くず）が用いられた。昭和恐慌下の日本農村では、農民に忌避されながらも大豆粕を加えた新たな給餌《きゅうじ》法が、国の強力な指導のもと徐々に浸透していく。

一九三三年（昭和八）七月の「中国山脈縦断和牛調査団」は、昭和恐慌による畜産に対する社会的関心の高まり、硫安の普及による満鉄の経営問題など、さまざまな思惑が交錯するなかで敢行されたものであった（図２）。若きエリート農林省技手は、和牛が国家的施策の結節点となっていることを明確に自覚していたといえようか。冒頭の史料からも、帝国日本の学知は疑いもなく国策に総動員された一端がうかがえる。

図2　中国山脈和牛調査団による調査　提供：全国和牛登録協会

昭和恐慌の位置づけをめぐって

「欠食児童や子女の身売りが続出した」（山川出版社『詳説日本史』以下同）という、昭和恐慌の教科書記述は、高校生にとって衝撃的なワードが並ぶ。のちの戦争の時代と相まって、戦前昭和期は、とにかく暗い時代イメージを形成してきた。従来の日本近現代史研究においては、昭和恐慌を戦争の時代へと向かう序幕として位置づける傾向が強かった。しかし、近年の研究では、戦後史も視野に入れて、昭和恐慌を日本社会の構造的な再編の序幕として位置づけられつつある。

一九二九年（昭和四）一〇月、アメリカの株価大暴落に端を発した世界大恐慌は、翌一九三〇年（昭和五）には日本の農村を直撃した。昭和恐慌は、構造的な弱さをもっていた日本農村に深刻な打撃を与え、とりわけ農業面にとって深刻な恐慌となったのである。戦前日本農業は、「米と繭《まゆ》の経済構造」といわれる。とりわけ養蚕と製糸業は、近代日本における有力な外貨獲得産業であり、国をあげた奨励もあって、多くの農家は養蚕を副業とした。恐慌は繭価《けんか》を惨落《さんらく》させ、農家の現金収入の途を断ち切った。繭価の下落は、アメリカ向けの輸出生糸の価格暴落が原因であったが、それを導火線として、他の農産物価格も次々と暴落していったのである。農家経済が恐慌前の水準に戻るのは、七年後の一九三七年（昭和一二）頃であった。

農山漁村経済更生運動の具体策

一九三二年九月以降、政府によって自力救済的な性格の強い農民救済策として「農山漁村経済更生運動」が全国的に展開された。これらの施策は、農民の自発性を喚起させ疲弊した農村経済の改善を目指したものであったが、多分に精神主義的傾向が濃厚であった。教科書でも、昭和恐慌に対して「政府は農山漁村経済更生運動を始め、産業組合の拡充などを通じて農民を結束させ、「自力更生」をはからせた」と記述する。紙幅の限られる教科書で、その詳細な内実や歴史的意義にまで踏み込んで説明されることはない。これは従来の昭和恐慌研究でも指摘されていたことであるが、この運動は、一見すると自給主義的、精神主義的なものが目につく。しかし、全体としては商品経済化の促進を結果するものであり、当面焦眉《しょうび》の課題に答えながら、「米と繭の経済」から「多角化」「複合経営」へと農政の転換、農村構造の変化を推進していたことに注意を払う必要がある。昭和恐慌は、戦後につながる日本農業および日本社会の構造変化が進展していく起点となった側面を、近年の研究では深めつつあるのである。

有畜農業とは何か

繭や米と比較して畜産物（牛や鶏卵）の下落率は低かった。昭和農業恐慌対応に始まった一九三〇年代の日本農政において、畜産業は一躍脚光を浴びることとなる。一九三一年（昭和六）には、「有畜農業奨励規則」（農林省令第一六号）が施行され、「有畜農業」は、農村経済更生運動の有効な具体策として、強力な指導のもと全国的に奨励されていく。

農林省の奨励する有畜農業の目的は、農業経営要素として適切なる種類、数量の家畜および家禽《かきん》を有機的に組み入れ、適切な運用によって農業経営全体を改善すると同時に畜産の堅実な発展を図ろうとするものであった。家畜・家禽を導入することで、畜産物販売収入を得つつ、自給肥料による金肥の節約、畜力利用による労力不足の緩和が目指された。有畜農業の主眼は、畜産と耕種《こうしゅ》農業との融合に置かれており、極端にいえば、畜産から収益が上がらなくとも農業経営全体の収支として成果を上げれば目的は達せられることが強調されていた。

昭和恐慌期には、有畜農業の名のもと自給肥料が推奨される一方で、矛盾するように満洲から入る濃厚飼料の購入が奨励されたのである。肥やしから餌へと転化した大豆粕は、いわば国外（満洲）からの輸入（移入）飼料である。満鉄が主導した昭和恐慌期の和牛の給餌法の変革は、その後の日本畜産がたどる輸入飼料依存経営体質の嚆矢《こうし》となった。筆者は、昭和恐慌から戦後の農業機械化までの時期に奨励された有畜農業を、自給肥料（肥やし）と購入飼料（餌）の矛盾した関係からよみとき位置づけていく必要を感じている。

戦後の畜産復興と加工型畜産の展開

本格的な戦時下に突入すると、輸入（移入）飼料に依存する畜産は崩壊の途をたどることになる。輸入（移入）飼料への依存度の高かった養鶏や養豚は、すぐに壊滅的な状況となった。一方、役肉兼用《えきにくけんよう》であった和牛は、頭数を大きく減らすことなく維持することができていたが、これは従来の粗食を旨とする給餌法があったためである。戦争は、飼料栽培をともなわない、いわば土地に基盤をもたない日本畜産のもろさを露呈した。

しかし、戦後の畜産復興にあたって、戦時中の深刻な経験を真剣に受け止め改善されることはなかった。飼料の統制が撤廃された一九五〇年（昭和二五）三月より、飼料輸入が大々的に復活していく。昭和恐慌期に一度経験した輸入飼料の経営上のうま味が、忘れられることはなかった。その後は、日本的な加工型畜産が全面展開していくのである。

満蒙《まんもう》は日本の生命線。当時盛んに喧伝されたスローガンは、国内和牛にとっても無縁でなかった。満鉄経営を胃袋と反芻《はんすう》で支えた和牛には、今も帝国日本の満洲経験が深く刻印されている。

【主要参考文献】
●板垣貴志『牛と農村の近代史――家畜預託慣行の研究』（思文閣出版、二〇一三年）
●市川大祐「明治期人造肥料特約販売網の成立と展開――茨城県・千葉県地域の事例」（『土地制度史学』四四巻一号、二〇〇一年）
●大内力『肥料の経済学』（法政大学出版局、一九五七年）
●小島庸平『大恐慌期における日本農村社会の再編成――労働・金融・土地とセイフティネット』（ナカニシヤ出版、二〇二〇年）
●中村政則『昭和の恐慌』（小学館、一九八二年＝小学館ライブラリー、一九九四年）
●森武麿『戦時日本農村社会の研究』（東京大学出版会、一九九九年）
●吉田寛一・水間豊編『日本畜産と飼料の自給』（農山漁村文化協会、一九七七年）

★史料へのアクセス
史料は全国和牛登録協会にて保管されている。まずは、全国和牛登録協会編『全国和牛登録協会保管資料目録』（全国和牛登録協会、二〇二三年）を参照されたい。

コラム6

歴史資料としての公文書

瀬畑 源

公文書史料の利用の拡大

かつて日本近現代政治史研究においては、軍事史や外交史などの一部の分野を除き、「公文書は研究史料として重要ではない」といわれていた時代があった。国立公文書館へ移管された文書は質量ともに十分ではなかった。地方の文書館も、自治体史編纂で収集した古文書や、明治以降に合併で消滅した町村の公文書を中心とした館がほとんどであった。しかし、行政文書の情報公開という概念が一九八〇年代以降に社会に定着していくなかで、行政文書を移管する公文書館という考え方が普及し、文書館の位置づけは徐々に変化をしていった。

歴史資料としての公文書の利用が進んだのは、インターネットとデータベースの力が大きい。二〇〇一年に国立公文書館アジア歴史資料センターのデータベースがウェブ上で公開され、国立公文書館、防衛省防衛研究所、外務省外交史料館に所蔵されていた歴史資料へのアクセスが格段に向上した。史料の冒頭部分を翻刻して検索しやすくしたこともあり、これまで見落とされていた史料が次々と利用されるようになった。

さらに、二〇一一年には公文書管理法が施行され、歴史的に重要な公文書の国立公文書館等への移管や、

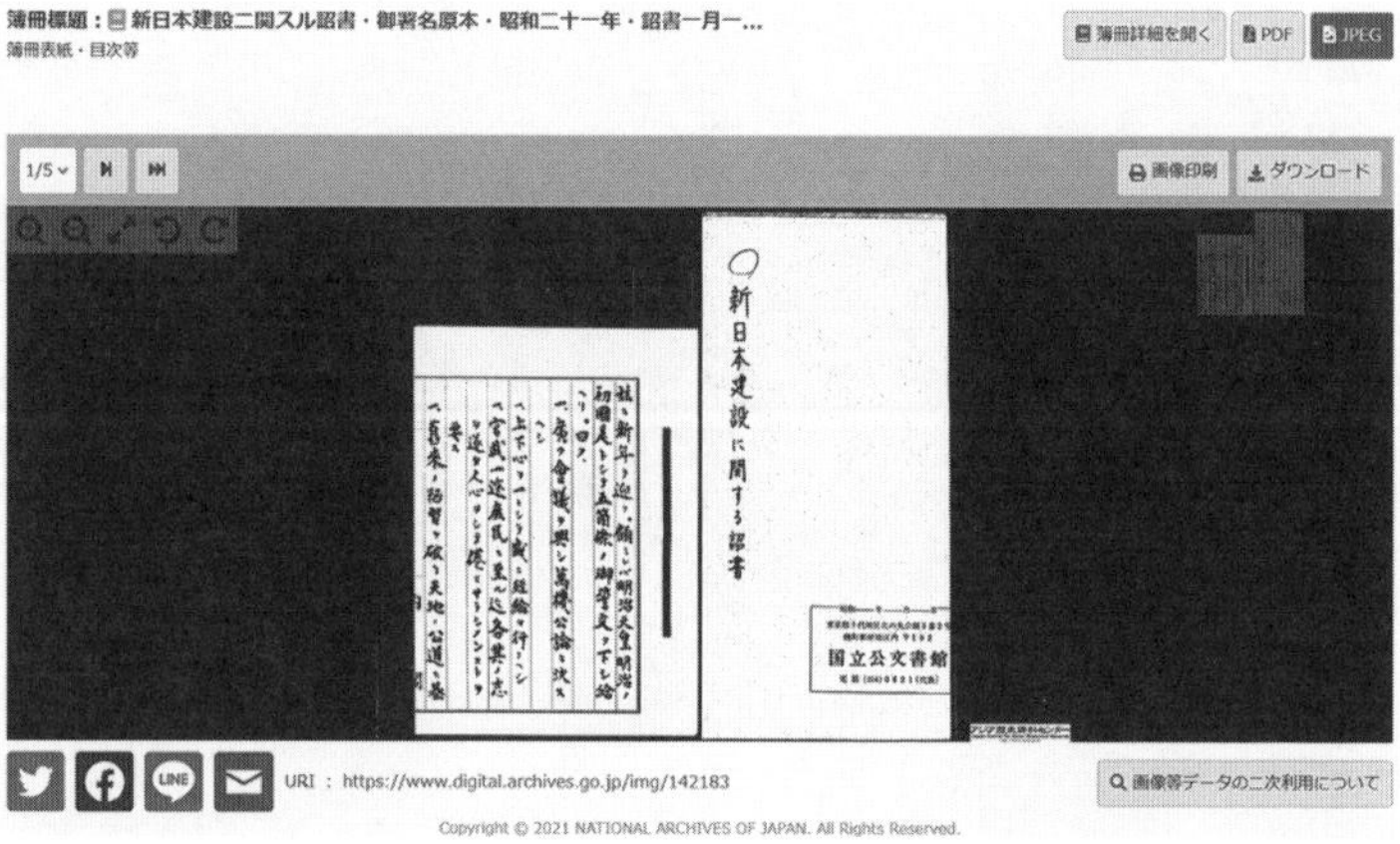

図　国立公文書館デジタルアーカイブ（https://www.digital.archives.go.jp/）より，「新日本建設ニ関スル詔書・御署名原本・昭和二十一年・詔書一月一日」（いわゆる昭和天皇の「人間宣言」）

史料公開の手続きが法的に統一化された。デジタルカメラでの史料撮影も、公文書館ではどこでも可能となり、史料へのアクセス状況は改善されている。

公文書史料の特徴

公文書史料は、その特徴をふまえた史料批判が必要である。たとえば、経済産業省が作成する原子力発電所関連の公文書の多くは、推進側の立場からのものである。職務上作成する以上、公文書の内容に「ウソ」は書かない。ただし、「行政側にとっての真実」でしかないことに注意が必要である。

また、国の公文書に特徴的だが、政治家（首相、大臣など）の政策判断の理由が残りにくい慣習ができている。内閣（大臣）官房の職員が作成した文書は公文書として管理されるが、大臣個人や秘書官が個人的に作成している文書は公文書扱いされていない。また、首相や官房長官へのレクの際にメモをとらせない慣習があるとのことであり、意識的に公文書に政策決定過程を残さないことも行われているという。これは、政策決定過程を残し、現在および未来の国民への説明責任を求めている公文書管理法の主旨に反しているが、自民党の長期政権のなかで、改善されるどころか状況は悪化している。

政府は二〇二〇年代に入ってから、公文書の電子化を本格的に推進している。国立公文書館等にも電子データのままで移管されることになり、検索性は向上する可能性が高い。

パソコンが普及し、政治家も手書きで手紙や日記を書く人も減少している。オーラルヒストリーなど、さまざまな手段で史料を残すことが試みられているが、以前よりも個人文書が後世にみつかることは減少するだろう。そのため、歴史史料として残される公文書の質量を高めていかなければならない。それは、今を生きる私たちの時代を、のちの研究者が描くことができるようにするために必要なことであろう。

【主要参考文献】

- 瀬畑源『公文書管理と民主主義――なぜ、公文書は残されなければならないのか』（岩波ブックレット、二〇一九年）
- 瀬畑源『国家と記録――政府はなぜ公文書を隠すのか？』（集英社新書、二〇一九年）
- 毎日新聞取材班『公文書危機――闇に葬られた記録』（毎日新聞出版、二〇二〇年）

第5章

現代

1 中国側は満蒙開拓団をどうみたか

細谷 亨

日本人移民への恐怖

ホノルルの情勢のように、日本人は五〇%以上を占め、アメリカ人は開戦後に統制できないことを心配している。東北への日本人入植が進行するのは本当に恐ろしいことなのだ！　視点を変えてみても、東北へ移民した日本人がもし四〇〇、五〇〇万人を超えるとなると、東北の土地や社会は必ず日本人の勢力に占め尽《つ》くされるだろう。日本人移民の数はすでに多く、東北民衆はみずからの居場所を追われている。それでもなお、危険といえないだろうか⁉

（友師《ヨウシ》「僞國成立後日本積極移民東北的情況」『黒白半月刊』第一巻第六期、上海東北協会発行、一九三四年、日本語訳——筆者、蘇曼）

これは一九三〇年代前半の上海において、中国の知識人によって発表された時評の一節である。日系人がホスト社会で五割（実際は約四割）を占めたことで、アメリカ政府の統制が困難になったハワイの事例を引き合いに出し、今後予想される中国東北部への日本人移民（満蒙開拓団）の急速な進展に強い危機感や恐怖心を抱いている。中国の知識人は一九三〇年代前半という時期に、なぜこのような時評を発表したのだろうか。

満蒙開拓団とは？

満蒙開拓団は、一九三二年から四五年の敗戦まで日本帝国によって実施された「満洲」への日本人農業移民であり、一四年間で約二七万人が送出された。たんなる移植民ではなく、対ソ防衛など「北辺第一線部隊の兵站《へいたん》基地」として「北辺鎮護《ほくへんちんご》」の役割をもっており、多くの開拓団がソ連との国境付近に入植した。

満蒙開拓団研究は、主に一九七〇年代から歴史学を中心に盛んに進められた。入植に際して大規模な土地収奪をともなっていたことから、日本ファシズムによる満洲支配の人的主軸としてその侵略性が強調された。九〇年代以降は、社会学による研究も盛んになり、移民体験者・中国帰国者の人生や心情をよみとく作業が進められた。中国残留孤児による国家賠償請求訴訟への社会的な関心の高まりとも相まって、近年も多くの成果が続々と発表されるなど、日本近現代史研究における重要なテーマの一つとなっている。

「植民する側」と「植民される側」

しかし、多くの研究蓄積がある一方で、それらのほとんどが日本側の視点（「植民する側」）に立った研究であるという問題がある。いいかえれば、中国側の視点（「植民される側」）からアプローチする研究がほとんどみられなかった。その背景には、史料の残存状況が大きく関わっているように思われる。そもそも、「植民する側」と「植民される側」の関係が非対称的である以上、史料もまた両者の権力関係に大きく規定される。そのため、後者の側に史料が十分に残されていないというアンバランスな状況が存在した。

近年では、吉林省档案館《きつりんしょうとうあんかん》編『東北日本移民档案　吉林巻』全五巻（広西師範大学出版、二〇〇三年）、黒龍江《こくりゅうこう》省档案館編『東北日本移民档案　黒龍江巻』全一〇巻

（同上）、趙煥林主編『日本開拓団档案史料』全七巻（綫装書局、二〇一五年）が刊行されるなど、中国での史料公開が進んだ。ただし、その多くは関東憲兵隊文書など日本側が作成した記録史料である。

そうした限界を打開し、「植民される側」から歴史像を構築しようとする試みとして、中国現地での聞き取り調査が日中双方で盛んに進められている。聞き取り調査からは、入植者としての日本人移民が現地でどのような振る舞いをしていたのか、暴力・略奪行為を含めた「加害」の実相が鮮明に浮かび上がってくる。

また、小都晶子の研究は、政策主体としての「満洲国」に注目し、「満洲国」が在地有力者を含む現地社会からの合意調達に腐心していたこと、「未利用地開発主義」に表れるように、地域の反発を最小限とすべく日本側とは異なる論理で政策遂行にあたっていた事実を明らかにした。現地社会を切り口に、満蒙開拓団を中国側から再考しようとする重要な研究といえる。

とはいえ、上記の研究動向においても、やはり史料的制約の問題から、同時代の中国の人びとの満蒙開拓団に対する認識を明らかにするまでにはいたっていない。そこで、そうした制約を乗り越える可能性をもつ新たな史料として注目されるのが、当時中国で刊行されていた現地刊行物の存在である。

現地刊行物の性格と可能性

現在、上海図書館では、「日本移民」に関する記事が掲載されている現地刊行物を数多く収蔵している。刊行地は上海・南京など都市部であり、政府系刊行物から民間団体・学校刊行物まで多様である。筆者が確認しえた範囲ではあるが、国民党蔣介石《ジァンジェシー》政権の刊行物として『中央週報』・『実業部月刊』・『新生路月刊』、民間では、政治刊行物（『生路』・『華年』）、社会科学刊行物（『新社会』・『新亜細亜』・『黒白半月刊』）、大型総合画報（『良友』）、図書紹介刊行物（『図書評論』）があり、それ以外に学校刊行物（『九中学生』）も存在する。

多くの場合、日中全面戦争の開始、日本軍による都市の占領という事態とも関わって、一九三七年までに休刊・廃刊となっている。よって、「日本移民」に関する記事が確認できるのは一九三七年までの期間に限定される。執筆者は、記者、学者、作家、教員、学生であることは想定できるが、個人の経歴など詳細を把握することはできない。そうした限界はあるにせよ、移民政策の遂行過程で中国の知識人がどのような反応を示したのを把握することは十分に可能である。以上の史料をよみとくことで、従来あまり意識されてこなかった「一九三〇年代の東アジア」という時空間のなかでの満蒙開拓団の姿が浮かび上がってくるだろう。

満洲事変以前の「東北移民問題」

満蒙開拓団に対する中国側の危機意識をよみとくにあたっては、満洲事変以前の日本人移民をめぐる問題に言及する必要がある。黄連清《ホアンリエンチン》「東北移民問題」（『九中学生』第二巻、一九三〇年）には、「日本人による南満への進出は実に驚くべきものである。南満沿線に移民は計二〇万」、さらに朝鮮人移民もまた間島《かんとう》地方に二二万三〇〇〇人移住している点を強調したうえで、中国人の移住のペースはまだまだ緩やかである、ゆえに、「わが国は急いで国境に移民を行い充実させ、少しでも効果を上げなければならない。そうでなければ、先に移民したほうに土地をとられてしまう」とある。

張学良《チャンシュエリャン》地方政権から国民政府への移行という時期とも相まって、日本人や朝鮮人など他民族の進出という状況を念頭に置きながら、「国境」や「国土」を保全するために自国民の移住が叫ばれていた様子がうかがえる。特に、国籍上は「在外邦人」となる朝鮮人が間島地方に急速に進出したことは、当該地域が朝鮮独立運動の拠点となる一方で、日本帝国による中国大陸への勢力伸長という事態を意味していた。中国の知識人にとって中国東北への移民は満洲事変以前より重要な問題として認識されていたのである。

国民政府の態度への不満

一九三二年以降、満蒙開拓団の送出が開始されると、中国の知識人は開拓団の入植状況について詳細な報告をするようになる。また、「移民を武装する目的は軍費節約のためであり（中略）ロシアを防ぐ一方で、正式な軍隊の前衛にもなりうる」（荘心存《チュアンシンツン》「日本移民東北的現勢」『図書評論』第二巻第一期、一九三三年）というように、開拓団の軍事的性格についても言及している。

それと同時に、冒頭の友師の文章のように、恐怖や危機意識を繰り返し強調していく。背景には、「日本が東北を飲み込む情熱と執着は、われわれが想像する以上である。静観して失った土地がいつか戻ることなど想定してはならぬ。最近政府の態度は東北問題に関して意図的に避けているように受け取れる」（君伏《ジュンフウ》「不可勿視之日本東北移民」『新社会』第七巻第七期、一九三四年）というように、当時、「抗日」よりも共産党を討伐することに優先順位をおく国民政府への強い不満が言論界に存在していたことが大きかったと考えられる。先行研究でも指摘されるように、内戦の続く一九三〇年代半ばの中国には、日本という共通の外敵に対抗するだけの国内的条件がまだ十分に整っていなかった。

胡鳴龍《フウミンロン》「東北移民的末路」（『新亜細亜』第九巻第四期、一九三五年）では、一九三三年以降、「満洲国」政府が中国関内からの中国人の移住を制限したことに対し、「わが国の政府当局はみてみぬふりをしてはいけない」と政府の態度を真っ向から批判している。中国側にとって「東北三省」は「先祖代々数々の困難を乗り越え切り開きつくりあげたもの」であり、「東北と内地のつながりがここで断たれてしまう」ことは絶対にあってはならない事態であった。満洲事変以前に焦点となっていた「東北移民問題」、すなわち「国境」・「国土」を保全するための自国民の移住という政策課題が、日本による満洲支配＝国土侵略という新たな政治情勢のもとでふたたび喚起されたといえる。

中国民衆の「覚醒」を促す

記事を通読して印象に残るのは、中国民衆に注がれた知識人の厳しい視線である。中国民衆がはたして中国東北侵略の深刻さをどの程度理解しているのか、疑念があったのではないかと思われる。鍾貴陽《ジョンクイヤン》「日本移民東北的今昔観（下）」（『華年』第三巻第一期、一九三三年）からはそうした姿勢がよく伝わってくる。「我が国民の様子をみてみよう。見事にバラバラでこっちが攻撃の案を練っていても、あったのは何の反応もなくいたって平穏でいる。（中略）人びとは誰もが、国家の土地が広く、人口も多いし、滅亡などするわけがないという心理がある。（中略）最近日本が東北において積極的に移民を実施し、このように長く続けば、三年五年もしない間、東北の人民が日本人に徹底的に同化され、自分たちが中国の人民であることを忘れゆくと断言できる」。

先に紹介した君伏の記事には、「記者は深く心配しており、この文で国民が覚醒できると幸いである」という表現がみられる。中国の知識人たちが意図していたのは、満蒙開拓団の動向を伝えるだけでなく、できるだけ恐怖心を増幅させるような表現を用いることで、中国民衆の「覚醒」を促すことであった。そのことは、最終的に日本帝国の国土侵略に対する強力な民族的抵抗に結実すると期待されたと考えられる。

【主要参考文献】
- 遠藤正敬『近代日本の植民地統治における国籍と戸籍——満州・朝鮮・台湾』（明石書店、二〇一〇年）
- 小都晶子『「満洲国」の日本人移民政策』（汲古書院、二〇一九年）
- 寺林伸明・劉含発・白木沢旭児編『日中両国から見た「満洲開拓」——体験・記憶・証言』（御茶の水書房、二〇一四年）
- 細谷亨『日本帝国の膨張・崩壊と満蒙開拓団』（有志舎、二〇一九年）
- 和田春樹・後藤乾一・木畑洋一・山室信一・趙景達・中野聡・川島真『東アジア近現代通史——19世紀から現在まで（下）』（岩波書店、二〇一四年）
- 伍杰主編『中文期刊大詞典』上・下（北京大学出版社、二〇〇〇年）

★史料へのアクセス

中国・上海図書館の「近代文献閲覧室」にある「近代文献連合数拠庫」（館内限定のデータベース）より検索・閲覧が可能。なお、筆者は確認できていないが、国立国会図書館には、清末から一九四九年までの中国で刊行された雑誌を収録した「大成老旧期刊全文数拠庫」があり、今回用いた史料の一部もまたそこに含まれている可能性がある。

2 韓国軍へ継承された日本植民地下の軍事経験と口述資料

飯倉江里衣

「満洲国」軍出身者の朝鮮人民軍創設参与

だからトンム〔同志の意〕たちもそうするんじゃないのか、って〔金日成《キムイルソン》が〕いうんですよ。〔金白一《キムベギル》のように〕一緒に働くっていっておいてまた〔朝鮮南部へ〕逃げようとするんじゃないのかって。それで朴承《パクスン》煥《ファン》が、いや、そんなはずないでしょう。われわれ……われわれ〔朴や方圓哲《パンウォンチョル》〕は絶対にそんなことはしませんって答えたんだよね。だから、左右でこれから協力してわれわれでがんばってやってみましょう、がんばりましょう〔と朴や方はいって〕、人民軍つくろう、何々やろうっていうような話はなしに。がんばりましょうってことだけいって。〔韓国精神文化研究院編『私が経験した朝鮮戦争と朴正熙政府』〕

これは、日本の傀儡国家「満洲国」の軍隊（以下、満洲国軍）将校出身の朝鮮人方圓哲が、一九四六年二月末～三月頃に朝鮮北部（以下、北朝鮮）で金日成（のちの朝鮮民主主義人民共和国の初代最高指導者）と会ったときの会話について述べた口述資料である。方は植民地解放

（以下、解放）後、中国から一度朝鮮南部（以下、南朝鮮）へ行き、同じ満洲国軍出身の朴承煥らと合流した。その後、独立運動家であった呂運亨《ヨウニョン》に会い、呂から、金日成に手紙を渡し、かつ朝鮮人民軍（のちに朝鮮民主主義人民共和国の正規軍となる）を創設するようにという呂の指示を受け北朝鮮へ来たのであった。

　方によると、上記の会話のあと、方を含めあとを追って南朝鮮からやって来た九名の満洲国軍出身者が一九四六年八月頃から、朝鮮人民軍の創設にたずさわった。ところが、彼らはその後一九四七年四月頃までにスパイ容疑で拘禁され、釈放後一九四八年以降に南朝鮮へ逃れ、今度は韓国軍へ入隊した。

　朝鮮史では、日本軍や満洲国軍の出身者が解放後に韓国軍の根幹をなしたことはしばしば論じられる。しかし、満洲国軍出身者が朝鮮人民軍創設に参与したのち南朝鮮へ逃れ、韓国軍へ入ったことはいまだにあまり知られていない。では、当事者が述べたこの事実は、韓国軍創設史の理解にいかなる解釈をもたらすのか。

植民地下「満洲」での朝鮮人の軍事的敵対関係

　そもそもまず注目すべきなのは、満洲国軍出身者が解放直後に金日成のもとに集ったという事実である。金日成は、日本の植民地下の一九三〇年代から一九四〇年代初めに、「満洲」（以下、満洲）で抗日武装闘争を展開した中国共産党指導下の東北抗日聯軍《とうほくこうにちれんぐん》で指揮をとった。一方、満洲国軍は抗日部隊鎮圧を担った。一九三八年一二月には東北抗日聯軍内の朝鮮人の多い部隊鎮圧のため、満洲国軍内に朝鮮人部隊「間島《かんとう／カンド》特設隊」が創設された。つまり、植民地下満洲で、日本の軍事戦略により朝鮮人同士の軍事的敵対関係がつくられた。間島特設隊の朝鮮人は、反共主義にもとづく日本軍の虐殺イデオロギー＝「共匪《きょうひ／コンビ》（共産主義者の匪賊）討伐」思想を内面化し、民間人虐殺をも行っている。

　方によると崔在桓《チェジェファン》という満洲国軍出身者は、植民地期に「金日成部隊を討伐する」間島特設隊にいたと述べて、朝鮮人民軍創設前に北朝鮮から追放されている（その後、行方不明）。上記引用文中、解放直後に北朝鮮で金日成に会い、一緒に働くといっておきながら南朝鮮へ逃げたとされる金白一もまた、間島特設隊出身である。

植民地解放後の彼らの動向

植民地下で正反対の立場にあった上記の朝鮮人たちは、解放後にどのような道をたどるのだろうか。金日成をはじめとする東北抗日聯軍出身者は、一九四〇年代初めに日本の鎮圧を逃れソ連へ行き、ソ連赤軍に加わる。解放後には北朝鮮へ渡り、のちに朝鮮民主主義人民共和国で「満洲派」と呼ばれるグループを形成する。

一方満洲国軍出身者は、過半数が南朝鮮で米軍政が創設した軍に入り将校となる。一九六〇～七〇年代に韓国で軍事独裁政権を築いた元大統領朴正熙《パクチョンヒ》も同様の道をたどった。満洲国軍出身者には北朝鮮出身が多い。彼らは解放直後に故郷がソ連軍政下に置かれて南朝鮮へ逃れてきたため、極度の反共主義思想をもっていたと理解されている。

韓国軍創設史研究と史料

これまでの研究によると、韓国軍の歴史は、米軍政下の南朝鮮で一九四六年一月一四日に南朝鮮国防警備隊が創設されたことに始まる。これに先立ち、南朝鮮国防警備隊の将校養成機関として、軍事英語学校が一九四五年一二月五日に開校された。その後、南朝鮮国防警備隊は朝鮮警備隊と改称され、さらに一九四八年八月一五日の大韓民国成立を経て正式に韓国軍となる。

同校を卒業し任官した一一〇名のうち、日本軍出身が八七名（日本陸軍士官学校出身一三名、学徒兵出身六八名、「志願」兵出身六名）、満洲国軍出身が二一名（軍医出身三名を除き全員が将校養成機関出身）、中国軍出身が二名であった。一九五〇年代まで、韓国軍において陸軍の最高位である陸軍参謀総長と陸・海・空軍を統括・指揮する合同参謀議長職を占めたのは、日本陸軍士官学校出身者と満洲国軍将校養成機関出身者であった。

以上のような基本的事実は明らかであるものの、韓国軍創設史は韓国軍史料が非公開であるために解明されていない点が多く、研究が進んでいない。一次史料としては、米国国立公文書館所蔵の駐韓米軍史料があるが、韓国軍創設期の史料はほとんど残っていない。

日本軍・「満洲国」軍出身者は韓国軍に何を継承したか

こうした厳しい史料状況のなかでもこの間、研究者たちは日本軍や満洲国軍の出身者を通して、日本の植民地支配の「負の遺産」が韓国軍にいかに引き継がれたのかという論点を繰り返し提示してきた。

解放後の南朝鮮・韓国では、朝鮮戦争前後に軍により多くの民間人が虐殺された。一九四八年に相次いで起こった民衆蜂起（「済州《チェジュ》四・三」、麗水《ヨス》・順天《スンチョン》抗争）においては、戒厳が敷かれ軍・警察による大規模な鎮圧が行われ、その過程で民間人虐殺が起こった。麗水・順天抗争の鎮圧作戦では、虐殺を含め軍の指揮をとったのが満洲国軍将校出身者であったことも明らかである。この民間人虐殺において、彼らは日本軍の「共匪討伐」思想を韓国軍に持ち込んだ。

日本軍や満洲国軍の将校出身者を通して、日本軍や満洲国軍の「慰安婦」制度が、韓国の軍「慰安婦」制度（韓国軍向け、国連軍向け、米軍向け）に引き継がれたことも指摘されている。

このように、日本軍や満洲国軍出身者が日本の植民地支配のもとで培った虐殺経験や「共匪討伐」思想、慰安所経験は、日本の植民地支配の「負の遺産」として韓国軍に継承された。

韓国軍の「共匪討伐」思想・反共主義

日本軍や満洲国軍出身者が、日本軍の「共匪討伐」

思想を韓国軍に継承した過程については、今後さらなる実証研究が必要である。ただ、この「共匪討伐」思想の継承のされ方がさほど単純でなかったことは、方圓哲ら満洲国軍出身者が解放直後に北朝鮮で朝鮮人民軍創設にたずさわっていたという、冒頭の口述資料で語られた事実からもわかる。

韓国軍に入った満洲国軍出身者には、解放直後に北朝鮮で朝鮮人民軍創設にたずさわった者たちがいた。つまり、解放直後の北朝鮮での彼らによる経験が、植民地期の彼らによる「共匪討伐」思想をより強化したと考えられるのである。彼らはスパイ容疑で北朝鮮で拘禁されたが、このときの獄中生活が苛酷なものであったことも方の口述資料からよみとれる。

したがって、満洲国軍出身者によって韓国軍に持ち込まれた「共匪討伐」思想とは、植民地期から解放後の南北分断状況下にかけて、より強固となって継承されていったものであるということがわかる。方の口述資料によって、韓国軍の「共匪討伐」思想・反共主義の有り様の複雑さがより明らかになったといえる。

口述資料の意義と可能性

このように口述資料は文献資料では知りえないさまざまな情報を提供する。それにより、時にわれわれは新しい歴史像への更新をせまられることになる。

植民地の歴史研究においては、支配された側の史料が残りにくいという問題がある。多くの植民地史研究者は、限定的かつ断片的である文字史料をいかに集めてよみとき、支配された人びとの歴史を描くかという課題に向き合わざるをえない。さらに朝鮮半島の場合、南北分断・朝鮮戦争下で多くの史料が焼失し、現在も分断・休戦状況が継続中のため、特に軍事関連史料は国家機密として公開されない。そうしたなかで口述資料は、埋もれていた事実や文字として残らなかった人びとの「声」を歴史化するのに大きな役割を果たす。

ただし、口述資料の意義は決して、文字史料を補完するだけの二次的役割にとどまらない点も強調しておきたい。口述資料は、語り手が過去をどのように認識・記憶しているのかという記憶研究、口述史（オーラル・ヒストリー）研究の一次史料でもある。時に口述資料は「史実性」（嘘や誇張、偏り、忘却、記憶違いなどが含まれる可能性）や「揺れ」（心理的・物理的状況、聞き手との関係性、問い方に規定される）の問題が指摘される。しかし、いかなる語りであれ、語られる内容には必ずその背景や意図が存在する。資料の特質と生成過程を十分にふまえた分析・考察がなされれば、生身の人間が生きた、よりリアルな歴史像を示すことを可能にする貴重な資料として活用できるのである。

【主要参考文献】

●飯倉江里衣『満洲国軍朝鮮人の植民地解放前後史――日本植民地下の軍事経験と韓国軍への連続性』（有志舎、二〇二一年）

●金東椿『朝鮮戦争の社会史――避難・占領・虐殺』（金美恵ほか訳、平凡社、二〇〇八年）

●佐々木春隆『朝鮮戦争／韓国篇（上）――建軍と戦争の勃発前まで』（原書房、一九七六年）

●宋連玉・金栄『軍隊と性暴力――朝鮮半島の20世紀』（現代史料出版、二〇一〇年）

●和田春樹『金日成と満州抗日戦争』（平凡社、一九九二年）

●「小特集　方法としての「オーラル・ヒストリー」再考」（一・二）（『歴史学研究』八一一・八一三号、二〇〇六年）

★史料へのアクセス

冒頭の資料は、一九九〇年代末頃に韓国の国家機関である政府記録保存所（現国家記録院）の職員に対し方圓哲が語った内容で、한국정신문화연구원（韓国精神文化研究院）編『내가 겪은 한국전쟁과 박정희정부（私が経験した朝鮮戦争と朴正熙政府）』（선인、二〇〇四）として刊行されている。本書は韓国のオンライン書店で購入可能であるほか、国内では神戸大学附属図書館社会科学系図書館が所蔵している。

3

裁判史料から捉える敗戦直後の民衆運動

佐々木啓

「アベコベ」な投石

私ガバルコニーニ上ツタ時ハ共産党員ガ演説シテ居リマシタガ、其ノ人ハ何ダカ天皇政治ヲ打倒シテ人民ノ政府ヲ樹テルト云ツテ、現在ノ天皇制ヲ打倒スルコトヲ盛ンニ言ツテ、自分達ガ連レテ来タ大衆カラ石ヲ投ゲラレ、ポン〳〵石ガ飛ンデ来テアベコベニヤラレテ、其処ニ居テモ危イ位デシタ。

(『東芝労働組合堀川町支部所蔵資料(二六)』)

この史料は、アジア・太平洋戦争敗戦直後の神奈川県川崎市で起こった出来事について述べたものである。戦後、合法化された日本共産党は、瞬く間に影響力を拡大させ、各地の民衆運動を指導していた。その一つが、軍や行政機関が隠しもっている食糧物資の放出などを求める「食糧闘争」だった。敗戦直後の都市部では食糧不足が甚《はなは》だしかったため、飢えに苦しむ多くの人びとがデモや請願活動に参加し、食糧物資の再分配を求めた。川崎市でも、共産党とその影響下にあった東芝電気堀川町工場の従業員組合などが、一九四六年五月七日に大規模なデモと集会を行った。七〇〇〇人もの参加者があったというこの集会のさなかに、主催者側の共産党員が、参加者からポンポンと石を投げつけられた、というのである。群衆が怒りのあまり行政側に石を投げたのならまだわかるが、目的を同じくするはずの主催者に石を投げたというのだから、たしかに「アベコベ」としかいいようがない。

教科書／歴史研究のなかの食糧闘争

この「アベコベ」の背景には何があったのか。まずは高校の歴史教科書をみてみよう。戦後初期の食糧闘争の高揚については、「歴史総合」の教科書でも取り上げられている。たとえば山川出版社の教科書では、一九四六年のメーデーでは食糧問題が主要課題となった、として、飯米獲得人民大会（食糧メーデー）の写真が掲載されている。写真では、大勢の人びとが会場にひしめき合い、「米は生きている間に」、「一切の食糧人民管理」などと書かれたプラカードを掲げている姿をみることができる。敗戦直後の困窮と民主化の一つの象徴として食糧闘争が説明されており、デモの熱気が伝わってくる。しかし、闘争がどのように行われ、そのなかで何が起こったのかについては触れられておらず、「アベコベ」の背景を探る手がかりは少ない。

では、歴史研究においてはこの問題はどのように捉えられているのか。率直にいって、こちらも手がかりは少ない。これまでの食糧闘争についての研究は、主に運動の指導方針に注目したものが多く、参加した人びとの意識や行動の実態については、十分な分析がなされてこなかったのである。

本史料が作成された背景

これまで食糧闘争参加者の意識や行動がほとんど研究されてこなかったのは、史料の限界によるところが大きい。従来の研究で使用されてきた組織の活動方針や新聞などの史料では、参加者の動向は詳しくはわからなかった。

だが、参加者の様子が生き生きと伝わってくる史料もある。それが裁判史料である。冒頭の史料は、神奈川県立公文書館に所蔵されている『東芝労働組合堀川町支部所蔵資料（川崎市幸区）』に所収されている。史料の主語である「私」は、食糧営団川崎地区事務所長の沼田文吾という人物だ。戦争中から食糧は国家の厳しい統制下に置かれ、食糧営団を通じて管理・分配されていたが、沼田は同営団の川崎地区における責任者であった。沼田は、川崎の食糧闘争のさなかに、参加者によって川崎市役所のバルコニーに無理矢理連れ出され、主催者からパンの配給を「強要」されるという経験をした。その後、警察の取調べを受け、自身の「被害」について話したのだが、その際作成された「聴取書」が本史料ということになる。

川崎の食糧闘争では、三人の主催者が刑事裁判にかけられ、強要罪と家宅侵入罪で有罪判決を受けた。この史料群には、その過程で作成された文書が、沼田の聴取書を含めて八〇点所収されている。個々の史料からは、食糧闘争の一連の経緯と、参加した人びとの意識動向が克明に浮かび上がってくる。

参加者たちの暴力を強調する証言

裁判史料に収められた人びとの証言からは、何より川崎の食糧闘争がかなり暴力的なものであったことがわかる。バルコニーに連れ出された助役や生活課長、食糧営団職員たちは、腕を抱えられ、押され、小突かれ、激しい罵声を浴びせられた。こうした「吊し上げ」の対象となった者たちは、皆デモ参加者がいかに横暴であったのかを史料のなかで生々しく語っている。

注意しておかなければならないのは、こうした証言をそのまま素直に受け取っていいのか、ということである。当然ながら、食糧の管理・分配の誠実な執行者であるという姿勢をとる彼らの証言には、デモ隊の不当さを際立たせるような磁場がはたらく。

だが、デモ参加者の暴力についての証言は、当事者以外にも多数みられる。また、当時の時代状況からみても、こうした暴力が発動されることは十分にありえた。食糧不足はそれほどに深刻化しており、戦争で塗炭の苦しみを味わった民衆の権力に対する不信感や怒りは相当に根深いものがあった。もともと戦前の労働運動でも、「階級的憎しみ」にもとづく暴力的な行動はたびたびみられたし、戦争／軍隊経験を通して、民衆が暴力の発動にためらいをもちにくい身体になっていたこともあるだろう。当時の民衆は、現在より暴力への敷居《しきい》が相当に低い世界を生きていた。

「アベコベ」の背景

一方、食糧闘争はバルコニーの上の指導者と市役所前に集まった群衆との「即興」によってつくられたものでもあった。参加者が想像以上に多かったという評価は、主導した組合員たちの証言に共通している。群衆は、他工場の労働者から地域住民まで、雑多な人びとの混合体として成り立っていた。そして集会は、組合の決議を基礎としつつも、その場での発言と歓声で方針を定めるという、場当たり的な手法で進められた。参加者の一人である「お内儀《ないぎ》さん風の人」が大声で「市長宅には鶏を飼つて居て何か食べさせて居るから隠匿《いんとく》物資があるのではあるまいか」と叫んだことをきっかけに市長宅の捜索が始まったのは、その一例である。集会ではこうした「即興」がたびたびみられ、直接的な「合意形成」を実践していた。

冒頭で掲げた群衆のポンポン石を投げる行為は、こうした暴力的で、「即興」的な流れのなかで起こった。バルコニーの上の指導者がマイクロホンを通して叫び、それに対して市役所前に集まった群衆が応じる。両者はあたかも指導と被指導の関係にあるようにみえるが、「即興」によって集会の動向が決定される場面がたびたびあったことに鑑みれば、必ずしもそうとはいえない。むしろそのようなコミュニケーションの一つの手法として、石を投げる行為があったと捉えられるだろう。バルコニーの上で天皇制の打倒を叫ぶ共産党員に石を投げたのは、いわば集会の軌道修正を求める群衆の一つの意思表示であった。参加者たちにとって、食糧不足の矛盾を天皇制の是非に結びつける主催者の考えは否定されるべきものであって、その意志を示す行為は、決して「アベコベ」なものではなかった。

民衆のなかの「天皇」

川崎の食糧闘争の一二日後に皇居前広場で開催されたのが、食糧メーデーであった。二五万人もの参加者が集まったというこの示威行動は、食糧危機を克服するために政治家や官僚の腐敗をただすよう天皇に上奏する、という形式で行われた。民主化が進行しているさなかに天皇への上奏という手段をとったことについて、ジョン・ダワーは、「民主的な人民政府の創設を求めるこの運動に汚点を残した」と述べている。主権在民の新憲法草案が発表され、男女平等の参政権も認められ、労働運動が隆盛し、女性の政治参加や学生の自治拡大の要求が進む状況に対し、明らかに矛盾した方針だった、というのである。

しかし、一二日前の川崎の「アベコベ」のことを想起するなら、むしろその形態が選ばれることは必然であった。共産党や社会党が主導する当該期の運動が吉田茂内閣を追い込む巨大なうねりをつくりだしたのだとすれば、それは民衆の熱量を最大限に引き出すことに成功したからである。そして、民衆の熱量を引き出すことができたのは、主催者たちが民衆のなかの「天皇」と対峙するよりも、その世界観に依拠するか、少なくとも触れない態度をとったからだと考えられるのである。

裁判史料の可能性

以上のように、裁判史料は運動に参加した人びとの意識動向を詳《つまび》らかにするうえで重要なものといえる。

裁判史料を用いた歴史研究は、時代や地域を超えて着実に積み重ねられてきた。近年では、五味知子が、清代中国の女性による配偶者殺人事件について裁判史料から検討し、女性の立場について考察している。また、秋山晋吾は、一八世紀中庸《ちゅうよう》のトランシルヴァニア侯国において姦通罪で告発された貴族女性の事例を題材に、村人たちの証言によって彼女が「愛に盲目で奔放な女」としてつくりあげられていく裁判史料の「主旋律」と、そこには収まらない「副旋律」をよみとることの重要性を喚起する。藤野裕子は、一九三〇年代に岩手県で起こった朝鮮人虐殺事件の裁判史料から、裁判の進行にともなって朝鮮人側の暴行が強調されるようになり、日本人側の暴力がそれに対する対抗措置であったというストーリーが構築されていく経緯を明らかにしている。

これらの研究にみられるように、裁判史料からは、当時の人びとの間にはたらく権力関係をあぶり出したり、弱い立場にある人びとの主体性をよみとくことができる。よみ方次第で歴史の新たなリアリティにせまることができる、魅力的な史料なのである。

【主要参考文献】

- 秋山晋吾『姦通裁判――18世紀トランシルヴァニアの村の世界』（星海社、二〇一八年）
- 梅田欽治「戦後社会運動の出発――敗戦直後の食糧闘争」（法政大学大原社会問題研究所五十嵐仁編『「戦後革新勢力」の源流――占領前期政治・社会運動史論 1945-1948』大月書店、二〇〇七年）
- 五味知子「清代における殺人事件の裁判と女性――楊乃武案を手掛かりに」（『歴史学研究』九四六号、二〇一六年）
- ギンズブルグ、カルロ『裁判官と歴史家』（上村忠男・堤康徳訳、平凡社、一九九二年）
- 佐々木啓「生きる術としての示威行動――飢餓突破川崎市労働者市民大会にみる戦時と戦後」（大門正克・長谷川貴彦編『「生きること」の問い方――歴史の現場から』日本経済評論社、二〇二二年）
- ダワー、ジョン『増補版敗北を抱きしめて』上巻（三浦陽一・高杉忠明訳、岩波書店、二〇〇四年）
- 藤野裕子「裁判記録にみる一九三二年矢作事件――包括的再検証にむけた基礎的考察」（佐藤健太郎・荻山正浩・山口道弘編『公正から問う近代日本史』吉田書店、二〇一九年）

★史料へのアクセス

『東芝労働組合堀川町支部所蔵資料（川崎市幸区）』は、神奈川県横浜市にある神奈川県立公文書館に所蔵されている。裁判史料は、同資料群のなかに「多田祐之助住居侵入事件其ノ二」、「杉野忠太郎・岡崎安造恐喝事件其ノ一」、「多田祐之助住居侵入事件其ノ一」という資料名で収められている。原本ではなく、筆写された聴取書や予審調書を写真撮影し、さらに複写したものとみられる。佐々木前掲論文に、収録された史料のリストが掲載されている。

4 労働省婦人少年局作成の紙芝居

モノ資料からみる占領とジェンダー

長　志珠絵

紙芝居が描く女性労働者のリストラ

下に示したのは、後述するとおり印刷紙芝居『おときさんと組合』のワンシーン（図1）。主人公のおときさんは本社工場勤務一〇年のベテランだ。彼女と同僚たちが、昼休みにやりとりを交わす。

か　ね「どうしたのよ、おときさんたら、いやに考えこんだりして。」
おとき「あたし首になるんだって。」

所蔵：プランゲ文庫
図1　紙芝居『おときさんと組合』の第一景

皆　「首?……」
か　ね「おときさんが?」
おとき「ええ、なんでも会社がやって行けなくなったんで、人減らしをするんだそうよ。」
光　代「そうそう、昨日組合事務所の佐竹さんが言ってたわ。今度首になるのは女ばかりなんだって。ねえ、よっちゃん、そう言ってたわね。」
由　子「ええ、女の半分位は首なんですって。男は一人もならないんですって。」
か　ね「あぁら、女ばかりね。」
光　代「どうして女ばかり首にするんだろ、おときさん首にするんだったら…」

右のセリフに続けて女性たちは「小使い」さんらの男性の名前を口にする。リストラされるかもしれない不安な気持ちが職場に分断を持ち込んでいる。

モノ資料をつくりだす
——占領期女性政策の担い手・労働省婦人少年局

紙芝居『おときさんと組合』は、「婦人週間」を前に労働省婦人少年局が一九四九年三月に編集兼発行をした。表紙と裏表紙を入れて二三枚、二一景からなる長丁場の物語だ（図2）。家族にとって主要な稼ぎ手である中年女性おときさんがリストラ要員とされ、「今度首になるのは女ばかり」「男は一人もならない」との女性工員たちの会話を起点とする。やりとりのなかで皆は、次第に会社が人員削減の対象を女性ばかりに向ける現実に気づく。周囲に促された主人公が社長に事情を聞きに行くと、「やめてもらうのはまず女子から」という協約書を組合が勝手に会社と交わしていたことが判明。さらに組合役員に抗議する主人公に男性役員は、「社長もよく言うがやっぱり女は家のなかの仕事が」との説明で納得させようとする。雇用者も組合幹部も主要な働き手は成人男性であるべきだという思い込み（男性ブレッドウィナーイデオロギー）のため、工場本社での勤続一〇年という女性に対

図2　『おときさんと組合』表紙　所蔵：プランゲ文庫

し、性別のみを理由にリストラ対象とすることに躊躇《ちゅうちょ》がない。しかしこの工場は女性が四割を占める。ほかの若い働き手も「結婚」＝退職と考えてはいないセリフもはさまれる。特に勤続年数の長い主人公の不安な気持ちは、次第に「いきなり仕事を取り上げられたんじゃ、長い間の働きがまるで無視された」という怒りに変わる。総力戦は女性の雇用を増大させたが、男性の復員にともなう職場復帰によって戦後は一転、女性を解雇の対象とした。戦時下と地続きの戦後初期、女性たちが主要な働き手である工場は多い一方、本作では男性たちの多くを監督者側に描く。

しかし敗戦は、雇用者に対してものをいう労働組合の結成の合法化を促した。職場はまるごと組合加入の例も多く、女性の加入率も高い。おときさんと仲間は解決策として組合活動に自分たちの意見を反映させる方法を選び、組合代表の選挙活動に関わり、彼女たちが推薦した候補を当選させる。終幕は達成感と職場の雰囲気が安定するなか、会社との交渉や女性の組合役員など今後の課題が示される。

おときさんの覚醒のきっかけとなる「やっぱり女は」という言説は、多就労社会であった高度経済成長以前の日本社会の現実からは遠い。近年の研究は戦前の日本社会を共稼社会と捉え、子どもも含め、チープレイバーの位置に置かれた女性労働の可視化を課題とする。女性政策を担う局が労働省に置かれたことで、女性を働き手とする社会を前提に、安易なリストラを止め、賃金も含めた女性労働者の地位向上が目指された。初代局長の山川菊栄《やまかわきくえ》は一九四八年五月の講演で、「今日殆《ほとん》ど全部の婦人が労働に従事しています」とし、「家庭婦人」と「労働婦人」の二分化の批判に加え「男子の認識」を問うた。

このような紙芝居が制作された背景には何があったのか？　一九四七年九月、社会党政権時代にようやく設置された労働省の一部局である労働省婦人少年局は、啓蒙・教育実践のためリーフレット、パンフレット、壁新聞、ポスター、紙芝居、幻灯など多様な形態による多くの宣伝物を作成した。「男女同一労働同一賃金」のスローガンなどが目を引くポスターは、予算がかさむと省内で批判されながらも鮮やかな多色刷りでつくられた。局設置の翌一九四八年、主に働く女性に向けた先ほどの「婦人週間」(四月)をはじめ、「婦人の福祉増進週間」(八月)、また新制中学校制度下での若年労働者保護のための「年少労働者保護週間」(一一月)が設定され、上記の宣伝物(=モノ資料)は、賃金や労働環境の改善とそのための職場組合の結成、農村女性の地位向上、「働く年少者のための」雇用者に向けた法整備などの啓蒙や広報活動に用いられた。では、実際に地域で広報活動などを担ったのは誰か。

都道府県には、局長の山川らが人事に乗り出して配置した地方職員室の女性職員が、それらの啓蒙・調査活動を担った。長野職員室室長の金川《かながわ》文子をはじめ、戦後日本で地域女性の民主化を進めた人びとの名前がみえる。婦人少年局の設置を強力にあと押しした連合国最高司令官総司令部(GHQ/SCAP)の労働関係部門、占領期初期のESS(経済科学局)は、戦間期の米国で、公共事業・社会福祉を進める政策思潮を備えた「ニューディーラー」集団として知られる。中下級の職位の女性職員が社会主義的政策と近似する新たな理念の実現に加わった。そして、戦前社会に許されなかった、「女性の権利」を説く紙芝居作品が、中央省庁という意思決定に関わる機関によって制作・実演された。こうして働く女性と年少者をめぐる具体的な現実課題が可視化され、その解決の道筋が示されたのであった。

国策紙芝居と占領期の紙芝居

婦人少年局も含め、労働省による紙芝居の印刷・発行には占領軍の許可を要し、紙芝居本体には印刷も含め、検閲印が残る。元来、紙芝居は、子ども向けの安価な娯楽メディアとされた。それが手書きの「街頭紙芝居」と大量印刷が可能な「印刷紙芝居」に分化し、一九三〇年代には社会に向けて、戦意高揚が期待された。日中戦争以降、総力戦下で本格化する戦争プロパガンダ役割を負った印刷紙芝居による「国策紙芝居」は、植民地や南方占領地も含めて大量生産された。

戦後、メディア性をもつ印刷紙芝居の復活は早い一方、占領軍もその効果に着目した。GHQによる検閲-メディア統制課（PPB-プレス・映画・放送課）の映像部門には紙芝居担当係が置かれ、教育政策担当のCIE（民間情報教育局）や労働政策担当のESSは、映画や幻灯に加え、紙芝居を日本特有の生活庶民文化と捉えた。プランゲ文庫（占領下に検閲目的で集められた出版物ほか関係する資料を所蔵）には、ESS関係者が収めた街頭紙芝居の木枠が残る。GHQ／SCAP文書では、'Paper theater'ではなく'kamishibai'用語が使われた。街頭紙芝居も多く作成されたが、左翼プロパガンダのツールとされ、占領軍による取り締り対象ともされた。

労働省婦人少年局作成紙芝居が描くジェンダー

労働省婦人少年局作成の印刷紙芝居は、作品数としては、局長時代の山川が担っていた『労働省月報』の記事などから一〇点以内と考えられる。各府県に置かれた地方職員室の業務として重要で、本省から送られてきた紙芝居を練習し、紡績工場等で実際に演じたという。作品は、実例を取材することで女性と年少労働者の「労働問題」の細部を表現する傾向が強い。若年女性の寮の自治を扱った『ばら寮の出来事』は千葉県の工場がモデルであり、若き日のいわさきちひろ作など戦後日本の文化活動に直結する作品もある。

局が作品に込めたような「女性の民主化」の度合いは社会の民主化の指標とされてきた。では占領期の紙芝居からは何がみえてくるだろうか。そもそも第二次世界大戦後の「女性の民主化」とは何か。多くの国では女性参政権に象徴される政治参加や高等教育参加の権利が付与される一方、戦後世界の女性政策の主眼は、総力戦下で攪乱された性別役割をふたたび強化し、性別役割分業としての女性の「主婦化」を政策的にも促す方向性をもった。占領期日本の「女性の民主化」政策への評価は近年では厳しく、「銃後」から「家庭」へ、米国政府の政策と社会規範の影響が指摘される。

しかし農村も含め、高度経済成長以前の日本の社会の人びとの暮らしは、近代家族像とそれにともなう性別役割規範とは異なる。冒頭の紙芝居が描く人びとの暮らしは、子どもも含めた多就労社会のうえに成り立つ。戦時下に続いて安価な労働力とみなされる一方、戦後の女性労働者は一転して容易にリストラ要員とされた。これら紙芝居資料は、戦後世界のジェンダー秩序形成という観点から性別役割規範に覆われる以前の社会のせめぎあいや働き手であった女性たちの抗いといったリアルを示す。戦後日本の女性像に抗する過渡的な姿を示すモノ資料にほかならない。加えてパンフレットなども含め、これらの配布や紙芝居の実演を担ったアクターの一つは、各府県庁に置かれた労働省婦人少年局地方職員室であり、モノ資料には所蔵印が残された。どのように用いられることでどこに残されてきたのか、来歴がわかるこれらの資料群は、モノ資料のアーカイブを考える際に示唆を与えてくれる。

【主要参考文献】

- 大串潤児『国策紙芝居――地域への視点・植民地の経験』（お茶の水書房、二〇二二年）
- 長志珠絵「占領とジェンダー――モノ資料から考える」（『歴史評論』八六八号、二〇二二年）
- 国立歴史民俗博物館編『性差《ジェンダー》の日本史―企画展示』（二〇二〇年）
- 山本武利『紙芝居――街角のメディア』（吉川弘文館、二〇〇〇年）

★史料へのアクセス

労働省婦人少年局作成の紙芝居資料のうち三点は旧労働省婦人少年局東京職員室の系譜を引く旧東京都港区女性就業支援センター資料室（二〇二二年三月閉鎖）に所蔵され、「行政資料デジタルアーカイブ」としてＷｅｂ公開されていた。今日でもアクセス可能だが、タグづけされていないためＷｅｂ空間を漂っている状態である。数点は日本国内での紙芝居アーカイブの代表的な紙芝居所蔵の拠点の一つである「子どもの文化研究所」所蔵ほか米国メリーランド大学図書館プランゲ文庫でも日本占領期に関する「寄贈資料群」のなかに所蔵されている。『おときさんと労働組合』は国立歴史民俗博物館特別展示図録『性差の日本史』に全文掲載された。紙芝居資料は所蔵機関によってさまざまなカテゴリーで分類されているのが現状といえる。

5

複数の史料からみえてきた「チャイナ部隊」

上地聡子

一九四六年に結ばれた一つの協定

前文

対日戦争の軍事作戦終了により、西太平洋地域にある米国資産の需要に余剰が生じており、中国への売却に活用できる余剰資産の調達費用は、総額約五億ドルの動産と約四〇〇〇万ドルの固定施設と見積もられ、そのうちの半分以上はすでに払下げ対象として指定されており、

米国議会は、一九四四年の余剰資産法により米国の余剰資産の処分を許可し、対外清算委員会は西太平洋地域におけるその処分に責任を負い、

日本との戦争の遂行は中華民国に広範な損害と損失をもたらし、

余剰資産法に宣言されているとおり、海外市場を確立し発展させ、他国にある米国の余剰資産を秩序立ててその国に譲渡することによって相互に有利な経済関係の構築を推進し、独占や貿易の制限なく、できるだけ迅速に余剰資産を処分することを米国の政策とする。

したがって前記事項及び下記の相互協定・契約を約因とし、次のとおり合意する。（原文英語、以下略）

Report to Congress on FOREIGN SURPLUS DISPOSAL, October 1946, Appendix I.
BULK SALE TO CHINA, Agreement Between the United States and China for the Sale of Certain Surplus War Property

（『在外余剰処分に関する議会への報告一九四六年一〇月』付録Ⅰ「中華民国に対する一括売却：戦時余剰物資の売却に関する米華協定」）

この協定はいったい何？

これは一九四六年八月に米国と中華民国の間で署名された協定の一部だ。大まかな内容は、日本との戦争が終わったのち、西太平洋地域には戦争で使われなかった米国の物資や資産が多く取り残されており、中華民国に対してもすでに払下げが行われている。他方、日本と戦争をした中華民国は大きな損害をこうむっている。余った米軍の物資や資産をほかの国々へ速やかに譲渡して、その国との経済的な関係を強化することは米国の政策である。よって、米国と中華民国は次のとおり協定を結ぶ、となっている。

中学校の授業から始まった

この協定によって敗戦直後の沖縄にも多くの「中国人」が一時的に駐留し米軍の余剰物資を運び出していたことが最近、明らかになってきている。この「中国人」の調査の発端は中学校の授業だった。平和学習の一環として地域のお年寄りに沖縄戦の話を聞いた際、「中国人が戦後、この辺にいた」という証言を不思議に思った社会科の教員が調査を始め、やがて複数の研究者も参加する共同研究に発展していった。二〇二三年現在、「戦後沖縄チャイナ部隊研究会」ではその教員と、米国、沖縄、台湾（中華民国）の資料に詳しい研究者六名が共同で調査を進めている。

沖縄の「チャイナ部隊」とは？

「チャイナ部隊」とは戦争直後、近隣に駐留していた「中国人」の集団を地元の人びとがいいならわした表現だ。部隊といっても軍人ばかりではない。一九四六年後半から四九年前半にかけて沖縄にいた彼らは一〇〇〇名を超えると米軍側の資料は伝えているが、その九割以上が中国全土から集められた一般の作業員であり、あとは彼らを監督する憲兵が一〇〇名前後、将校は数十人程度であったらしい。「チャイナ陣地」や「チャイナ・ボーセイ」などと呼んでいた地域もある。

「ボーセイ」とは中華民国行政院のなかにあった「行政院物資供応委員会」の下部組織「物資供応局」の英語、Boards of Supplies of the Chinese Executive Yuan の略称（BOSEY）からきている。米軍側の資料ではこの略称が使われており、側面にBOSEYと書かれた当時のジープの写真も残っている（下図）。なお、ここでいう「中国」とは中華民国を指し、現在の中国（中華人民共和国）とは異なるものであることに留意してほしい。

所蔵：沖縄県立公文書館

図　BOSEYと書いてあるトラックを沖縄で運転するチャイナ部隊（1949年10月31日，米国海軍撮影）

搬出物資と国際政治のリンク

これまでのところ、チャイナ部隊は沖縄島の北部にある伊江島《いえじま》、中部の普天間《ふてんま》、勝連《かつれん》半島、那覇に近い首里《しゅり》、南部の佐敷《さしき》などにいたことがわかっている。

台湾の国史館にある資料は、一九四六年一二月末までに冬用ズボン、タイプライター用紙、発電機やトラック、医療衛生品などの非軍事物資が沖縄から運び出されたと伝えている。そして冒頭の米華協定には、譲渡物資から戦闘資材を除く旨が明記されている。

しかし、伊江島では弾薬を運搬する作業をしたという証言が出ていた。実際、沖縄県立公文書館には伊江村長が当時の行政組織である沖縄民政府に、中国人の爆弾搬出を照会する文書が残されている。一九四七年半ばの段階で、米国から中華民国への武器供給停止措置が解除されていたことも台湾の国史館にある別の資料からわかってきている。

搬出物資の変化は、一九四〇年台後半の中華民国国民党と中国共産党の対立（「国共内戦」）に対する米国の関与の変化を示しているが、その一端が沖縄のある地域の普通の人びととの記憶につながっているのがなんともダイナミックでおもしろい。

チャイナ部隊と地元の関係

聞き取り資料が伝える、日常的な交流にも目を向けてみよう。「チャイナ陣地からの廃品でラジオを作った」「島バナナとタバコの物々交換をした」「チャイナ部隊の厨房で働いていた人が残っていた食料を持ってきて、親戚に配った」といった証言からは、地元の人びととチャイナ部隊との間にさまざまなかたちで交流のあった様子がうかがわれる。チャイナ陣地のなかに侵入してノートにする白紙と鉛筆をとってきた、というエピソードもあった。

しかしながら、「テイクミー」でジープに乗せてもらったという話がある一方、トラックの上からツバを吐きかけられた、という証言もあり、チャイナ部隊との接触が必ずしも友好的ではなかった別の現実もうかがわれる。どこそこのラグビー場で中国人とフィリピン人が試合をし、喧嘩になり死者が出た、といった暴力的な衝突の話も何度か聞いた。

また、男はご飯をもらいに行けたが女は行けなかった、夕方に中国人がやって来ると母が外に出ては駄目だといっていた、といった証言からは「よそ者」に対する警戒感を感じ取ることができる。女性をめぐるいさかいなども聞き取りのなかで耳にした。戦後の混乱時における性被害の実態もその背後に考えなければならないだろう。

駐留した側の証言も

最後に中華民国の「憲兵」として沖縄に駐留した側の聞き取りを紹介する。沖縄側では、中国人作業員の出入りを管理し、食事や住居も別で地元住民と一切接触がなかったと記憶されているのが憲兵だ。その憲兵であったという人物をロサンゼルスに訪ねた。

彼は、日本占領軍の一員として当初は名古屋に派遣される予定だったという。それが急遽変更となり一九四七年から四九年まで沖縄にいた。米軍が作成したリストどおりに物資が船に積み込まれているかを確認するのが主な仕事だったらしい。

彼が保管していた「憲兵手帳」には現地の沖縄人との交流を禁止する項目が明記されている。しかしながら彼自身は、満洲帰りの沖縄人女性と中国語で話したと懐かしそうに語っていた。中国語に堪能な別の沖縄人に対して、食事を多めにつくりいつも分けてあげた、という彼の昔話は、チャイナ部隊から食事をもらっていたという沖縄側の証言を想起させる。戦後の食糧難のなか、沖縄の人びとにとってチャイナ部隊からの食事は「カルチャーショック」であったという。自分たちの食事があったはずの米軍人も憲兵隊の食堂にやって来たというから、その美味しさはかなりのものだったのだろう。驚くことに食材は、サイパンやテニアンの駐留隊も含めすべて上海から運んでいたらしい。

もう一度、沖縄の外へ

冒頭の協定文を確認すると、中華民国側に譲渡する対象は「西太平洋地域にある米国資産」となっている。

つまり、沖縄のみならずサイパンやテニアンなど太平洋の西側の島嶼地域でもチャイナ部隊は米軍資産の搬出作業を展開していたのである。沖縄からみれば地域の戦後史の一部だが、沖縄の外からみれば、住民が目撃し交流していたチャイナ部隊は東アジアから太平洋にまたがる物資と人の流れの一部ということになる。

　さらに冒頭の協定文が載っている報告書には「イタリアに対する一括売却」と「ベルギーに対する一括売却」に関する付録もついている。その本文では米国の資産譲渡状況を「欧州、アフリカ、中東」、「太平洋地域とインド」、「西半球」(ラテンアメリカ)に分けて報告している。つまり、第二次世界大戦中に世界各地に運ばれた米軍物資を戦後いかに各国へ売却・譲渡するか、という米国の政策の一環がこの冒頭の協定であり、譲渡先の一つである中華民国が派遣した憲兵と作業員の一部が沖縄に駐留していたというわけだ。

　沖縄の戦後史は沖縄だけに閉じない。中学校の授業で聞き取られたチャイナ部隊の記憶は、地域史が東アジア国際関係とつながる多くの結節点の一つだといえるだろう。

【主要参考文献】

・高橋順子・上地聡子「地域から取り組む――〝地元〟主導の「チャイナ部隊」研究」(早稲田大学地域・地域間研究機構『ワセダアジアレビュー』二二号、二〇二〇年)

・高橋順子・森岡稔・波照間陽「占領初期沖縄の勝連半島地域における「チャイナ陣地」に関する一考察」(『日本女子大学大学院人間社会研究科紀要』二〇号、二〇一四年)

・中村春菜「【史料紹介】ある中国憲兵司令部派駐太平洋島嶼憲兵隊員の口述記録と憲兵手帳――一九四七～一九四九年沖縄に滞在して」(琉球大学人文社会学部琉球アジア文化学科『琉球アジア文化論集』七号、二〇二一年)

★史料へのアクセス

　冒頭の協定文は、ハーティトラスト・デジタル・ライブラリー(HathiTrust Digital Library)から閲覧できる　https://catalog.hathitrust.org/Record/100716981　(二〇二三年九月一一日確認)。

　しかし資料は図書館のなかだけではない。身近な人の語りが歴史的な史料になり、歴史研究につながる可能性を、このチャイナ部隊研究は示している。普通の人びとのなかに眠っている「当たり前で語るまでもない」記憶が、思いもよらない過去を探求する重要な手がかりになるかもしれない。あなたも、身近な年長者の話を今度ぜひ、聞いてみませんか?

6

「現代絵農書」から農村の歴史をよみとく

清水ゆかり

秋の取り入れ

秋の天気は変わり安い。日も短く、天気を気にし乍《なが》ら手間の罹《かか》る収穫をせねばならなかった。幼児はイズミにビロツで押し込まれ、尚踏ん張り出ないようにタスキが掛けられていた。イズミから出すとしょんべのガザと湯気が立ちのぼった。そんで、秋は歳なりのお守りや仕事が言い渡され遊びにはとても行けなかった。

（小岩道男『追思追想』より）

「秋の取り入れ」と題されたこの絵（左上図）は、秋の脱穀《だっこく》と脱穀後の乾燥の作業を示している。地面にむしろを敷き詰めた上での千刃扱《せんばこ》きの稲の脱穀作業、脱穀後の籾《もみ》をむしろに広げて天日《てんぴ》で乾燥させる作業を中心に、煙管《きせる》を使う男、イズミのなかに押し込められて泣きじゃくる赤ん坊、おはじきを楽しむ女の子や大八《だいはち》車《ぐるま》に積まれた叺《かます》によじ登って手を振る子どもたちなどが描かれ、画面から人びとのにぎやかな声が聞こえてくるようである。

図　「秋の取り入れ」

「現代《げんだい》絵《え》農書《のうしょ》」の発見

この絵をみつけたのは二〇〇三年、卒業研究のテーマを探すために資料調査に訪れた岐阜県立図書館で郷土資料の棚から手に取った小岩道男『追思追想——大正末期より昭和初期まで』（自費出版、一九九九年）のなかであった。小冊子にはこの場面以外にも、手作業での稲作や麦作、養蚕や山仕事などの諸々の生業や、家事・育児などの内仕事、子どもの手伝いや遊びなどが詳細な文章解説とともに描かれていた。近代農村の歴史について、教科書の文章や統計数値でしか触れたことのなかった筆者は、絵のなかに登場する農民や子どもたちの生き生きとした姿に新鮮な驚きと感動を覚えた。

その後、関心をもって同種の資料を探してみると、近代農村の暮らしを絵と文章で記録した作品を全国各地で発見することができた。近代の農業・農村を現代において絵と文章で記録し伝えようとするこれらの絵画資料群を、筆者は近世の絵農書《えのうしょ》にちなんで「現代絵農書」と位置づけた。

「現代絵農書」とは何か

「現代絵農書」とは、農村出身の庶民が自身の幼少期の経験をもとに近代農村の暮らしを描いた記憶画を指す。佐藤常雄「描かれた農の世界――近世の農耕図と絵農書」によれば、「絵農書」とはそもそも、古代から高度経済成長期以前までの日本固有の在来農法と農民生活を描いた「農耕図」のうち、農書が成立した一七世紀後半から明治維新期までに制作された作品を近世農書の一ジャンルとして位置づけたものであり、近世における同時代の農業・農村についての視覚教材といってよい。これに対して現代絵農書は、近世に成立し、近代農村を構成してきた「家」・村の暮らしが、高度経済成長を経て劇的に変貌した現代において描かれ、そこには制作の同時代である現代ではなく、変貌する以前の近代から高度経済成長期以前にかけての農業・農村が記録されている。

はたしてこれらの現代絵農書はどのような目的で制作され、何を表現しようとしているのであろうか。そして、現代絵農書の成立は、現代の地域社会においてどのような意味をもつのであろうか。この問いを出発点として、筆者は、現代絵農書という新たな媒体が農村出身者自身によって制作される意味を、近代農村の暮らしの再評価と、地域における歴史と文化の継承に焦点をあてて検討した。

複雑で雑多な近代農村の暮らしの総体の記録

現代絵農書は農山漁村出身の庶民が近代の暮らしを記録した記憶画であり、高度経済成長を契機として、一九六〇年代以降から全国各地で同時多発的に制作された。二〇〇三年から二〇二三年八月現在までの調査の結果、日本国内で四六名の現代絵農書の描き手を確認している。その内容は、①地域の生業、②農家の暮らし、③村の暮らし、④子どもの暮らし、⑤事件・戦争など、多岐にわたる。初期の作品については絵による民俗誌という性格が色濃いが、一九九〇年代以降は地域の人間関係や自然環境の利用など、より複合的な情報が盛り込まれた作品が増加した。

現代絵農書に記録された「暮らし」は、村という小さな地域において展開される農林漁業やその他の生業、家事育児や娯楽などの生産と生活であり、それら諸活動に関わる村人同士の社会関係や人間と自然との関係であり、それらのなかで村に生きる人びとに培われた主観的な「暮らしの感覚」を含みこむ複合的で雑多な総体として描かれている。現代絵農書を制作する描き手の視点には、近代農村に生きる無名の庶民による日常的な暮らしこそが歴史の根底に存在し基礎をなすものであるという価値観がよみとれる。

庶民自身による農村へのまなざしの転換

現代絵農書を制作する描き手の視点は、幼少期における近代農村の暮らしを原体験とし、その原体験を、成人後の戦後高度経済成長にともなう日本社会の大変動の経験を通して相対化することによって獲得されたものであった。現代絵農書の描き手は、封建的とみなされ合理化の対象であった近代農村の暮らしを、描写対象となる時代の歴史的状況をふまえながらも、気候風土を生かした地域固有の営み、家族や村人による相互の助け合い、人びとと自然との関係を通して社会性や生きるための知恵や技を身につける子どもの成育環境などの側面から再評価しようとしている。その視点は、全国で現代絵農書の制作が開始された一九六〇年代以降、農山漁村出身の庶民自身による価値意識の転換があったことを示している。

ありふれた日常の一こま一こまを記録する現代絵農書は、農業の生産的・経済的側面を重視する学問的な問題関心とは視点が異なり、研究者からはその資料的価値を重視されてこなかった。しかし、庶民による主体的な歴史叙述、絵と文章を組み合わせた表現など、現代絵農書の特質は歴史の意味に豊かさをもたらすものとして積極的に評価されてよい。

地域の集合的記憶としての現代絵農書

アルヴァックスによれば、記憶は個人的・主観的なものではない。記憶を想い起こすのは個人だが、その個人はある種の知識や考え方を共有する集団に所属しており、その集団のなかで個人同士がお互いの記憶に影響を与え合うことにより再構成されている。その意味で記憶は「集合的記憶」であるという。

現代絵農書は描き手個人の記憶にもとづいており、制作当初はきわめて私的な作品である。しかし、制作からある程度の年数を経た現代絵農書のなかには、描写対象地域において存在を認識され広く鑑賞されるとともに、地域の暮らしを広範に記録する資料として学校教育や社会教育に利活用されている作品も多い。この事実は、現代絵農書がたんなる一個人の自分史としての枠を越えて、より広域な集団である「地域」の集合的記憶として地域住民自身に選び取られていく過程を示している。

現代絵農書の描き手は個人的経験を絵に記録する際に、画面にその経験の背景として存在する家族や村、農業や景観といった多様かつ大量の情報を盛り込んでいる。これらの情報は描き手が所属する、あるいはかつて所属していた集団の成員が共有していたものであり、この意味で現代絵農書は、描写対象地域における「集合的記憶」として位置づけることができる。

地域における現代絵農書の役割と可能性

描写対象地域において現代絵農書には、①描き手とその同世代の人びとが記憶を共有する媒体、②地域の歴史・文化を次世代へ伝承するためのコミュニケーションツール、③地域の歴史・文化を記録する歴史資料、としての三つの役割が見出されている。

①および②では、現代絵農書が描き手とその同世代という横のつながり、描き手である祖父母世代と子や孫である次世代との縦のつながりを形成する役割を担っている。さらに③での役割は、そうした同時代における縦・横のつながりを越えた範域で展開してい

る。この範域とはつまり、描き手の個人的関係を越えた集落、自治体、さらには広域合併した新市町村のような、固有の歴史や文化を共有するより広い地域であり、未来に生きる次世代の人びとを示している。現代絵農書は地域に生きる人びととの社会関係を構築し、未来の世代を含めた人びとの地域アイデンティティを形成する紐帯《ちゅうたい》としての役割を果たす可能性をもつのである。

【主要参考文献】

- アルヴァックス、M『集合的記憶』（小関藤一郎訳、行路社、一九八九年）
- 佐藤常雄「描かれた農の世界——近世の農耕図と絵農書」（佐藤常雄ほか編『絵農書1（日本農書全集71）』農山漁村文化協会、一九九六年）
- 清水ゆかり『庶民が描く暮らしの記憶——ふるさとを共有する「現代絵農書」』（丸善プラネット、二〇一五年）

★史料へのアクセス

本稿で引用した小岩道男『追思追想』は自費出版物であり、国立国会図書館や岐阜県立図書館、揖斐川町歴史民俗資料館で閲覧できる。現代絵農書全般を探す方法としては、Ｗｅｂ検索のほか、県立図書館等、自治体図書館の郷土資料コーナーにある自治体史や自費出版資料を一冊ずつ取り出して中身を確認する方法がある。出版されていない作品が博物館や地域の文化祭に展示される場合もある。読者の住む地域の現代絵農書をぜひ探してみてほしい。

7 合唱からよみとく戦後日本

河西秀哉

合唱がだんだんウケなくなってきている

合唱がだんだんウケなくなってきている。このままBoxの中で趣味的にやっていくだけならば合唱団も縮小再生産を繰り返すだけである。もし合唱団が合唱のより広い支持、社会的基盤を望むならば、社会に対しての合唱団の働きかけが当然必要とされるわけである。すなわち、合唱の世界の外に向っては、一般の人達の合唱に対する理解を深めてもらおうとし、内に向かっては、合唱それ自体を、彼等の欲求を満足させるような形に変化させていこうとする努力が期待されるのである。演奏旅行は、合唱団の社会に対する働きかけの手段として非常に有力なものである。(「48年度府下演旅機関誌」『京大合唱団関係資料』合唱団1-5-3-14)

京都大学の合唱団である京大合唱団に参加している学生が、一九七三年に団の機関誌に書いた文章の一部である。京大合唱団は、一九三一年に京都帝国大学男声合唱団として創設された。敗戦後、社会の自由な雰囲気のなかで、団の運営も民主化される。また、後述するように、うたごえ運動に参加し、団の規模を拡大していく。しかし、社会状況の変化にともない、団内でもさまざまな議論・対立が生まれるようになり、一九六六年に分裂騒動を起こした。それを機に、団員がお互いの意見を言い合い、話し合う機会がより重要視されるようになった。さらに学生運動を経て、大学をとりまく環境は大きく変化していた。この史料が書かれたのは、こうした経験を経た時期である。京大合唱団では機関誌がさまざまな機会に発行され、団員同士が自分の意見を表明する場になっていた。

この史料が書かれたとき、京大合唱団は同じ京都府の宮津市など丹後地方へ演奏旅行に出かけようとしていた。この学生は、世間のなかで合唱が「ウケなくなってきている」ことを嘆くような思考を吐露《とろ》しつつ、一方で「社会に対する働きかけ」としての合唱が必要だと、みずからの行いを鼓舞しているかのような書きぶりをみせた。なぜ彼はこのような認識をもつにいたったのだろうか。そして、合唱は戦後日本社会のなかでどのような位置にあったのだろうか。

動員される合唱

西洋音楽が日本へ本格的に導入された近代以降、学校では国民国家の国民づくりの一環として唱歌が歌われた。この経験を身につけた人びとは、二〇世紀の大衆社会化のなかで発展した中等・高等教育機関において、合唱団を結成し、そこから音楽界を担う存在も生まれた。京都大学でも、こうした傾向のなかで、京都帝国大学男声合唱団が創設された。

しかし、音楽家たちは日本社会において、ヨーロッパのように音楽が生活のなかに浸透している状況にはなっていないと考えた。そこで、政府が総力戦体制のなかで工場や職場において展開した厚生運動に、積極的に関わっていく。「健全な娯楽」として、人びとの一体性を高め、しかも戦時色を高揚させるツールとして、合唱は動員されたのである。

戦時期との連続

アジア・太平洋戦争の敗戦後、人びとは戦時下での抑圧された雰囲気を解放するかのように、さまざまな文化活動を展開していった。そのなかの一つに、合唱があった。文化的な活動が称揚される雰囲気のなかで、合唱は戦後民主主義を象徴する文化活動として、活発に行われた。

さらに、日本共産党の文化工作の一環として、うたごえ運動も開始されていく。これは平和を求め、一緒に歌うことを目的に始められた運動ではあったが、工場や職場ごとに合唱団をつくり、「健全な娯楽」を提供するという面では、厚生運動でのあり方が踏襲された。思想的にはむしろ逆であったうたごえ運動が、戦時期の経験との連続性をもっていた。

「政治の季節」のなかで

敗戦後、社会運動が盛んとなり、それとともにうたごえ運動はより人びとへと広がっていった。一九五〇年代前半に各地で頻発した基地反対闘争や労働争議において、それを支援するため、全国からうたごえ運動の担い手たちが駆けつけ、党派性を超えて社会運動を鼓舞していく。さらにうたごえ運動が、それまで合唱に携わってこなかったような人びとに対し、まずは楽しく大きな声で歌うように求めるような、いわば門戸を広げる活動を展開したことも、この運動が社会に広がる要因となった。

その後、紆余曲折はあったものの、一九五九年から翌年にかけての三井三池争議、そして一九六〇年の日米安全保障条約改定をめぐる安保闘争など、社会運動が高揚する「政治の季節」のなかで、うたごえ運動も最高潮に達していく。

大学においても、敗戦後、学内の合唱団が数多く復活・結成された。学生運動が学内外で盛んに行われるなかで、うたごえ運動に参加する合唱団もあった。京大合唱団もその一つである。

「経済の季節」と大学紛争

しかし一九六〇年を境に、その雰囲気は一変する。日本社会は「経済の季節」へと転換し、高度経済成長が本格化するなかで、社会運動も停滞する。その結果として、うたごえ運動も方針などをめぐって分裂するなどさまざまな影響を受けた。

大学合唱団はさらに深刻な問題に直面する。一九六八年から翌六九年にかけて各地の大学において続けられた大学紛争が、その要因であった。新左翼の学生らによって結成された全学共闘会議（全共闘）によって行われた闘争は、大学当局だけではなく、共産党の影響を受けた日本民主青年同盟（民青）系の学生とも対立していた。民青系の学生たちはうたごえ運動と親和性があったものの、大学紛争の主流派であった全共闘系の学生たちにとって、うたごえ運動は忌避する対象だった。彼らが運動のなかで歌った歌は、うたごえ運動のような合唱ではなく、フォークソングであった。しかしその大学紛争も、沈静化された。

大学紛争の影響

指揮者として大学合唱団に関わっていた福永陽一郎は、一九六九年に「大学合唱のゆくえ」（『合唱サークル』四巻一〇号）という文章を書いた。そのなかで福永は、「現在ほど、大学の合唱団が、複雑で困難な時期をむかえていることは、かつて日本には一度もなかったのではないだろうか」と述べている。つまり、戦時期の「学徒出陣」のように、大学に学生がいなくなり、合唱が取り組めなくなった時期など、これまでも大学合唱には何度も危機があった。しかし、福永によればそれは、「たとえ悲劇的ではあっても、単純に他動的な様相であって、「大学合唱はどうあるべきか」という本質的な問いかけへの答を用意しなければならない事態ではなかった」という。ところが一九六九年は違った。大学紛争は大学の存在そのものへの懐疑であり、なぜ大学で歌うのかという問題を突きつけたからである。学生のなかでも全共闘・民青のように対立が深刻化し、それらに参加していなかった学生も含めて、大学とは何かという問題に解答は示せなかった。

しかも、どこの大学合唱団もこの時期、それまでよりも団員数が減少していた。その根本的な理由はやはり、大学合唱団の本質的な部分が問われていたからだろう。また、大学紛争後の影響で、学生たちのなかにうたごえ運動のような政治的なものへの忌避感が生まれた。その結果、大学合唱団へ参加する学生の数は減少していく。さらに、大学紛争での敗北という雰囲気のなかで、合唱団という団体活動、しかもそこで練習に真摯に取り組むという行動自体が、学生たちから拒絶されていったのである。大学紛争後の学生に広がったある種の「しらけ」が、大学合唱団の停滞を招いていった。まさに、「合唱がだんだんウケなくなってきている」状況だったのである。

合唱の停滞

高度経済成長によってレジャーは多様化し、その後、人びとは個々人でさまざまな余暇を過ごすようになった。たとえば、カラオケボックスに若者が連日集まり、密室で個々に歌を歌うようになる。合唱のように一緒に歌うことから、少ない人数で好きな歌を歌うかたちが一般化していったのである。趣味の多様化ともいえる現象だろう。それまで発刊されていた合唱専門の雑誌も、一九七〇年代に廃刊となった。それは、商業的に採算がとれないためであり、それだけ合唱が低迷したことを示している。

こうした状況があったからこそ、冒頭の京大合唱団の学生は「合唱はウケなくなってきている」と認識していた。多様化している社会のなかで、自分たちの合唱は人に届くのだろうか。このように自問した学生たちもただ手をこまねいていたわけではなかった。彼ら彼女らは演奏旅行というかたちで、人びとに合唱を広げ理解してもらう活動を展開していく。「社会に対する働きかけの手段」という冒頭の学生の言葉はその意思を示している。これは、厚生運動やうたごえ運動の担い手である音楽家たちの手法が、かたちを変え、継続されていたともいえる。

合唱の復権とコロナ

二〇〇〇年代に入ると、局面がやや変化する。新垣結衣が主演した「くちびるに歌を」のように、一緒に歌う合唱を題材とした映画が制作されるなど、合唱の意義を評価する風潮が高まった。NHK全国学校音楽コンクール中学生の部では、毎年、アーティストによって課題曲がつくりだされ、合唱の裾野を広げる活動が展開されている。人数の減少やレベルの低下が問題視されていた大学合唱団も、復活の兆しがみられるようになった。分断社会が進行し、生きづらい社会が続くなかで、それに抗するかたちで、合唱の意味や意義が再評価され、人びとが参加するようになったのだろう。

ただし、新型コロナウイルスの蔓延は、こうした状況をさらに変え、人数の減少や活動の停滞を招いたことも事実である。このように、合唱のあり方はその時々の日本社会の状況を反映している。今後はどうなっていくのだろうか。

【主要参考文献】

・河西秀哉『うたごえの戦後史』(人文書院、二〇一六年)
・河西秀哉「うたごえ運動の一九六〇年代――運動方針の変化から」(『年報日本現代史』二六号、二〇二一年)
・佐藤卓己「カラオケボックスのメディア社会史――ハイテク密室のコミュニケーション」(『ポップ・コミュニケーション全書――カルトから――カラオケまでニッポン「新」現象を解明する』PARCO出版局、一九九二年)
・戸ノ下達也・横山琢哉編『日本の合唱史』(青弓社、二〇一一年)
・渡辺裕『歌う国民――唱歌、校歌、うたごえ』(中公新書、二〇一〇年)

★史料へのアクセス

『京大合唱団関係資料』は、京都市左京区にある京都大学大学文書館所蔵の資料群である。一九三一年五月に京都帝国大学男声合唱団として創設された京大合唱団の活動記録に関する資料で、合唱団で作成された楽譜や演奏会プログラム、アルバム・写真、日誌、機関誌などの各種冊子、そのほか大学で作成された資料などで構成されている。京都大学大学文書館所蔵資料検索システムでオンライン検索ができる。

コラム7 史料ネット活動の広がりと深まり

高山慶子

史料（資料）ネットとは

歴史研究の現場では、歴史資料（史料）を探しては分析し、分析しては探す、という作業が繰り返されている。その史料は、博物館や文書館などの文化施設に所蔵されているものばかりではなく、個人宅、企業、学校などにも存在する。

近年頻発する自然災害時に、これらの史料、特に後者の個人所蔵の史料などが被災し、失われてゆく状況が明らかになってきた。この状況下で、災害などから史料を救出しようと立ち上がったのが、史料（資料）ネットである。

国内初の史料ネットは、一九九五年の阪神・淡路大震災を契機に誕生した歴史資料ネットワーク（略称：史料ネット）である。このときから約三〇年、二〇二三年現在では三〇以上の史料ネットが全国各地で活動している。

県単位の史料ネットが多いが、複数県にまたがるものや、県内の一地域を活動範囲とするものもある。組織の規模や活動内容、運営方法はさまざまであるが、史料を守るという目的は共通している。

とちぎ歴史資料ネットワークの事例

栃木県では、二〇一九年の東日本台風の折に、個人宅に所蔵された膨大な戦争関係コレクション史料が被災したことを契機に、翌二〇二〇年、とちぎ歴史資料ネットワーク（略称：とちぎ史料ネット）が設立された。被災した水損史料に対して、乾燥・修復作業、デジタルカメラによる撮影、目録の作成などを行うほか、水損史料への対応・処置方法を

提供：とちぎ歴史資料ネットワーク

図1　被災した史料（一部）（佐野市個人宅、2019年11月16日）

学ぶ研修会を実施するなど、史料レスキューに関する活動を行っている。

運営は県内在住・在勤の大学教員・博物館学芸員・自治体職員・高校教員の一一名で担っており、会員数は一一八名・五団体である（二〇二三年七月現在）。主な会員は各自治体の文化財関係者、歴史を愛好する一般市民、日本史研究者などである。会費負担や作業義務のないボランティア組織として、活動を継続している。

提供：とちぎ歴史資料ネットワーク
図2　宇都宮大学での最初の水損史料保全作業（2019年11月17日）

日本史研究者の役割

史料ネット活動には、普段から史料を用いて研究を行う日本史研究者が関与することが少なくない。日本史専攻の教員が中心となり、活動の成果を大学の授業に取り入れ、史料レスキューの知見を身につけた卒業生を社会に送り出すことに成功している史料ネットもある。

近年では、神戸大学、東北大学、そして国立歴史民俗博物館が中心となり、大学間連携の構築に着手され、各地の史料ネットが連携・交流する仕組みが形成されている。阪神・淡路大震災や東日本大震災をはじめとする、さまざまな災害時の経験を通して培われた技術や知識が、広く共有されるようになった。

活動の広がりは地域社会にも波及している。かつては史料を守り伝えるばかりであった所蔵者や地元住民が、日本史研究者と連携・協働して、地域の歴史をみずからの手で調べ、語る取り組みもなされている。史料ネット活動を介して、日本史研究者は研究室や学会だけではなく、地域社会にも活動の場を広げるようになったのである。

【主要参考文献】

- 天野真志・後藤真編『地域歴史文化継承ガイドブック』（文学通信、二〇二二年）
- 奥村弘編『歴史文化を大災害から守る——地域歴史資料学の構築』（東京大学出版会、二〇一四年）

あとがき

歴史科学協議会（歴科協）は創立以来、歴史研究の成果を市民や教育現場に届けることを熱心に進めてきた学術団体です。機関誌『歴史評論』は毎月、そのときどきに議論するべきテーマを掲げて最新の歴史研究の議論や歴史教育をめぐる問題、社会の動向に関わる事項の歴史学の見方・考え方を提供しています。それに加えて、歴科協はこれまでも『歴史をよむ』（東京大学出版会、二〇〇四年）、『天皇・天皇制をよむ』（東京大学出版会、二〇〇八年）、『歴史の「常識」をよむ』（東京大学出版会、二〇一五年）、『知っておきたい歴史の新常識』（勉誠出版、二〇一七年）、などの企画出版を世に送り出し、歴史学の成果を非専門家の人びとと共有してきました。本書もその活動の一環です。

本書を編集するにあたって、念頭に置いたのは次の三つの点です。

第一は同時代との緊張関係です。『歴史評論』の毎月の特集も企画出版も、私たちを取り巻いている現代的諸問題を考えるヒントを提供しようと意図しています。私たちがさまざまな問題を考えるとき、それまでの経緯や過去の人びとの営みを参照することはめずらしくありません。本書の各項目が意識している現代的諸問題はそれぞれの執筆者によって異なりますが、史資料から現代的諸問題に応える新しい歴史像を描こうとしているという点では、これまでの歴科協の活動から一貫しています。

第二は歴史教育のパラダイムチェンジに対応することです。高校では二〇二二年度から「歴史総合」が、二〇二三年度から「日本史探究」・「世界史探究」がスタートしました。日本史と外国史を分断しないで一八世紀以降の近現代史を学ぶとともに、史資料をよみとく力をつけて歴史的思考力を養おうとする新しい試みは、高校の歴史教育のみならず、大学の歴史教育や歴史学そのもののあり方をも揺さぶります。本書は外国史まで十分に行き届いているとはいえませんが、史資料をどのようによみとくのかという高校新課程の課題を意識して編集されています。本来、歴史学のおもしろさは史資料をよみとくことにこそあります。その点を本書から感じ取ってもらえれば、歴史を学ぶことがいっそう楽しくなるに違いありません。

第三はパブリックヒストリーを意識したことです。近年、歴史は歴史学を専門的に学んだ者の専有物ではなく、非専門家との間の協業によって構築されていくものであることが強調され、そうして構築された歴史をパブリックヒストリーという語で表現することが提唱されています。たしかに、過去の人びとの営みは教室の歴史の授業だけで振り返られるのではなく、さまざまな場面や手段によって顧みられます。過去を振り返る活動を歴史実践という語で表すとすれば、教室の歴史の授業は数ある歴史実践のうちの一つにすぎません。教室における歴史教育のみならず、現代人の日常生活に生起する歴史実践の際に、本書の各項目が示す新しい史資料のよみ方を参照して、現代的諸問題に対応した歴史像の構築と希望ある未来の展望に役立てていただくのが私たちの願いです。加えて、読者のみなさんが本書の史資料のよみときを批判的に検討したり、別の史資料のよみときに挑戦したりして、本書を契機にそれぞれの歴史実践を実行してくださるならば、望外の喜びです。

歴科協は今後もこうした活動を展開していきたいと考えます。最後に、企画趣旨をよく理解して、本書の刊行を引き受けてくださった大月書店と、本書の企画から編集まで多くのご助言を与えてくださった、大月書店編集部の角田三佳さんに感謝の言葉を申し上げます。

二〇二四年一月

一般財団法人　歴史科学協議会　代表理事　大橋 幸泰

東島　誠（ひがしじま　まこと）　立命館大学文学部
樋口健太郎（ひぐち　けんたろう）　龍谷大学文学部
日高　慎（ひだか　しん）　東京学芸大学教育学部
檜皮瑞樹（ひわ　みずき）　千葉大学文学部
藤田貴士（ふじた　たかし）　日本経済新聞社校閲グループ
藤原辰史（ふじはら　たつし）　京都大学人文科学研究所
北條勝貴（ほうじょう　かつたか）　上智大学文学部
細谷　亨（ほそや　とおる）　立命館大学経済学部
堀　新（ほり　しん）　共立女子大学文芸学部
皆川雅樹（みながわ　まさき）　産業能率大学経営学部
村　和明（むら　かずあき）　東京大学大学院人文社会系研究科
矢野美沙子（やの　みさこ）　法政大学沖縄文化研究所

編集委員
大橋幸泰（おおはし　ゆきひろ）　早稲田大学教育・総合科学学術院
佐々木啓（ささき　けい）　茨城大学人文社会科学部
高松百香（たかまつ　ももか）　東京学芸大学教育学部
長谷川裕子（はせがわ　やすこ）　跡見学園女子大学文学部
三村昌司（みむら　しょうじ）　早稲田大学教育・総合科学学術院

執筆者
朝比奈新（あさひな　あらた）　立川市史編さん室
飯倉江里衣（いいくら　えりい）　金沢大学国際基幹教育院
池田さなえ（いけだ　さなえ）　京都府立大学文学部
伊集院葉子（いじゅういん　ようこ）　専修大学文学部
板垣貴志（いたがき　たかし）　島根大学法文学部
市川智生（いちかわ　ともお）　沖縄国際大学総合文化学部
稲田奈津子（いなだ　なつこ）　東京大学史料編纂所
井上　聡（いのうえ　さとし）　東京大学史料編纂所
井上直子（いのうえ　なおこ）　足利大学共通教育センターほか
上地聡子（うえち　さとこ）　明海大学不動産学部
大河内勇介（おおこうち　ゆうすけ）　福井県立歴史博物館
長志珠絵（おさ　しずえ）　神戸大学大学院国際文化学研究科
小野塚航一（おのづか　こういち）　国立歴史民俗博物館研究部
河西秀哉（かわにし　ひでや）　名古屋大学大学院人文学研究科
黒田　智（くろだ　さとし）　早稲田大学社会科学総合学術院
後藤　真（ごとう　まこと）　国立歴史民俗博物館研究部
酒匂由紀子（さかわ　ゆきこ）　花園大学文学部
清水詩織（しみず　しおり）　早稲田大学教育・総合科学学術院
清水ゆかり（しみず　ゆかり）　農研機構中日本農業研究センター
鈴木直樹（すずき　なおき）　一橋大学大学院社会学研究科
瀬畑　源（せばた　はじめ）　龍谷大学法学部
芹口真結子（せりぐち　まゆこ）　聖心女子大学現代教養学部
添田　仁（そえだ　ひとし）　茨城大学人文社会科学部
髙山慶子（たかやま　けいこ）　宇都宮大学共同教育学部
田中大喜（たなか　ひろき）　日本大学文理学部
千葉　功（ちば　いさお）　学習院大学文学部
寺前直人（てらまえ　なおと）　駒澤大学文学部
中臺希実（なかだい　のぞみ）　明治大学情報コミュニケーション学部
林進一郎（はやし　しんいちろう）　さいたま市岩槻人形博物館

編者
歴史科学協議会（れきしかがくきょうぎかい）
1967年4月，全国各地の自主的な歴史諸団体が結集して結成された協議団体（2008年に一般財団法人格を取得）。加盟組織は現在10団体。会誌『歴史評論』を年12回発行し，市民向けの講座やシンポジウムを開催するなど，歴史を学ぶすべての人に開かれた学会として活動している。

装幀・本文デザイン　Boogie Design

深化する歴史学——史資料からよみとく新たな歴史像

2024年1月24日　第1刷発行　　定価はカバーに
2024年5月20日　第2刷発行　　表示してあります

編　者　歴史科学協議会
発行者　中川　進

〒113-0033　東京都文京区本郷2-27-16
発行所　株式会社　大月書店　　印刷　太平印刷社
　　　　　　　　　　　　　　　製本　中永製本
電話（代表）03-3813-4651　FAX 03-3813-4656　振替00130-7-16387
http://www.otsukishoten.co.jp/

ISBN978-4-272-51015-3　C0020　Printed in Japan

歴史を読み替える
ジェンダーから見た世界史

三成美保・姫岡とし子・小浜正子 編

A5判三二〇頁
本体二八〇〇円

歴史を読み替える
ジェンダーから見た日本史

久留島典子・長野ひろ子・長志珠絵 編

A5判二八八頁
本体二八〇〇円

「慰安婦」問題と未来への責任
日韓「合意」に抗して

中野敏男・板垣竜太・金昌禄・岡本有佳・金富子 編

四六判三一二頁
本体二四〇〇円

ひろがる「日韓」のモヤモヤとわたしたち

加藤圭木監修

A5判二四〇頁
本体一八〇〇円

大月書店刊
価格税別